逆转

舆情危机的预防与处置

马龙照 著

清华大学出版社
北京

本书封面贴有清华大学出版社防伪标签，无标签者不得销售。

版权所有，侵权必究。举报：010-62782989，beiqinquan@tup.tsinghua.edu.cn。

图书在版编目（CIP）数据

逆转：舆情危机的预防与处置 / 马龙照著 . —北京：清华大学出版社，2023.6（2025.1 重印）

ISBN 978-7-302-63751-6

Ⅰ.①逆… Ⅱ.①马… Ⅲ.①互联网络－舆论－研究－中国 Ⅳ.① G219.2

中国国家版本馆 CIP 数据核字 (2023) 第 101712 号

责任编辑：顾　强
装帧设计：方加青
责任校对：王凤芝
责任印制：宋　林

出版发行：清华大学出版社
　　　　网　　　址：https://www.tup.com.cn，https://www.wqxuetang.com
　　　　地　　　址：北京清华大学学研大厦 A 座　　邮　　编：100084
　　　　社 总 机：010-83470000　　邮　　购：010-62786544
　　　　投稿与读者服务：010-62776969，c-service@tup.tsinghua.edu.cn
　　　　质 量 反 馈：010-62772015，zhiliang@tup.tsinghua.edu.cn
印 装 者：三河市东方印刷有限公司
经　　销：全国新华书店
开　　本：148mm×210mm　　印　　张：10.375　　字　　数：237千字
版　　次：2023 年 8 月第 1 版　　印　　次：2025 年 1 月第 5 次印刷
定　　价：68.00元

产品编号：101257-01

推荐序

我和龙照兄一起工作时,他是饭桌上的"说书人"。同样的事,经他一说,我们更爱听,尤其是女孩子爱听。此后数年,龙照兄从事企业家培训,频繁到各地讲课,成为危机公关专家。他的课,学员们爱听,尤其是组织决策者爱听。

女孩子爱听故事的"情",决策者爱听事件的"理",情理兼备,恰是本书特色。

所谓有"情",是指能够把自己的专业说得别人爱听。不少专家有一种特殊本领,就是用各种新鲜词汇层层包裹自己的理论,里三层外三层,寻章摘句、叠床架屋,写得越多,读者越糊涂。真正的专业,特别是现实参与性强的专业,一定要祛除"专家味",要能深入浅出、接地气。无论多么复杂的事情,都要一把抓住"七寸",然后抽丝剥茧、层层推进,作者写得痛快,读者读得痛快。这正是本书作者的特殊本领。

所谓有"理",是指作者的理论合乎事理、物理和情理,从实践中来,且高于实践,又能指导实践。龙照兄长期从事企业家培训工作，有一大批企业家朋友，大家课上交流，课后切磋，特别是"真摊上事时"，龙照兄往往给予密切指导，甚至亲自准备应对方案，多次成功化解危机，或转危为机。这些宝贵的实践，绝非"从理论中来，到理论中去"的纸上谈兵可比。除此之外，龙照兄长期在北京大学学习和工作，得名师指导，理论素养丰厚。他还密切关注、研究世界范围内的各种危机事件，每次当我们还在围观的时候，他已写出深度分析文章，还能准确预言"让子弹飞一会儿"后的未来图景。

不得不说，"危机"曾经是一个敏感词。时至今日，恐怕我们已经身处风险社会。在满是"黑天鹅"的时代，个人、组织如何应对危机，已经成为显学，甚至是必不可少的素养。

关于危机，我与作者的观点不谋而合："危机对于我们来说不是魔咒，而是与之共存的宿命！"人类与危机就是一种共生关系，是一个共演、共存的过程，在这种情况下，了解危机、预测危机、掌控危机的知识就显得格外迫切。认识危机不仅是为了防控风险，更重要的是形成危机思维。事实也是如此，危机处置是重大关头的急切抉择，差之毫厘便可能谬以千里。

这就不得不提到本书结构的精巧。甫一开篇，作者便提问："危机的本质是什么？"这一问题的论述非常关键，溯其源方能清其流，理解危机才能建立危机思维。因此，作者从理念着手，重点阐述危机的8个问题，帮助读者搞清楚"危机到底是什么"。此后更将管理学理论延伸至传播学领域，提出舆论公关的13个基本法则。最后着眼于实操，将理论应用于具体的危机管理细节。整体读下来，本书更像是一本《危机公关人员的基本修养》。

这么说吧，这本书可以是"预防针"，能够激发人大脑中的危机"抗体"，从而时刻体察当下内外环境，做到远离危机；这本书也可以是"特效药",让人在遇到危机时能够有章可循、有规可依、有据可查。普通人读此书,可以扩展认知;从业者读此书,可以升级思维;决策者读此书,可以赋能组织。

读完本书,第一个闪现脑中的词其实是"医者仁心"。危机管理者和医生很像,好医生要有悬壶济世的初心、实事求是的精神,以及持续学习的激情。本书作者的初心,是"上医治未病",是"止危、避危和备危",绝非"为危机公关而公关",把手段当成目的。

孙晓磊

广告人、云想文化传播创始人

2023 年 4 月 5 日

自序

危机是什么？

全球有数百名不同领域的专家学者，从不同视角对"危机"进行过定义，有些学者把危机定义为"事件"，有些学者把危机定义为"情境"或"状态"。

我个人倾向于将与组织相关的危机视为一种"情境"和"状态"，因为危机通常由"突发事件""系统""人"三个元素共同构成。只有"突发事件"并不必然造成危机，当突发事件引起"系统"和"人"的失衡和失控时，才构成完整的危机。而如今在这个自媒体环境下，我们又不能忽略另外一个关键要素——传播！

在公关界流行这样一句话：没有传开的危机，不叫危机！

可见"危机"与"传播"不能割舍而论。

现在越来越多的组织开始重视危机，更准确地说是更加重视舆情危机！管理者生怕自己的单位因为一些"小事件"而引发"大舆情"。这种担忧不无道理，危机天天发生，人人都有随时遭遇危机的可能，更何况机构？

有次我在给一家央企的项目经理做培训的时候，开场便问大家：你们认为现在的危机事件到底是多了还是少了？在场一百多名学员几乎异口同声地回答：多了！

然后我又问道：我们现在的技术水平越来越高，安全意识越来越强，而危机事件为什么反而越来越多了呢？

有学员立刻抢答：因为现在的传播速度太快了，想捂都捂不住！

课堂中的项目经理们都会心一笑。

是的，在这个高度发达的网络自媒体时代，人们对信息的需求从来没有像今天这样强烈，人们获取信息、发布信息的方式从来没有像今天这样便捷；这边事件刚刚爆发，那边已经在微信、微博、抖音等平台传遍了。

不可否认，信息在加速传播的同时，也裹挟了各种焦躁不安的情绪。有些时候，人们的一言一行都有可能瞬间成为公共事件，一不小心的出位以及不经意的流露——一个表情、一个手势、一段文字、一段视频，都可能被放大为一起难以预控的舆论事件。

如今的舆论场变得更加喧嚣，公众往往还没弄清楚到底发生了什么事，网上的一场舆论监督就演变成了网络暴力！

然而不难发现，这些所谓的舆论危机中，90%以上的冲突并不是核心利益上的冲突，只是被不恰当的传播所异化或放大的！所以，在这些让人看得扑朔迷离、眼花缭乱的舆论事件中，也时常伴随着"歪楼""反转"和"翻车"事件出现。

著名政治学家、传播学者伊丽莎白·诺尔-诺依曼的著作《沉默的螺旋》有一个寓意深刻的副标题：舆论——我们的社会皮肤。显然，每一个政府部门、企事业单位和个人，都对自己暴露于众目睽睽之下的"皮肤"倍加珍惜，这里的"皮肤"就是声誉、名望和品牌形象。但也不可否认，现在许多单位和个人面对舆论危机的思维方式，依然停留在一味掩盖、删帖、拖延和噤声之上；在突发舆情面前，涉事单位人员越处置越糟的情况也屡见不鲜，更不要谈逆转舆论危机，减小它对组织声誉的冲击。

出现这样的问题，我个人认为主要有两大原因：一是对危机事件的认知不足，二是对舆论传播的规律掌握不足。

因此，在本书的内容规划上，这两个部分的内容自然成了写作重点。

本书的第一部分主要是围绕"危机"形成与演变的过程，提炼出它的基本规律，帮助读者提升危机意识，锻炼危机思维；第二部分主要是结合当下的网络环境，提炼出13种舆情公关的策略。为了便于大家理解和记忆，我在每个策略当中，至少结合正、反两个方面的案例进行分析和解读，其中涉及的既有民企案例，也有国企等机构的案例。

自媒体时代，舆情危机无形中给政府部门、企事业单位和一些公众人物带来了空前的压力。如何应对频频爆发的危机？如何应对无所不在的媒体？如何及时、安全而有效地发布信息？如何进行舆情危机的预防和处置？希望这本书能给读者带来一定的帮助和启发。

马龙照

2023年3月30日

第一章　危机随时发生　/ 1

　　第一节　危机的不确定性和不连续性　/ 3
　　第二节　危机永远是突袭　/ 6
　　第三节　我们的错觉在加剧危机发生　/ 12
　　第四节　危机需要正确面对　/ 20

第二章　危机的分类与识别　/ 31

　　第一节　谣言与诬告　/ 34
　　第二节　误解与失误　/ 40
　　第三节　事故与灾难　/ 45
　　第四节　谎言与造假　/ 47

第三章　危机的演变　/ 51

　　第一节　危机的五大阶段　/ 53

第二节 危机中的"盲人摸象" / 67

第三节 次生危机的到来 / 71

第四章 危机领导力 / 83

第一节 什么是管理者的危机领导力？ / 86

第二节 海底捞创始人张勇的危机领导力 / 93

第三节 在绝望中给团队希望 / 99

第五章 应对负面舆情的13条公关策略 / 111

开篇 / 112

第一节 99%的事件不需要回应 / 116

第二节 解决事情之前，先解决心情 / 124

第三节 员工引发的舆情该怎么处置？ / 135

第四节 把公众的情绪关注到底 / 145

第五节 给危机提供一个参照物 / 157

第六节 给舆论提供一个新议题 / 163

第七节 先说人话，再说官话 / 169

第八节 权威证实是最后一道防线 / 175

第九节 统一口径，一锤定音 / 180

第十节 迅速切割，精准隔离 / 187

第十一节 让人看到你的行动 / 199

第十二节 重新塑造公众认知 / 208

第十三节 借助危机传播品牌 / 214

第六章　媒体关系的维护　/ 223

第一节　跟媒体人打交道　/ 225
第二节　媒体沟通的"三要素"　/ 230
第三节　接受采访10个注意事项　/ 238
第四节　如何开好新闻发布会？　/ 244

第七章　舆情监测与报告撰写　/ 259

第一节　舆情事件分析——以"衡水桃城中学事件"为例　/ 261
第二节　写好舆情报告——以"西安地铁保安拖拽女乘客事件"为例　/ 284

第一章
危机随时发生

　　夫物芸芸，各复归其根。归根曰静，是谓复命。复命曰常，知常曰明。不知常，妄作凶。

——《道德经》

2022年11月是一个极其寻常的月份，然而翻开这一个月的热搜日志，你会发现，一些危机事件依然让我们记忆犹新。

11月9日，南京一男子上门掌掴男童的视频在网上疯传。所有看过这个视频的网友无不感到愤怒，大量网友开始对他进行"人肉搜索"，该男子的住址、职业以及背景全给晒到了网上。本来是自己有理的事，因为这一巴掌，男子不仅葬送了自己的职业前途，更打翻了他孩子对父亲的敬仰。

11月12日，发生在广东潮州的一起车祸引起了大家的关注。一段监控视频显示，一辆特斯拉电动车在准备停靠路边时突然又飞快加速，以120迈的时速飞奔了3公里以后连撞两辆过路车，最后撞向路边。车祸造成2死3伤，"特斯拉失控"再次引发网络热议。

因防控引发的舆论危机，因纠纷引发的舆论危机，因事故引发的舆论危机……

这些，还只是我们能看到的极少一部分而已。

|第一节| 危机的不确定性和不连续性

想要搞清楚危机为何会如此频繁地发生，危机又为何会迅速进入人们的眼帘，引起公众的关注，那么就应该从危机的本质上找原因。

此前我们研究危机，一直在围绕危机的现象探讨，很少探究危机的本质。比如，危机中不同主体的表现是什么，危机作用下各种群体的情绪反应是什么样的，危机的传播与演变又是如何发展的，诸如此类问题，都需要给予回答。

我们发现，在本次全球性的新冠疫情之下，关于危机的讨论异常地踊跃，仿佛所有的社会治理问题、经济问题、经营问题、趋势问题和政治格局问题，都在以危机来做开头，这也在客观上给我们探究危机的本质，提供了一个新的机会。

危机的本质是什么？

这个问题一直萦绕在我的脑海里。就像北京大学校园保安一样，他会问每个要走进北京大学校园的人三个问题：你是谁？从哪里来？要到哪里去？这被北京大学师生称之为灵魂中的"终极三问"！

你是谁？就是给事物的一种定义。

那么，该如何给危机下个定义呢？

北京大学光华管理学院的路江涌教授在他的《共演战略：重新定义企业的生命周期》一书中，提到了对危机底层逻辑的解释，那就是"不确定性"和"不连续性"两个作用的乘积。

什么是不确定性呢？

"黑天鹅效应"就是不确定性。

在17世纪之前,所有的欧洲人都认为天鹅只有白色的,这是他们的信念,他们甚至认为世界上不会再有任何其他颜色的天鹅。直到从澳大利亚飞来一只黑天鹅,人们的信念被瞬间击溃。

也就是说,只需一只黑天鹅,就可以让之前"只有白天鹅"的结论失效,这就是"黑天鹅效应"。这就引起了人们对认知的反思——以往认为对的不等于以后总是对的。

"黑天鹅"隐喻那些意外事件:它们极为罕见,在预期之外,在发生前,没有任何前例可以证明,但一旦发生,就会产生极端的影响,改变着一切!

"9·11事件""英国脱欧""俄乌冲突""安倍被刺"等,都是黑天鹅事件。当然,这次的新冠疫情更是一个超级大的黑天鹅。

那么"黑天鹅"的底层逻辑又是什么呢?

它其实在告诉我们,**你不知道的事永远比你知道的事多,你不知道的事永远比你知道的事更值得警惕!**

在人类社会发展的进程中,对我们的历史和社会产生重大影响的,通常不是我们已知的事情,而是一次又一次突如其来的"变故"。就像尼古拉斯·塔勒布在他的《黑天鹅》一书中提到的那样:**历史和社会不是在爬行,而是会跳跃。**它们从一个断层跃上另一个断层,之间只有很少的摇摆。

回顾过去,无论是中国封建王朝中的"清君侧",还是希特勒兵不血刃占领奥地利,我们往往会发现,决定人一生命运甚至决定一个国家命运的,其实是那些根本无法预料却影响巨大的黑天鹅事件。

什么是"不连续性"呢？

"灰犀牛事件"就是不连续性。

灰犀牛是生长在非洲草原的体型笨重、反应迟缓的动物。你能看见它在远处，却对它的潜在危险毫不知觉。一旦它向你狂奔而来，定会让你猝不及防，直接把你撞倒在地，然后踩得粉碎。

灰犀牛是从一个静止的状态转向运动的状态，它的动作不连续也不神秘，然而破坏性和危险性极大。这样一个形象的比喻，好像在我们身边比比皆是，比如我们身上不断增加的脂肪，比如环境污染、社会老龄化和贫困人口等。

可以说，"灰犀牛"是一种大概率的危机事件，它在社会各领域、各阶层不断上演。很多危机事件，与其说是"黑天鹅"，其实更像是"灰犀牛"，在爆发前已有迹象显现，但却被忽视。美国危机管理学会研究发现，只有14%的危机是真正"突如其来"的，剩余的危机则是"慢火煎熬"，不断升级、恶化的结果。

"黑天鹅"是难以预料的突发事件，是小概率且影响巨大的危机事件，它有一定的偶然性。"灰犀牛"是容易忽视的可预测事件，是一种大概率且影响巨大的潜在危机事件，它又有必然性。所以，如果给危机的本质来下一个定义的话，应该是这样：

危机的本质其实是事物在静态和动态两种作用效果下，所产生的具有不确定性和不连续性的过程，它首先体现出来的是危险而又紧急的状态，其次暴露出机会时刻和转折点。

当前我国经济社会正在发生深刻变革，当今世界也正处于百年未有之大变局，利益格局正在发生重大调整和变化，人们思想活动的独立性、选择性、差异性有了显著增强，网络舆论热点易发、多发也已成为当前社会舆论的重要特征。可以说，网络舆论场的"黑天鹅"与"灰犀牛"已成为常态,其破坏力更不可小觑,我们既要防范小概率、毫无征兆的"黑天鹅"舆论风波,又要防范大概率、已有征兆的"灰犀牛"舆论风暴。

因此,从本质上来看,危机既是一种危险的状态,又是一次机会窗口。所以危机特别考验一个人和一个组织的辨别能力、思维能力和决策能力。

|第二节| 危机永远是突袭

> 雕胡炊饭芰荷衣,水退浮萍尚半扉。
> 莫为风波羡平地,人间处处是危机。
> ——宋·陆游《烟波即事》

有的朋友说,我这辈子谨小慎微,也没有什么远大志向,安安稳稳地过日子,从来不会惹麻烦,不会碰到什么危机。

这倒让我想起了电影《有话好好说》中张秋生(李保田饰)面对被打得鼻青脸肿的赵小帅(姜文饰)说的那句话:看到打架的,我向来都会躲得远远的。

但故事也就这么凑巧,偏偏就是一次路过,张秋生却被一个挨打的人抢走了新买来的电脑。为了挽回自己的损失,这位老实巴交的工程师差点被逼成"寻衅滋事"的疯子。

像这样戏剧性的桥段可能不会每天上演,但是类似的偶然事件,却又每天都在发生!因为,**一切偶然都是必然,一切必然又都是偶然。**

"徽州宴老板娘"事件

2021年7月2日，在安徽蚌埠某小区内，一位女士遛狗时没拴狗绳，小狗突然扑向旁边的小孩，把孩子吓哭。孩子家长与这位女士理论，结果发生了争执。遛狗的女士不但不觉理亏，反倒当着警察的面，向对方骂道："你的命没我狗值钱。""不就是要钱吗？徽州宴是我开的，这一片都是自己家的，几千万我都赔得起……"

这样的"气话"被旁边的人拍下来放在了网上，这样的镜头立刻登上了抖音热搜，"徽州宴老板娘"立刻引发全国网友的关注，网络上几乎一边倒地谴责这个有钱的老板娘。

网友在谴责过后开始采取"联合行动"，许多所谓的网红博主聚集到徽州宴门口以获取热点流量。一浪高过一浪的"抵制""曝光"行动就此展开！

徽州宴是蚌埠当地最有名的餐饮企业。随着网络舆论的持续发酵，"徽州宴"三个字被蚌埠人贴上了耻辱的标签；曾经生意兴隆的酒店门可罗雀，准备在这儿举行婚礼的新人也要退订宴席。

在舆论的压力下，徽州宴老板面对媒体向公众道歉，结果公众并不领情，反倒查出他一年收入高达两千余万元，却只缴了200元的个人所得税。舆论的火焰开始全面吞噬与徽州宴相关的人和事。

徽州宴的老板娘可能到最后还想不明白，为啥出来遛个狗，能差点儿把自家的买卖给遛黄了？

那为什么危机必然会发生呢？

我想,至少可以从两个角度去探讨:一个是从自然规律的角度,一个是从人的心理学角度。

先从自然规律上来看。

在自然界中,对于生物最大的危机就是物种灭绝。在我们赖以生存的地球上,已经历了五次大规模的物种灭绝(见图1-1)。

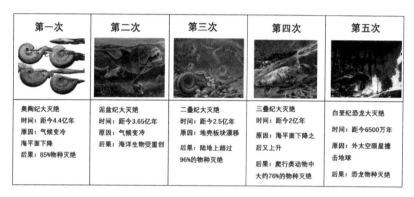

图1-1　地球五次物种大灭绝

第一次发生在距今4.4亿年的奥陶纪末期,这一时期由于地球气候变冷和海平面下降,导致了地球上大约85%的物种绝灭,比如三叶虫这样的节肢动物和海洋软体动物。

第二次物种大灭绝发生在距今3.65亿年的泥盆纪后期。在泥盆纪时期,地球气候温暖潮湿,陆生植物、鱼形动物得到空前发展,两栖动物开始出现。但是到了泥盆纪后期,由于地球气候变冷和海洋退却,以鱼类为主的海洋生物遭受了灭顶之灾。

第三次则是由于地球的地壳板块漂移和火山爆发等一系列原因,造成了陆地上超过96%的物种灭绝。这一时期距今2.5亿年,又被称为"二叠纪大灭绝"。

第四次是距今 2 亿年的三叠纪晚期。这一次是海平面下降之后又上升，一下延续了约 5000 万年，爬行类动物中大约 76% 的物种灭绝。

最近的一次物种大灭绝，发生在距今 6500 万年的白垩纪晚期，也就是我们所熟悉的"白垩纪恐龙大灭绝"。这次灾难是由于外太空陨星撞击地球，造成了全球生态系统的崩溃。地球上约 80% 的物种遭到灭绝，其中在地球上生存了 1.4 亿年之久的恐龙，从此消失。

有人说，我们现在正处于第六次生物大灭绝时代，它的特征是在过去的 100 年中，全球有 23 种哺乳动物遭到灭绝，大约每 4 年灭绝一个物种，这个速度要比正常化石记录的高出 135 倍。而这种生物灭绝的原因是人类活动的入侵和工业革命对自然资源的无限制开发。也有人说，病毒才是这个世界上真正的主宰者。

所以，从自然规律上来看，人类太渺小了，某种意义上来讲，人类活着其实是一种偶然，死去才是一种必然！

我们再从心理学上探讨一下危机为什么会发生。

现代心理学上有一个著名的定律叫"墨菲定律"，它被称为 20 世纪最著名的心理学定律。墨菲定律是这么认为的：如果事情有变坏的可能，不管这种可能性有多小，它总会发生！

简单来说就是，最坏的事情总会发生！

我们常说，怕什么就会来什么。

比如出门扔垃圾怕门被反锁，结果一阵风吹来，门被关了；比如炒股，股票买进去就跌，卖完了就涨；比如一洗完车就下雨；再如渴望成功不一定成功，但害怕失败则一定失败……

总之，在我们的生活和工作中，只要有人参与的地方，就不可能确保每一个环节都不犯错,环节越复杂,参与的人越多,出错的概率就越大。

这就是我们从心理学角度来看危机发生的原因。

与此同时,我们也发现在管理学上有一个现象叫"沟通漏斗",其示意图见图1-2。

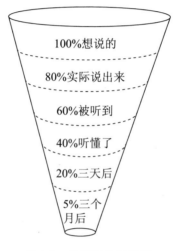

图1-2 沟通漏斗示意图

沟通漏斗呈现的是一种由上至下逐渐减少的趋势,因为漏斗的特性就在于"漏"。对沟通者来说,心里想的是100%的东西,在众人面前、在开会的场合用语言表达时,这些东西已经漏掉20%了,说出来的只剩下80%。

而当这80%的东西进入别人的耳朵时,由于文化水平、知识背景、理解能力等存在差异,只被听到60%。实际上,真正被别人理解、消化了的东西大概只有40%。等到这些人遵照领悟的40%具体行动时,已经变成20%了。这仅剩的20%,如果不再进行跟踪、反馈或者强调，那么三个月后，沟通者最开始头脑中想的内容大概只剩下5%了。

关于沟通中的漏斗现象，我们的古人其实早有证明。国学大家南怀瑾先生将之总结为：书不尽言，言不尽意！

关于"言不尽意"，我国的"儒、释、道"三家都发现了这样一个共同的问题——语言是有缺陷的，它无法完全、彻底地表达清楚一个人的思想和情感。

孔子与温伯雪子之间有一个"目击道存"的故事：

温伯雪子适齐，舍于鲁。……仲尼见之而不言。子路曰："吾子欲见温伯雪子久矣，见之而不言，何邪？"仲尼曰："若夫人者，目击而道存矣，亦不可以容声矣。"

佛祖与摩诃迦叶之间用拈花微笑来交流思想。禅宗在《文益语录》中也有关于语言无法交流自己至高思想的记载：

问：如何是第一义？师云：我向尔道，是第二义。

《道德经》开篇便说：道可道，非常道。

我们发现，沟通中的"漏"，是普遍存在的。

据此，我们可以得出一个结论：危机存在于我们的宏观世界和微观世界，它存在于我们存在的规律当中，**危机对于我们来说不是魔咒，而是与之共存的宿命！**

|第三节| 我们的错觉在加剧危机发生

假亦真时真亦假，无为有处有还无。

——清·曹雪芹《红楼梦》

一、所有人都会犯错

每个人都会犯错。人们犯错的原因很多，其中最普遍的是被自己的感觉所骗，把"感觉知道"和实际知道混淆在一起。凭感觉知道的事，并不意味着实际情况就是这样，所以会提高危机事件的发生概率。

2019年8月上映的电影《烈火英雄》开头有一场火灾。闹市区的一家火锅店着火了，特勤中队队长江立伟带着消防队员进入火灾现场之前，询问火锅店老板店里有没有易燃易爆品，老板回答"没有"，急着让江立伟带人去救被困在店里的女儿。江立伟在救出小女孩后，让一位新消防队员进入火灾现场检察情况。由于这位消防队员不知道店内一个温度达到燃点的房间里放满了煤气罐，贸然打开了房门，导致外面的氧气进入房间引发爆炸，这位年轻的消防员不幸牺牲。

悲剧发生后，江立伟被撤职，主因是他作为一线指挥员，轻信了火锅店老板的话，派出一位没有经验的消防队员勘察火场。江立伟作为一名优秀的老消防队员，面对火锅店火灾，感觉其中不会有更多的风险，但他还是犯了一个致命的错误：把自己的感觉和实际完全画了等号。这是在面对危机决策时，极为常见的一种错误。

有一次，我受邀到四川某市网信办组织的培训班中授课，在分析一些危机事件会不断发酵成负面舆论事件的原因时，场下有位领导眼睛一亮，若有所思。在午饭时间，他特意向我请教，能否将"危机事件中领导干部如何避免错误决策"作为一个研究课题，并邀请我再次授课。我深感这位领导的良苦用心，也了解一些大学的课题小组正在研究这一问题，但是以我现在的分析来看，也许我们能够最大限度地规避决策失误，却无法根本避免人的犯错。

也许意识到犯错的无法避免性，才是提升决策准确率应该有的观念。当然，我无意给决策者的失误推脱，更不愿看到因一些决策者出于私利而导致的更大危机。人会犯错和人故意犯错，完全是两个概念，一定要区分开来。

二、所有人都有错觉

在心理学上有一个非常有名的错觉试验叫"缪勒莱耶错觉"（见图1-3），很多人看到两条带有不同方向箭头的长短相同的横线时，会得出横线长短不同的结论。

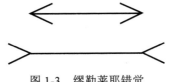

图 1-3　缪勒莱耶错觉

再如卡尼萨三角和卡尼萨矩形（见图1-4），你会看到图中本没有的三角形和矩形。

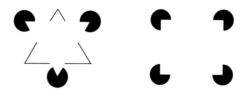

图 1-4　卡尼萨三角和卡尼萨矩形

客观上看,错觉的产生大多与环境的变化有关,而从人的主观上讲,错觉往往又与我们过去的经验有关。通过以上的视错觉图,不难发现这样一个事实:**大脑有一种倾向,就是一旦断定这个是正确的,就很难再从其他视角看待同一个问题**。这也是我们经常出现的经验主义和教条主义。

错觉几乎笼罩着我们生活的方方面面。比如,当经济低迷的负面新闻满天飞的时候,有人会认为自己的工作进展不顺利,自己的企业营业额会下滑,然而他不会考虑经济低迷到底跟个人所处的行业、自己所做的事情有多大的关系。

再如,自认为自己的经验十足,于是认定按经验办事就一定没有问题,这其实也是一种错觉。

常言道:淹死的往往都是会水的——越是经验老道,越容易在常识上犯致命的错误。

"5·22"甘肃白银山地越野赛事故

2021年5月22日,在甘肃白银市景泰县黄河石林大景区内如期举行了第四届黄河石林山地马拉松百公里越野赛。然而就是这场仅有172人参加的百公里越野赛,成了21名顶级跑者的夺命赛事。

第一章 危机随时发生

甘肃省白银市为了拉动当地经济，使用当地特有的旅游文化资源，从2018年开始举办越野马拉松比赛。前三届的比赛进行得比较顺利，于是负责执行落实的景泰县相关领导和部门负责人，在第四届赛事的筹备过程中就放松了应有的警惕，赛事组织得并不规范，安全监管措施也形同虚设。

5月22日上午10点开赛，中午12点左右已经有131名参赛选手通过了2号打卡点。通过2号打卡点，也就意味着海拔从1347米迅速爬升到了2230米。随着海拔的提升，该赛段的风力也从6~7级提高到了8~9级，并伴有沙尘。更可怕的是，降雨降温突然出现，体感温度从之前的9℃左右，迅速降到了-5℃。

跑到这一赛段的选手，多数只穿着短裤背心，没有随身携带冲锋衣、保温毯之类的防护衣物。剧烈运动之时，如果长时间暴露在寒冷风湿的环境中，就容易出现身体失温的症状。身体失温时首先感觉到的是手脚发麻、身体战栗，然后就是抽搐、失去意识。整个过程只需要5分钟就可以让人失去生命体征，所以对身体失温者的黄金救援时间只有2~3分钟。

然而非常可惜的是，在最危险的2号至3号打卡点赛段，救援车辆无法上去，最近的医护人员也被安排在了6千米之外。

第一个倒下来的选手是梁晶。他是一名职业越野马拉松运动员，过去三年拿下过30多个百公里越野马拉松赛的冠军，在跑步圈被称为"梁神"。随后倒下的是曹朋飞、黄印斌、黄关军、吴攀荣……这里面，有的是业余高水平选手，有的是残奥会冠军。

回顾这起事故，无论是从赛事的组办方来说，还是从罹难的选手来说，经验不可谓不足，但也许正是因为这些所谓的经验，让人产生了麻痹心理和侥幸心理，最终酿成了21名选手死亡、8人受伤的悲剧。

在赛事的应急预案中，我们发现一个细节。该赛事应急管理小组的组长是白银市公安局常务副局长，而不是应急管理局局长。所以，赛前的应急管理预案，防护的重点放在了交通、防爆、防毒、防恐这些内容之上，却并没有提及气象灾害方面的预案。

再看一下调查组对这起事故的定性：

赛事举办机构风险防范意识不强，在赛前收到气象部门气象信息专报和大风蓝色预警后，未采取有效应对措施；未按高海拔赛事标准，将防风保暖装备列入强制装备清单；赛道补给点设置不合理，在最难最险的高海拔赛段（2230米）未设置医疗救助和补给点；未采取加强和改善通信条件的措施，导致最危险时刻通信网络不畅。赛事承办执行和运营单位组织、管理、运营水平低，未按规定制定专项应急预案和安保措施，应急救援力量准备严重不足；在收到请求救援、大范围退赛信息后，前期救援统筹不够、组织不力。这是一起由于极限运动项目百公里越野赛在强度、难度最大赛段遭遇大风、降水、降温的高影响天气，赛事组织管理不规范、运营执行不专业，导致重大人员伤亡的公共安全责任事件。

人们的经验有时是优势，有时却是错觉。需要提醒大家的是，危机事件基本上都是突发变故，几乎无任何经验可以照搬。所以，越是经验老道，越需要克服错觉带来的影响，越要谨慎行事。

三、所有危机都有预兆

德国飞机涡轮机的发明者——帕布斯·海恩，在20世纪40年代提出了在航空界关于飞行安全的法则，这一法则后来被广泛应用于企业的安全生产管理当中,并用他的名字命名,这便是人们所常说的"海恩法则"(见图1-5)。

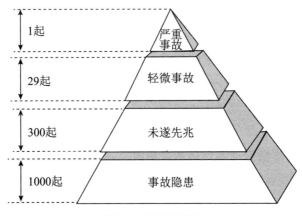

图1-5 海恩法则

正如这个三角图示中所表示的那样,任何一起严重事故的背后,必然有29起轻微事故、300起未遂先兆以及1000起事故隐患。

所有危机事件在到来之前,都会有所预兆,所以千万不要忽视那些小的漏洞和失误。

2019年3月21日下午2点48分,位于江苏盐城市响水县化工园区的江苏天嘉宜化工有限公司发生爆炸事故。现场的爆炸视频一个小时后在互联网上疯传。事故发生4个小时后,国家应急管理部启动应急响应,应急管理部党组书记亲赴现场处理现场救援工作。这就是震惊全国的"3·21"江苏响水化工园区爆炸事故!

回顾这起爆炸事故,第一时间作出反应的单位,不是化工园区管委会,也不是当地的消防和媒体,而是中国地震台网。中国地震局在爆炸发生两分钟之后,通过"中国地震台网速报"官方账号发布消息,称监测到了震源深度为0米的"3.0级左右地震"(见图1-6)。

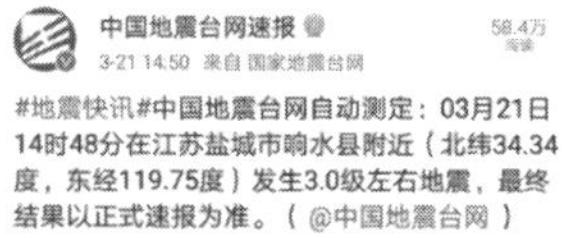

> 中国地震台网速报
> 3-21 14:50 来自 国家地震台网
> 58.4万
>
> #地震快讯# #中国地震台网自动测定#：03月21日14时48分在江苏盐城市响水县附近（北纬34.34度，东经119.75度）发生3.0级左右地震，最终结果以正式速报为准。（@中国地震台网）

图 1-6 中国地震台网官方微博截图

此次事故共造成了 78 人死亡、76 人重伤、640 人住院治疗，直接的经济损失高达 19.86 亿元。

对于这样一起重特大安全生产事故，它之前暴露出来的安全隐患又有多少呢？

从国务院事故调查组的报告来看，这起事故的安全隐患其实早在 12 年前就埋下了。

江苏天嘉宜化工有限公司（以下简称"天嘉宜化工"）成立于 2007 年 4 月 5 日，主要负责生产化学原料和化学制品。国家安全监管总局办公厅曾发布《国家安全监管总局办公厅关于督促整改安全隐患问题的函》，其中在有关安全隐患问题清单中，江苏天嘉宜化工有限公司有 13 项问题。

另据人民日报百家号《江苏爆炸事故企业：连续 3 年因违法被开上百万罚单》报道，天嘉宜化工曾多次遭处罚。

2016 年 7 月，据响环罚字〔2016〕036 号文件，天嘉宜化工因违反固体废物管理制度被江苏省盐城市响水县环保局罚款处罚；据响环罚字〔2016〕037 号文件，天嘉宜化工因违反固体废物管理制度，违反环境影响评价制度，被江苏省盐城市响水县环保局罚款处罚。

2017 年 6 月，据盐环罚字〔2017〕15 号文件，天嘉宜化工被盐城市环保局处以 28 万元罚款；2017 年 9 月，据响环罚字〔2017〕052 号文件，天嘉宜化工因违反大气污染防治管理制度，违反固体废物管理制度,被江苏省盐城市响水县环保局罚款处罚。

2018年5月,据响环罚字〔2018〕29号文件,对江苏天嘉宜化工有限公司违反建设项目环境影响评价和"三同时"制度和固体废物管理制度、大气污染防治管理制度的处罚,响水县环境保护局对其罚款48万元。处罚事由为,违反建设项目环境影响评价和"三同时"制度及固体废物管理制度。2018年5月,据响环罚字〔2018〕18号文件,对江苏天嘉宜化工有限公司采取逃避监管方式排放大气污染物和违反固体废物管理制度的处罚,响水县环境保护局对其罚款53万元。处罚事由为,采取逃避监管方式排放大气污染物和违反固体废物管理制度。

关于事故的原因,调查组的报告中这样写道:

事故调查组查明,事故的直接原因是天嘉宜公司旧固废库内长期违法贮存的硝化废料持续积热升温导致自燃,燃烧引发硝化废料爆炸。事故调查组认定,天嘉宜公司无视国家环境保护和安全生产法律法规,刻意瞒报、违法贮存、违法处置硝化废料,安全环保管理混乱,日常检查弄虚作假,固废仓库等工程未批先建。相关环评、安评等中介服务机构严重违法违规,出具虚假失实评价报告。事故调查组同时认定,江苏省各级应急管理部门履行安全生产综合监管职责不到位,生态环境部门未认真履行危险废物监管职责,工信、市场监管、规划、住建和消防等部门也不同程度存在违规行为。

响水县和生态化工园区招商引资安全环保把关不严,对天嘉宜公司长期存在的重大风险隐患视而不见,复产把关流于形式。江苏省、盐城市未认真落实地方党政领导干部安全生产责任制,重大安

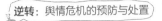

全风险排查管控不全面、不深入、不扎实。

随着"3·21"事故的发生,时任中国青年报社记者李润文的一份文字表述,也在网上流传开来。在文章描述中我们可以看到,早在2007年11月27日,该化工园区内的江苏联华科技有限公司就发生过一次爆炸,且造成了数十人死伤。但是,这场事故当时并没有见报。根据李润文的回忆,当时新华社、扬子晚报、金陵晚报等多家媒体到达了事故现场,但都被当地警察拦住了去路,并把他们强制带离了现场。

以上的未遂先兆和已遂事故叠加在一起,恐怕已经远超海恩法则中所言的范围。如果对于日常中一个个小的隐患,我们都视而不见、不以为意,终将酿成大祸!

| 第四节 | 危机需要正确面对

> 曲突徙薪亡恩泽,焦头烂额为上客。
>
> ——《汉书·霍光传》

臣闻客有过主人者,见其灶直突,傍有积薪。客谓主人,更为曲突,远徙其薪,不者且有火患。主人嘿然不应。俄而家果失火,邻里共救之,幸而得息。于是杀牛置酒,谢其邻人,灼烂者在于上行,余各以功次坐,而不录言曲突者。人谓主人曰:"向使主人听客之言,不费牛酒,终亡火患。今论功而请宾,曲突徙薪者亡恩泽,焦头烂额为上客耶?"

这是《汉书·霍光传》中写到的一段故事，意思是说普通人家做饭，都要先在厨房里垒起一个台子，上面放锅，旁边放鼓风箱，然后在台子后面筑一个大烟囱。然而有这样一户人家，他们为了把火生得旺，就把后台的烟囱筑得非常直，而且这家有个不好的习惯，就是喜欢把柴火都乱七八糟地堆在灶台旁边。

有一天，一位从这家门口经过的路人就好心地提醒这家的主人：你家的烟囱太直了，这样升起的火太大，而且你放的柴火也太近，不如把烟囱改成弯的，把柴火抱远一些，更不容易失火！这家主人听了以后一脸不高兴，认为这人说话真不吉利，刚从我们家门口路过，就说我们家会失火。

路人的好心提醒不但没有引起主人的注意，反而引起了他的反感。结果路人走后没多久，这家果然失了火。好心的邻居们奋力把这家人从火灾里救了出来，主人捡回来一条命，于是他就杀牛宰羊来答谢邻居。在宴席上，他把那些伤得重的放在最尊贵的位置，依次排位，很隆重的样子，就是没有宴请那个早就提醒他的路人。

他身边有明白道理的朋友，对他说：如果你早早听了路人的话，又何必花费酒钱来论功行赏呢？这真是：曲突徙薪亡恩泽，焦头烂额为上客。

曲突徙薪、未雨绸缪，都是古人给我们留下的应对危机的宝贵思想财富。那么随着时代的变迁，我们又该如何正确面对新的危机呢？

危机的最终目的不是消灭，而是寄宿或演化！

就拿这次"新冠疫情"来说，新型冠状病毒对于人类无疑是一个致命的危机因子；但对于病毒本身来说，却是一次绝好的繁衍机遇。有专家指出，从人类与病毒三年的斗争来看，更准确地说这是一种宿主之间的博弈关系。

所以人类和病毒之间一直是共存的关系。从目前来看，人类真正战胜的病毒也只有天花一种，对于其他所有的病毒都只是抑制和免疫，而没有将它彻底地消灭。就像禽流感，一百多年来，它一代又一代地出现在人类的生活当中。

一、危机如何演化

第一是通过速度！

还是拿这次新冠病毒来举例：危机来临，人类与病毒就是一场关于速度的比拼。病毒为了更快地传播出去，把自己卸载到了最轻的地步，轻到只有单细胞存在，轻到可以通过接触传播，可以通过空气传播，甚至可以通过无接触传播、无症状传播。总之，为了提高它传播的速度，它已经到了无所不用其极的地步。

人类在这方面如何与之抗衡呢？

做法也许只有一个，那就是以更快的速度隔断它的传播。当人们隔断它的速度快于它传播的速度时，人类胜利，反之则败！

中国在这次疫情中，以最快的速度采取了隔离措施，封城封路，取消人员聚集；以最高响应，动员全国民众居家隔离；以最大范围，组织排查切断传播，精准防控，动态清零；以最强措施，医治患者研制药物。

从更广的一个范畴来看，所有的危机来临之时，都是一场关于速度的比赛。火灾来袭，比的是救火速度；地震来袭，拼的是抢救速度；爆炸来袭，看的是应急速度；负面舆情来袭，比的是涉事主体的反应速度。

总之,危机在演化的时候,第一考验的就是你的反应速度,那些反应迟缓的"老弱病残"会被淘汰出局。

第二是通过态度!

你到底是正视危机,还是忽视危机?

在"一战"末期,全世界出现了大面积流感,这个流感被称为"西班牙大流感"。为什么称为西班牙流感呢?原来,这个流感病毒是从美国起源的,由于美国在1918年派兵到欧洲出战,结果把病毒带到了欧洲大陆。开始的时候,这种病在俄罗斯叫作波兰病,在波兰又叫德国病,在德国又叫法国病,在法国又叫意大利病,总之没有一个国家愿意承认这种病是起源在自己的国家。直到西班牙的皇室感染上了这种病,这一消息不胫而走,出现在各国主要媒体的报端,于是全世界都把这种病叫作"西班牙大流感"。

这其实给我们一个非常重要的启示,人类在面对危机时,第一反应往往是退缩、惊愕甚至回避。所以,**危机是在一种极端的情况下,考验你对这件事的态度。如果你是无所谓的,那么它就会把你吞噬;如果你是积极准备的,那么它就会收敛。**

1986年4月26日凌晨1点23分,苏联的切尔诺贝利核电站第四号反应堆发生了爆炸。连续的爆炸引发了大火并散发出大量高能辐射物质到大气层中,这些辐射物质覆盖了大面积的区域。这次灾难所释放出的辐射剂量是"二战"时期爆炸于广岛的原子弹的400倍以上。

据乌克兰官方统计,核泄漏事故发生后,乌克兰12个州5万多平方公里的土地受到污染,320万人不同程度受到超剂量放射性锶和铯的辐射，其中 100 万人为儿童。这些人患呼吸系统和甲状腺疾病的概率要比该国家平均水平高很多。在受到超剂量辐射的人群中，十余年的时间已经死亡 17 万多人。①

1986 年 7 月 3 日，苏联共产党总书记戈尔巴乔夫在政治局会议上，对事故中很多人的表现大为失望。他愤怒地说："30 年里，我们从你们——科学家、专家和部长们——那里听到的是，这里一切都很安全……结果表明部长们和科研中心都毫无控制能力。整个体系都弥漫着奴性、谄媚、宗派主义、打击异己、文过饰非和领导者中的裙带关系。"

第三是通过精度！

唐代大文学家韩愈在《进学解》中提道：业精于勤，荒于嬉；行成于思，毁于随。

业精于勤的"勤"字，除了勤劳之外，还有专精的意思。也就是说，我们不仅要勤奋，还要精细、精干！

尤其是在当今这个信息高度发达的时期，在信息上稍有马虎就会出现致命的错误。2023 年 6 月 1 日，江西某职业技术学院学生在食堂吃出疑似为"鼠头"的异物，并将其拍成视频传到了网上，引发关注。该异物本应该由校方在第一时间做物证保留，然后送至食品检测机构做第三方鉴定，但是，关键证物却被学校涉事食堂在当天给丢弃了。随后，该地市场监督部门在未看到异物实体的情况下，仅根据视频照片进行判断，得出了"异物是鸭脖"的错误结论。此结论一出，立刻引发舆论快速发酵，"鼠头鸭脖"事件也成为网

---

① 引用来源：《切尔诺贝利核泄漏事故影响深远》，中华人民共和国商务部网站，http://www.mofcom.gov.cn/article/bi/200210/20021000045185.shtml。

络笑柄。半个月后，江西省联合调查组重新做细致调查，确定异物实为鼠头，该事件才得以平复。

危机无缝不钻，在当今这个社会，要想远离危机做成一件事，就要保持对事业的精度管理。

所以，我们在讨论危机到底会走向哪里时，我想可能取决于我们对它以上三个维度的思考。**也就是说，危机的大小、强弱、快慢甚至是好坏，都取决于我们对它的认知，这也就意味着越是讨厌的越无法回避，越是恐惧的越需要正视。**

认识了危机的本质，也就了解了危机发生的规律，从而明确了我们的处置思维路径。认识危机不仅仅是为了防控风险，更重要的是让我们形成一个防范危机的思维习惯。

就像郑板桥的诗里写的那样：

咬定青山不放松，立根原在破岩中。

千磨万击还坚劲，任尔东西南北风。

二、面对危机的思维模式

危机是个不速之客，又与我们共演共生，看似矛盾却又和谐统一。因此，我们面对危机，应该保持一定的思维模式。笔者认为，有三种思维模式值得参考。

1. 加速思维

在日常生活中，随着年龄的增长，我们可能有一种体会，那就是时间过得越来越快。小的时候感觉日子漫长，期盼快点长大，长大后又感觉时光飞逝，很多事情还没来得及做。

其实时间对于每个人来说都不是匀速前进的，而是加速前进的。越是到了生命的末尾，越会感到时间流失得快。

在我们有限的历史进程当中，也呈现这种加速的状态。

被人们称为"传播学之父"的传播学创始人施拉姆（Wilbur Schramm），把人类的历程做了一个形象的假设，称为"最后7分钟"。他说，假设人类生存在地球上100万年的历史等于一天，也就是1天=100万年，1小时=41 666.67年，1秒钟=11.57年。

那么这一天中，人类文明的进展如下：

晚上9点33分，出现了原始语言（10万年前）；

晚上11点，出现了正式语言（4万年前）；

晚上11点53分，出现了文字（3500年前）；

午夜前46秒，古登堡发明了近代印刷术（1450年）；

午夜前5秒，电视首次公开展出（1926年）；

午夜前3秒，电子计算机、晶体管、人造卫星问世（分别为1946年、1947年、1957年）。

这一天的前23个小时，在人类传播史上几乎全部是空白，一切重大的发展都集中在这一天的最后7分钟。

加速效应就是这么明显！因此，我们在面对危机时，不能拿匀速思维考虑问题，而应该采用一种加速思维方式。

强弩之末和箭在弦上都是在说箭，但紧张状态却完全不同，就是因为一个在减速，一个在加速。

2020年3月28日，四川凉山州木里县发生森林火灾，火场过火面积达270公顷（1公顷=10 000平方米），不连续火线延伸了50多千米，而这一次森林大火的起因却是一个11岁的小孩烟熏洞内松鼠。

所有的危机，最后之所以被称为危机，大都像是这一次森林火灾——开始的时候火种很小,一旦放在森林里,就会迅速蔓延,呈加速态势。

加速思维给我们最大的启示是:忽视小的错误,后面有你无法承受之痛,切勿被现在的舒适蚕食!

2. 底线思维

商业的舆论危机当中,公关界的业内人士有一个不成文的规定,就是不救那些没有商业底线的企业。这里说的底线,包括企业的价值观问题、商业伦理问题。

比如说天津的权健集团,即便是个百亿级的商业帝国,在危机爆发后,公关界也几乎没人向它伸出援手,因为权健集团的企业价值观有悖于商业准则,更触及了法律底线。

再如,在"视觉中国"的"黑洞照片"问题暴露后,整个传播界都成了它的公敌,因为它的商业伦理出了大问题。

底线思维是"着眼最坏,力争最好"的思维方式!

2017年上映过一部经典的根据印度真实故事改编的电影《摔跤吧!爸爸》。故事中的爸爸暗暗发誓要将自己的女儿培养成摔跤世界冠军,以弥补自己职业生涯的缺憾。他在训练自己女儿的时候,可谓用尽非常手段,田间的土培摔跤场、凌晨5点的闹钟、扔到河里让她们自救等近乎残酷的训练方式,让人感到这位父亲过于自私和残忍。然而正是这种"残忍"的手段,锻炼了两个女儿钢铁般的意志,最终拿下了一个又一个奖牌。在胜利面前,爸爸和女儿都流下了眼泪,因为他们受尽磨难,做最坏的打算,朝最高的目标努力,终于功夫不负有心人!

在商业领域,大家都熟知的华为公司,是一家底线思维非常强的企业。任正非作为企业的领航人,经常抛出关乎企业生死存亡的问题——下一个倒下的是不是华为?华为的冬天到来了吗?华为只能活90天,第91天怎么办?这样的问题,鞭策着团队不断前进,并让企业在市场磨砺中实现自我革新和破茧重生。

底线思维是指导我们进行人生规划、职业规划、经营管理的一项有效工具,当我们树立"100-1=0"的底线思维模型后,面对再大的危机也会临危不惧,胸有定见。

3. 共存思维

之前我们在讨论危机的本质问题时提到过"不确定性",实际上我们会发现,生活中有许许多多始料未及的事情发生。不确定性是一种常态,然而许多人会因为不确定性陷入焦虑状态,这种焦虑往往是对未知的恐惧。当一个又一个未知摆在我们面前,一面是生活和工作的压力,一面又是变化着的不确定信息。这时我们能做什么?什么都做不了,能做的只有接受。

实际上,只有我们接受了危机,才能正确地面对它,这就是面对危机时的共存思维。危机不一定是敌人,也许是一位情绪不稳定的同伴。

中国的道家讲:有无相生,难易相成,长短相形,高下相倾。

佛家讲:积聚皆消散,崇高必堕落,合会终别离,有命咸归死。

说的都是同样的道理。

在今天这个不确定性演化的时代,实际上孕育着更多机会。在一家企业当中,稳定得太久就不利于改革。一个过于饱和而时刻变化的时代,随时需要新鲜血液注入。

在人生的道路上,在我们身边,总会潜伏着这样或那样不可预测的危机。你怕也好,不怕也罢,危机总会在你意想不到的时候降临。

所有的危机都不可能准确预测,换句话说,能够预测出来的危机就不叫危机。危机不能预测，但可以预防。外界的危机并不可怕，可怕的是我们对这种危机的麻木不仁和茫然无知。这使我们在走下坡路的时候，可能还陶醉于以往的点点成就当中，当危机悄然而来时，我们已经完全丧失抵御能力。

共存思维是在提醒我们做好时刻与危机为伴的准备，危机时代也因这个世界无法完全预测而显得格外精彩美丽！

假如你始终采用这三项思维模式，我想无论是在你的人生道路上，还是在你的经营事业中，危机都将不再是置你于死地的杀手，反而可能成为让你重整船帆的舵手。

至少，你的内心应该是平静的。

第二章
危机的分类与识别

飞来山上千寻塔,闻说鸡鸣见日升。
不畏浮云遮望眼,只缘身在最高层!
——宋·王安石《登飞来峰》

任何危机的发生，都与时间、背景、环境等一系列因素有关，危机的起因不同，产生的影响也会有所不同。因此处理危机不能千篇一律，也不能一劳永逸。

我们大致可以将危机分成三类：

第一类是外生型危机，其中包括自然灾害、事故灾难、社会安全事件、公共卫生事件等。这类事故大多是由天灾引起的，比如地震、泥石流、洪涝灾害、交通事故、传染病。

第二类是内生型危机，其中包括组织形象、产品质量、个人声誉、机密泄露等。这类危机主要是由组织的经营管理或操作不当引起的，比如中国红十字会的形象危机、假疫苗事件、Facebook（脸书）数据泄露事件等。

第三类是内外双生型危机，其中包括商业投诉、安全生产事故、市场迭代、核心员工离职、恶意竞争、黑公关等。如滴滴顺风车事件、江苏盐城化工园区爆炸事件、诺基亚手机业务被贱卖、联想高管离职、3Q大战等。

也有学者将危机事件统称为突发事件，根据其性质和机理不同，其分类也更加细化，主要划分为五类：

一是自然灾害，主要包括水旱灾害、气象灾害、地震灾害、地质灾害、海洋灾害、生物灾害和森林草原火灾等；

二是事故灾难，主要包括安全生产事故、交通运输事故、公共服务设施安全事故、火灾事故、网络安全事故、环境污染和生态破坏事故等；

三是公共卫生事件，主要包括群体性不明原因疾病、食品问题、职业危害、动植物疫情，以及其他严重影响公众健康和生命安全的事件；

四是社会安全事件，主要包括群体事件、刑事案件、恐怖袭击事件、经济安全事件和涉外突发事件等；

五是其他突发事件，主要指突然发生，引起或可能引起组织形象危机，需要及时处置的其他公共事件。

危机事件也好，突发事件也罢，其特征都是突然爆发而且形势紧迫，一般呈现变化难料、危害严重、关乎公众利益、社会高度关注的显著特点。因此，在事件的处理中，如果没有梳理出轻重缓急、先后顺序，很可能就是一地鸡毛，最后是焦头烂额、疲于应对。

其实在应对危机时可以抓住两条主线来进行判断：**一条是责任线，另一条是能力线**。详细来说就是要看在危机发生时，涉事或受控主体的责任是轻是重，其控制能力是强是弱。

为了理解更方便，我们可以画一张"四告"情境象限图（见图2-1）。

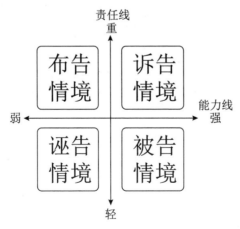

图2-1 "四告"情境象限图

大家可以清晰地看到，图 2-1 通过两条主线勾勒出了四个象限，分别代表了四种情境：

（1）诬告情境，主要表现形式是谣言与诬告；
（2）被告情境，主要表现形式是误解与失误；
（3）布告情境，主要表现形式是事故与灾难；
（4）诉告情境，主要表现形式是谎言与造假。

| 第一节 | 谣言与诬告

受控者责任轻，其控制能力又弱的情况，我们称之为**诬告情境**（见图 2-2）。

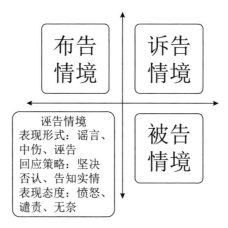

图 2-2 诬告情境

这时候遭受的危机大多是谣言的攻击、外界诬陷或是恶意中伤等。涉事主体需要做出的应对策略就是坚决否认并告知实情，涉事主体的态度应该是澄清事实并表示愤怒、谴责或无奈。

比如，运用互联网思维运作起家的新型餐饮品牌黄太吉，在2016年事业进行得如火如荼之时，突然被《创业家》杂志发布的一篇不实文章所击中。

文章以"黄太吉融资失败濒临倒闭"为标题通过微信、微博迅速传开。文章在2016年2月3日早晨7点24分发布，8点32分黄太吉创始人赫畅看到后立刻通过自己的朋友圈发布信息进行回应："×××黑马，创业家，放100个心吧，你们倒闭了我们也倒闭不了……我们的B轮融资已经于2015年10月21日到账，FA（风险投资财务顾问）为投中集团，每一轮融资需要全股东签字认可，股东包括分享资本、盛景基金、徐小平……创业本是挑战自我的过程，却还要应对这种无良媒体的挑衅。"回应的措辞严厉，当时赫畅的愤怒可想而知。

当天上午9点50分，也就是事发两个小时之后，《创业家》杂志创始人牛文文在微信里回应：我们不够严谨，并向赫畅道歉！当天上午10点27分，黄太吉方面将事件发生的始末截图发布到了官方微博，将事实真相向大家公布。经历了3个多小时的危机事件得以圆满解决！

娃哈哈出品的营养快线，从2005年开始推出市场以后，便迅速成为娃哈哈攻占大城市的爆款产品，直接对标可口可乐、百事可乐这样的大品牌。营养快线在前10年的单品营销推广中，累计销售超过了500亿瓶，产值超过1600亿元。仅在2011年，这一个单品就让娃哈哈收入超过200亿元。

但是到了2015年，网络上突然流传一种消息，称营养快线阴干后可做安全套，后来又逐渐演变成喝了营养快线会得白血病。显然，这是一则谣言。

这个谣言开始在一些小的论坛网站上传播，后来在微博、微信上疯传。最后，据不完全统计，这样的谣言信息在互联网上总共传播了1.7亿次。

受谣言的影响，营养快线原来一年可以销售4亿箱，后来只卖出了1.5亿箱，损失相当于200多亿元！

回顾过去，我们不难发现，被类似谣言击中的企业和品牌不在少数，从三株口服液到霸王洗发水，从蒙牛到酒鬼酒，都受到过类似谣言的攻击。作为品牌方，由于对此类谣言无从查起，多少会表现出对损失的无奈！

随着自媒体时代的到来，短视频逐渐成为主流的信息传播媒介，流量驱使人们通过自媒体获得更多商业价值，于是"蹭热点、博眼球、标题党"成为竞相效仿的做法，谣言在这种环境里极易产生和传播。

2021年6月，国家网信办部署开展"清朗行动"，集中关闭或解散了一批造谣攻击、侵犯隐私等影响恶劣的账号或群组，从严处置了"饭圈"职业黑粉、恶意营销、网络水军等违法违规账号，从重处置了纵容乱象、屡教不改的网站平台。网络环境得以净化。

如果说有组织、有运营、有策划的谣言可以铲除的话，一些纯粹是基于个人的爱憎好恶和民族主义情绪而进行的造谣，则需要相关主管部门特别加以防范和警惕！

案例说明：

2022年7月22日，南京玄奘寺出现供奉侵华日军战犯牌位的事情，引起了舆论的广泛关注和强烈愤慨。经过官方详细调查发现，此事原来是一个叫吴啊萍的女子，因对侵华日军的暴行产生了心理阴影，长期做噩梦，故而相信了一些迷信的说法，想出了供奉牌位的方式缓解自己的心理压力。

事件在舆论上持续发酵，网友开始对南京玄奘寺发起攻击。

南京市玄武区民族宗教事务局与当地公安部门迅速展开调查，但是在调查结果公布之前，网络上却出现了两张奇怪的图片（见图2-3、图2-5），疑似南京玄奘寺里的功德榜和楹联中都显示有吴啊萍和张井上的名字。由于这个"张井上"的名字很像日本人，又与吴啊萍的名字同时出现，这导致网上随即出现了很多新的猜测和传言。不少网友认为这是有幕后力量故意为之，是对我们民族情感的公然挑衅！

这些传言为后来的官方调查一度增添了许多困难，以至于官方发布的调查通报遭到网友质疑。

图2-3　网友做的假图

图2-4　功德榜真图

然而经过警方的侦查鉴定发现,图 2-3 中所谓的"南京古丬阳明仙公庙"重修捐款的图片,实则是"福建省晋江市青阳街道青华社区后林古地公宫"的功德榜(见图 2-4)。经过鉴定发现,这张图片是被人篡改的,捐款 3 万元的地方和捐款 1.5 万元的地方分别写着的"张井上"和"吴啊萍"的名字,皆是伪造的。

图 2-5　圆通正觉楹联假图　　图 2-6　圆通正觉楹联真图

同时,图 2-5 楹联中的"吴啊萍"和"张井上",同样也是伪造的。这座寺庙是在福建省晋江市的南山寺,这副楹联照片显然是被人改过的。真实楹联见图 2-6。

在这里我们要特别说明一下关于"民族主义情绪"的问题。

民族主义是起源于西欧和北美的一种有广泛影响的思想意识形态。它通常是指以维护本民族国家利益和尊严为出发点的态度与行为,是某一国家与外部世界发生碰撞后的自然流露,既表现为强烈的民族认同、国家认同,也反映在对待民族问题的情感归属和行为方式中。它代表不同的政治主张和思想倾向,既有积极作用,也有消极影响。因此，民族主义其实是一把"双刃剑"，既可与爱国主义高度重叠，凝聚全民族团结一致、同仇敌忾的爱国力量，又可能因滥用而沦为自利至上、孤傲排斥的单边保护主义和功利实用主义。

近年来，我们看到不少因煽动民族主义情绪而引发的社会事件。如2014年7月20日，麦当劳、肯德基、必胜客、汉堡王等知名洋快餐被曝使用福喜中国提供的过期肉，一时间群情激愤，舆论哗然，抵制洋快餐似乎成了人们的必然选择。然而，盲目排斥洋快餐并不能解决食品监管问题，相反，将狭隘的民族主义情绪置于食品问题之上，则会忽视真正的食品监管问题，无益于食品问题的解决。

须知，表达爱国情感要保持理性和定力，守住法律底线和群己权界，决不能被激情绑架而意气用事，这才是"爱国主义"的正确打开方式。

在我们识别和处理危机事件的过程中，值得注意的是，网上极端民族主义者时常与民粹主义者合流，打着维护弱势群体、普通民众利益的旗号，对某些敏感事件发表悲情化、非理性言论，以贫富差距、身份悬殊等特征分辨"是非"，用"城管""警察""高管"等关键词判断"对错"，将复杂的社会问题简单化、口号化，将一般的利益诉求扩大化、政治化，将正常的意见表达情绪化、集群化，导致网络舆论朝偏激、极端的方向发展，甚至被别有用心者裹挟利用，趁机颠倒黑白、造谣传谣、煽风点火、挑起事端，企图把矛头引向他方。

因此，出现此类危机事件时，对于主管的政府部门来说，显然是处在责任轻能力弱的诬告情境之中。此时，政府部门应该及时摆明态度，明确制止与谴责，以法制维护网络环境中的正常秩序。

|第二节| 误解与失误

危机的受控者责任轻，而其控制能力强的情况，我们称之为**被告情境**（见图2-7）。

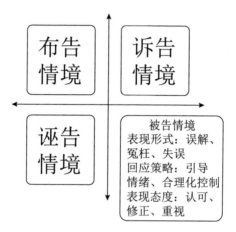

图 2-7　被告情境

这时候遭受的危机多数是对组织的误解或冤枉，也就是说责任不在我，但我对你的损伤有能力控制。比如高管的言论引发消费者不满。

2020年9月8日，《人物》杂志发表了一篇题为"外卖骑手，困在系统里"的文章。

文章提到，现在外卖骑手已经变成一项高危职业。原因在于，外卖平台通过数据算法，对外卖员的时间限制得异常苛刻。骑手为了不被平台处罚，不得不选择逆行、闯红灯等交通违法行为争分夺秒将外卖送至客户手中。媒体呼吁，这种现象应该得到社会关注。

第二天，也就是 9 月 9 日凌晨，饿了么外卖平台通过官微作出回应，并宣布将发布新功能：在结算付款的时候，为客户增加一个“我愿意多等 5 分钟 /10 分钟”的小按钮（见图 2-8）。

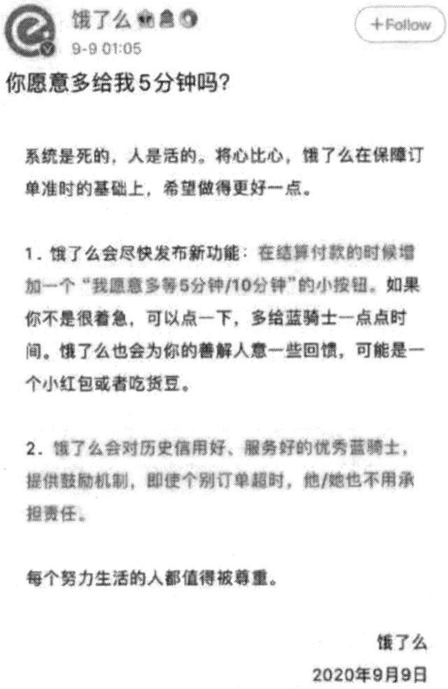

饿了么

9-9 01:05

+Follow

你愿意多给我5分钟吗?

系统是死的，人是活的。将心比心，饿了么在保障订单准时的基础上，希望做得更好一点。

1. 饿了么会尽快发布新功能：在结算付款的时候增加一个“我愿意多等5分钟/10分钟”的小按钮。如果你不是很着急，可以点一下，多给蓝骑士一点点时间。饿了么也会为你的善解人意一些回馈，可能是一个小红包或者吃货豆。

2. 饿了么会对历史信用好、服务好的优秀蓝骑士，提供鼓励机制，即使个别订单超时，他/她也不用承担责任。

每个努力生活的人都值得被尊重。

饿了么

2020年9月9日

图 2-8　饿了么平台回应

企业的这一行为本来出于好意，但这一声明的发布却立刻引发网友对外卖企业责任的强烈反响。

9 月 9 日 14 时 4 分，有网络大 V 称饿了么通过多等 5 分钟的功能转移了合同关系确立的责任，把顾客推到道德选择的悬崖边。“如果饿了么真的心疼自己的骑手，根本不用让顾客选择多等 5 分钟，他们只要宣布骑手迟到 5 分钟以内不罚款不扣钱就行了，这本来是企业自己可以决定的事，它们不愿这么做，是因为还想用速度快来吸引客户订单,然后把超时的责任转移到顾客与骑手身上。"知名媒体人杨樾在9月9日的微博中表达了这个意见。

当日多家专业媒体也跟进报道并对此事作出批评。"央视新闻"在微博当中发起投票"外卖平台设置多等5分钟功能有用吗?"引来大量微博网友关注;当天晚上22时,"央视新闻"微博账号发布白岩松谈外卖小哥为抢时间拼命的视频,并质疑投票结果受到微博水军操纵。"澎湃新闻"认为,在此事件中平台应做出让步,不该让消费者买单。快递员的超时行为并不是消费者所造成的,外卖员与消费者都是通过平台产生的关系,外卖平台在管理方法方面需要进一步改善。

企业应对不当会引发舆论不满,同样,企业的高管言行稍有不慎也会引发公众的误解。

2022年3月11日,国家药监局首次批准了国内五家企业"新冠抗原检测试剂盒"的上市申请。这对于企业来说当然是个好事。随着审批通过的消息传开,这五家企业的估值无论是在一级市场还是在二级市场上,都应声上涨。创业板上市的万孚生物名列其中,闻讯后,企业员工上下欢欣鼓舞,一位董秘更是第一时间在自己的微信朋友圈发了条消息"此刻心情如下",并配了张大笑的图片(见图2-9)。

然而,这个朋友圈的内容立刻被人截图传到了网上。很多网友看后认为,在疫情之下,多数人的工作生活秩序已经被打乱,而他们的企业在这个时候获得特批,无异于是在发国难财,有什么可高兴的?

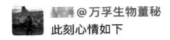

图 2-9　董秘朋友圈截图

为自己的企业获得认可和审批而"乐开花",被网友解读为发"国难财",这样的话题一旦传播开来,势必会对企业的形象产生颠覆性的影响!好在,这位董秘及时纠正了错误言论,删除了朋友圈,并对网友公开道歉(见图 2-10),舆论的热度慢慢降温。

图 2-10　董秘朋友圈致歉

处于被告情境中的危机,另外一个突出的特点是,责任明明不在我方,但是受害方却会找各种理由和证据来证明是我方的错误所致。比如,我们提供的产品,消费者没有按照说明书和提示使用,最后导致受损。在这种情境下,涉事主体需要采取的应对策略就是引导对方情绪,进行合理化控制。组织的态度应该是表示认可、改正和重视。

前沿数控投诉腾讯云事件

2018年8月5日,一家给客户提供数据服务的企业——前沿数控,突然通过自己的官方微博发布文章"腾讯云给一家创业公司带来的灾难"。文章中提到"前沿数控在使用腾讯云服务器8个月后,放在云服务器上的五千多万条数据全部丢失"。

此文一发,立刻引起了IT厂商圈和企业级用户圈的广泛关注。作为云存储的技术提供方——腾讯云,遭受到了一次负面舆情危机。

在云存储领域,华为云、阿里云、腾讯云竞争异常激烈,在这样关键的时刻,任何一次声誉危机都可能导致项目的破产。

而经过调查发现,实际情况是由于前沿数控技术人员不规范操作而导致数据丢失,且暂时无法恢复。在随后的两天内,腾讯云官方相继发布声明,就事实的情况给予说明,并对前沿数控所遭受的损失表示理解和认同,并愿意给予相应补偿。

有礼有据有节的回应与沟通,避免了事态的进一步恶化。随后前沿数控删除在自媒体上的"控诉"文章,两家最终消除误会,化干戈为玉帛。

从上面的这个案例我们不难看出,此危机事件中的主体责任并非在腾讯而在对方,然而腾讯对此的控制能力非常强,甚至说,只有腾讯有这个能力进行控制和修复,所以这种情境之下采用认可、修正、理解的态度进行回应无疑是正确的!

随着互联网自媒体的发展,网络舆情变得飘忽不定、扑朔迷离。一些社会热门事件在热议的过程中,对于一些企业、机构或个人,往往会在不经意间引起公众误解,网上对此专用一个词形容,那个词就叫作"躺枪"。

|第三节| 事故与灾难

危机的受控者责任重,而其控制能力弱的情况,我们称之为**布告情境**(见图2-11)。

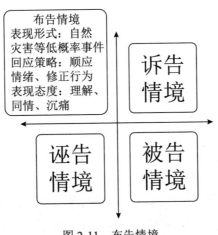

图2-11 布告情境

这时候遭受到的危机大多是无法预料的自然灾害、交通意外等低概率事件。涉事主体需要做出的应对策略就是顺应情绪和修正行为,及时公布进展;组织的态度应该是表示理解和同情,这时候切勿以麻木、冷漠的态度应对与处置。

我们先举一个例子进行说明:

2021年7月20日，郑州持续遭遇极端特大暴雨，气象部门虽然早有数度预警，但并没有引起社会的足够重视，更未引发强力的行政命令。大雨从7月19日晚21时59分开始，到20日中午郑州地铁多条线路出现漏雨、积水等现象，"郑州4号线成水帘洞"等多个话题登上微博热搜。当天下午6点左右，郑州地铁5号线五龙口停车场发生严重积水现象，积水冲垮出入场线挡水墙进入正线区间，最终导致5号线一列列车被积水围困。

由于正值郑州晚高峰，诸多下班乘客被困在地铁车厢，最终造成14人遇难。

郑州"7·20"大雨来势汹汹，雨量之大，让许多部门措手不及。路面积水，交通瘫痪，小区断电，人员被困，内涝严重。政府部门带领群众全力救灾的同时，地铁积水造成的巨大伤亡，成为郑州市民关注的焦点。

7月26日，在14名地铁遇难者去世一周后，民众自发将寄托哀思的鲜花摆放在了地铁口（见图2-12）。

图2-12　郑州地铁5号线车站口市民自发献花

7月30日，郑州地铁集团有限公司领导班子成员、中层管理人员、员工代表前往地铁5号线沙口路站出口静默肃立，在深深三鞠躬后献上了手中鲜花。为给前来追思的市民提供方便，地铁集团在该站口旁边的广场设置了追思处，并为市民提供免费的鲜花。

灾难面前，无论是天灾还是人祸，涉事主体对受灾者家属的悲愤和伤楚，都应该表达或理解或同情或沉痛的心情。冷漠淡然、麻木无视的举动，只会增加对抗，从而加剧危机。

关于这方面的例子还有很多，比如至今还没有结论的马航MH370失踪事件等。

布告情境中的低概率事件，还包括地震、山体滑坡、飓风沙尘、病毒瘟疫、爆炸事件、食品中毒、恐怖袭击等。我国幅员辽阔、气候多样、地势复杂、人员众多，因此将处理各种各样复杂的危机，统称为应急管理。2018年5月，根据《中共中央关于深化党和国家机构改革的决定》中的安排，国务院新组建了国家应急管理部，应急管理随之进入了一个新的历史阶段。与此相关的内容，我们在后面的章节中还会有所交代。

| 第四节 | **谎言与造假**

危机的受控者责任重，而其控制能力又很强的情况，我们称之为**诉告情境**（见图2-13）。

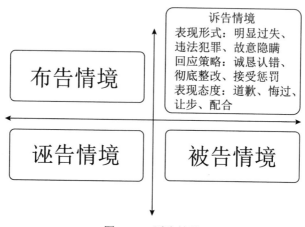

图 2-13　诉告情境

这时候遭受到的危机大多是利欲熏心、明知故犯、东窗事发的事件；涉事主体需要做出的应对策略就是诚恳认错（罪）、彻底整改，接受全面督查和惩罚；态度应该是表示道歉、悔过、让步和配合。

这样的危机情境是我们最不愿意看到的，但是在现实生活中，此类事件屡见不鲜。无论是 2008 年三聚氰胺奶粉事件、2018 年长春长生假疫苗事件，还是苏丹红鸭蛋、瘦肉精羊肉、核酸检测造假等，都暴露出了不良商家无视法律铤而走险，无视规则沦丧良知的丑恶嘴脸。

郑州金域医疗核酸样本丢失事件

2022 年 1 月 12 日上午，河南省许昌市公安局突然对外发出通报（见图 2-14）：经公安机关调查，郑州金域临床检验中心有限公司区域负责人张某东违反传染病防治法的规定，实施引起新型冠状病毒感染肺炎传播或者有传播严重危险的行为。禹州市公安局于 2022 年 1 月 10 日，对张某东以涉嫌刑事犯罪立案侦查并采取强制措施。

第二章 危机的分类与识别

图 2-14 许昌公安局立案通报

警方通报发布后,该事件立刻登上了热搜,同时被中央政法委、新华社等官微转发。"金域医学"这家公司成为舆论关注的焦点。"金域医学"不仅是一家上市公司,而且是核酸检测方面的龙头企业,自从疫情暴发以来,它所承接的核酸检测业务一年让企业多营收 10 多亿元,股票更是一路上涨。

那么这次许昌市公安部门的抓捕原因具体是什么呢?从官方的公告中,我们无法得知具体的内容,但是此时在网络上已经流传两个版本:

第一个版本是说,郑州金域在此前的核酸检测中有部分样本丢失,为了躲避监管,都以阴性检测结果提交了报告。

第二个版本是说,郑州金域销售人员大量接单,在实验室做不完的情况下,到了约定时间,负责人直接向政府出具了阴性报告。然而真正做完后发现有阳性病例,于是再去向政府部门报告时,已经因隔离不及时导致了病毒的大面积传播。

无论是"丢失样本"说,还是"延后报告"说,都无法逃脱检测机构伪造检测结果的嫌疑。

受到以上消息影响，金域医学当天股价下跌 5.79%，市值蒸发超 25 亿元。像这样的危机事件，如果应对不好，足可以让这家挣得盆满钵满的企业破产退市。那么，以什么样的态度向社会进行回应，就显得尤为重要。

我们看到，当天下午，金域医学总部对外发布声明（见图 2-15）。

图 2-15　广州金域医学对外声明

显然，企业这种配合调查的态度，为尽可能消除影响起到了至关重要的作用。

不难发现，这一情境下的危机出现，对于组织来说是致命的。但是，即便是发生了这一情境下的危机，只要涉事主体能采取诚恳认错、彻底整改、接受惩罚的应对策略，并以道歉、悔过、让步、配合的态度来回应舆论，危机依然是可以解除的，损失依然是可以尽最大可能挽回的，比如"国美黄光裕入狱事件"等。

第三章
危机的演变

梁园日暮乱飞鸦,极目萧条三两家。
庭树不知人去尽,春来还发旧时花。

——唐·岑参《山房春事》

我们把危机大致可以划分为五个阶段：潜伏期、爆发期、扩散期、修复期和休眠期。仔细分析就会发现，很多危机处理不当，其原因不是方法失当，而是时机不当。因此，面对危机，我们需要分析每个阶段的特征和规律，只有这样才能在瞬息万变的危机中把握时机。

"联想爱国保卫战"事件

2018年5月，很多人在微信群里收到了联想集团创始人柳传志发布的一段录音。这段2分多钟的录音揭开了所谓的"联想爱国保卫战"。

这件事的背景需要追溯到事发的两年之前，当时在国际上有个关于5G波短标准的投票，联想集团和旗下的摩托罗拉将选票投给了美国的高通，而不直接投给中国的华为，最终的结果是华为以微弱劣势落败。这一"消息"两年后在网上突然传开，于是激起部分网友的"民愤"，大家纷纷表示将抵制联想，并给联想扣上了"卖国贼"的帽子。

本来这是一个专业领域的事，孰是孰非很难用简短一两句话说清楚。同时也不难发现，这样的网络声誉危机，本身就暗藏诸多话题陷阱，稍不留神就会深陷其中、不可自拔。

联想柳传志在没有发布这段录音之前，关于投票的话题并没有进入公众主要的议题讨论之中，也就是说，联想这次的声誉危机还只是处于潜伏阶段，并没有扩散。然而联想的公关团队却误将危机潜伏期当作了扩散期来处理。本来是想救火，结果却成了火上浇油，给联想带来了更大的麻烦。

2018年12月1日在加拿大发生的孟晚舟事件，激起了国人的愤慨。此事件一方面提升华为品牌在国人心目中的形象和地位，另一方面却在无形中压制着联想。

2021年9月30日，联想集团申请国内科创板上市，并公示了近三年来的财务状况。在薪酬一栏中显示，已经退休的柳传志还拿着一个多亿元的年薪。此事经媒体报道，再次引发热议。加之联想集团之前的国资背景，舆论质疑联想涉国有资产流失之嫌。

在舆论的穷追之下，联想集团在9天之后撤销了科创板上市的申请。这场持续数年的品牌声誉危机不知会以何种形式收场。

| 第一节 | **危机的五大阶段**

> 凤凰台上凤凰游，凤去台空江自流。
> 吴宫花草埋幽径，晋代衣冠成古丘。
> 三山半落青天外，二水中分白鹭洲。
> 总为浮云能蔽日，长安不见使人愁。
> ——唐·李白《登金陵凤凰台》

一、危机潜伏期

危机往往从一个混沌的状态酝酿出来。结合前面讲到的"海恩法则"我们就会知道,每一场危机都是以潜在的小问题存在于组织各个角落、各个环节中的。危机在这个阶段是有端倪的,但是不易被察觉,或者面对隐患人们视而不见!

危机的酝酿是一个长期的过程。在实践中,危机的爆发只是瞬间而已,但是潜伏的隐患却可能在一个长期的过程中酝酿。比如,联想集团的这场危机,如果追溯其征兆,或许早在20年前,就已经显现。

"聪者听于无声,明者见于未形。"对于一家企业来说,危机在潜伏期或许无法准确预测会何时爆发,但是对于一般性的危机可以大体预判。正所谓"上医治未病",还没有爆发危机的时候,是预防危机最好的时机。

根据我们对组织的观察和研究,以下10种容易潜伏的危机信号需要注意:

(1)领导人变故、行为失当;

(2)核心人才离职;

(3)市场份额萎缩;

(4)盈利能力变差;

(5)执行力变差;

(6)信息沟通不畅;

(7)创造力变低;

(8)消费者投诉增多;

（9）产品缺陷；

（10）操作失误。

二、危机爆发期

危机潜伏到一定时期会突然爆发。危机的爆发往往是突如其来的，危机最终以突发的形式表现出来。危机在这一阶段的特征是已经显露但出乎意料。从传播的角度来讲，这是危机信息传播的原始起源。

危机爆发之后，如果能立即处理，就可将危机的破坏力和影响控制在组织可掌握的范围之内；如果不立即处理或处理不当，危机将可能进一步升级，影响范围和强度可能会扩展到让人意想不到的程度。

2019年3月，西安一位女士到西安利之星奔驰4S店以66万元的价格提走了一辆奔驰"小跑"。本来是很开心的事，但是开出去没多久，这位车主就发现汽车的仪表盘上开始报警。经检查发现，新买的奔驰车竟然出现发动机漏油的情况。于是她找到西安利之星奔驰4S店要求换车，但是销售员找各种理由拒绝。

4月9日，女车主再到4S店与相关人员交涉，无奈之下，她爬到自己的奔驰车引擎盖上哭诉（见图3-1），并与一旁劝阻的工作人员理论。该场景被旁人全程拍摄下来，并将视频传到了网上。"奔驰女车主坐引擎盖上维权"这一话题迅速登上各大新闻平台的热搜榜。危机从潜伏期瞬间转向爆发期！

图 3-1　奔驰女车主哭诉维权

为了方便大家对此次案例的了解，我们不妨再回顾一下事件之后的情况：

4月10日，女车主坐奔驰引擎盖上维权的视频迅速传开，西安利之星奔驰4S店引发舆论关注。

4月11日，西安利之星奔驰4S店向媒体回应称已经与女车主达成和解；后经证实，这只是4S店的一方之言，并未得到女车主认可。

4月12日，西安市场监管局介入调查。

4月13日，西安市场监管局封存车辆以待检测；当天晚上奔驰官方首次发布致歉声明，但因措辞不当，被网友指责态度敷衍。

4月14日，女车主在当地市场监管部门的陪同下与4S店高管协商谈判；谈判不欢而散，现场录音被人挂在网上，并曝光购车时涉及的"金融服务费"问题，引发中国银保监会关注。

4月15日，中国银保监会责令清查奔驰金融问题，陕西省消费者协会迫于舆论压力进行公开回应,但被网友指责是在"打官腔";同日郑州奔驰4S店女车主维权,再次引发舆论关注。

4月16日,奔驰发表第二篇致歉声明,其间奔驰股票市值跌去130余亿美元。

4月17日,媒体报道奔驰方面与女车主达成和解,答应给予10年VIP待遇,并补过生日。

4月19日,网上突然出现"奔驰女车主被催债"等热搜话题,被网友质疑系奔驰恶意炒作。

4月20日,与女车主相关的负面话题迅速冷却,持续10天的舆论危机逐渐降温。

从上面的案例中不难看出,危机在爆发初期往往只是一些小的事件,其影响面相对较小,处理起来相对容易。如果在这个阶段依然引不起组织的足够重视,那么麻烦将接踵而至!所以危机处理需要及时跟进,做到抓早、抓小、抓苗头。

根据各式各样的危机形式,我们可以将直接导致危机爆发的情况,归结为10类:

(1)政策导向,比如新教育政策出台后,教育机构转型;
(2)法律诉讼,比如商标使用权的诉讼,迫使广告无法刊登;
(3)渠道风波,比如代理商集体罢市,造成产品积压;
(4)伤亡事故,比如员工在下班途中猝死,造成负面舆论;
(5)媒体发难,比如央视3·15晚会曝光企业;
(6)谣言波及,比如食品添加剂问题;
(7)自然灾害,比如突发城市内涝;
(8)代言人丑闻,比如明星代言人的桃色事件;

(9)市场迭代，比如手机行业、新能源汽车行业；

(10)恶意竞争，比如白酒、日化行业。

三、危机扩散期

扩散期是指危机发生后，通过人员、组织、媒介的传播，危机不断扩散，受众知晓率呈爆炸式增长。这个时期的特征是：危机事态正在发展，危机产生原因却不一定能明确，表层现象则在传播中不断被复制。

从传播的角度来说，危机在扩散期的信息常出现多样性、复杂化的特点。也就是说，对于危机事件，大家掌握的信息有准确的，也有不准确的，甚至是猜测和臆想的；有的人是当事人或者现场目击者，也有的人是道听途说。

随着自媒体的崛起，信息的呈现愈加立体、多样，传播起来也变得愈加迅速，人们容易陷入"所见即真相"的误区。当突发事件出现，一些网民（包括网络大V）的评论紧跟其后，又容易产生多话题的叠加共振，让危机扩散的方向更加飘忽不定。有些时候，事发的原因还在调查之中，大量的信息"真空"就不断地由媒体和公众通过各种渠道来填补，于是"谣言"极易在这个阶段滋生。所以，我们常会发现，真相还没来得及穿鞋，谣言已经在满街飞奔。

被誉为全球第一CEO的杰克·韦尔奇在他的《商业的本质》一书中这样提道：当今世界危机频发的一个重要原因是，随着数字化时代的到来，企业内部和外部的利益相关方以前所未有的更紧密的方式联结了起来，一个传统意义上的小危机，可能会因为数字化传播演化成一次大危机。

这样的说法不无道理。

2021年下半年,作为国内教培行业的领头羊,新东方教育确确实实受到了生死存亡的考验。首先是新东方在美国纳斯达克的股价,从上半年的199.74美元/股,跌到了0.84美元/股,跌幅超过了百分之九十九,这在股票市场上也是罕见的;其次,新东方将退租1500个新的教学点,这些教学点有的还没正式对外招生,仅花在装修上的费用就超过60亿元!正当新东方上下为这场危机展开安置工作的时候,网上一段关于新东方"内部消息"的文字在网上疯传开来。

昨天新东方内部座谈的消息:
1. 新政已经下放到银保监会了(因为涉及资金监管)。
2. 总体方向:2022年开始,周末、寒暑假都不能上课;6岁以下学科、非学科都不能上。2021年过渡,周六可以上(周日不行),今年暑假可以。
3. 所有的"拍题、搜题"工具都下架,线上投放进一步限制(包括信息流)——拦截新客流量。
4. TAL自己预测会因为新政损失50%+的收入(因为在线比率高);新东方的人觉得可能有70%~80%的收入损失。

这样的消息,以新东方内部会议纪要的形式放出,对于新东方当时的8万多名教职员工来说,多数人会信以为真,甚至会人心惶惶。好在俞敏洪第一时间做了内部核查,并通过自己的朋友圈及时辟谣(见图3-2)。

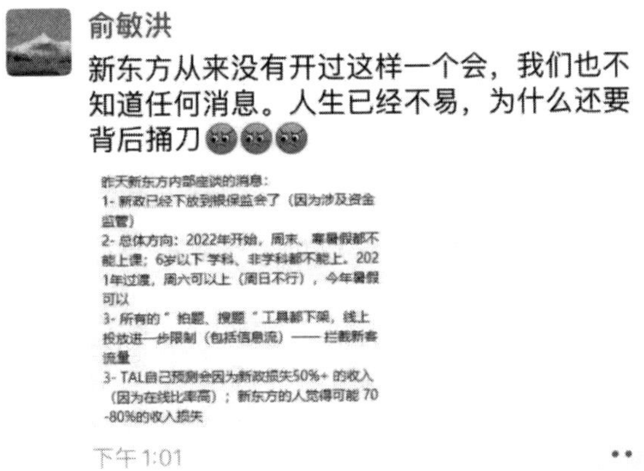

图 3-2　俞敏洪微信朋友圈辟谣

危机在扩散期容易出现谣言，除了可能有竞争对手或其他利益诉求者作祟之外，还有一个重要的原因就是自媒体的广泛参与和网民的非信任心态叠加。

自媒体时代，网民在公共事件面前，参与讨论的意愿，比过去任何时候表现得都要强烈。然而，各大自媒体平台在提供交流的互联网空间的同时，也客观上形成了一种所谓的流量比拼！流量即利益，在这种商业理念驱使之下，在危机事件扩散过程中，一些自媒体为"吸粉丝""博眼球"而编造一些似是而非、东拼西凑的内容，甚至是捏造耸人听闻的消息就不足为奇了。

网民的非信任心态，主要表现在习惯性质疑、习惯性批评、习惯性反对、习惯性不信等思维定式上。当突发事件发生后，许多网民往往以主观臆断压过客观事实，甚至提前进行有错推定，不问真相一味指责，并与此前类似负面事件相联系。对于组织的回应、理性的声音，尤其面对公权力的回应时往往存在逆反心理，总表现出先入为主、怀疑一切、否定一切的态度。

在这样的心态之下，网民对一些所谓的小道消息、内幕揭秘，容易轻信和盲从，甚至有人热衷于添油加醋，并试图以谣言倒逼真相，来发泄自己的情绪。

无锡高架桥侧翻事件

2019年10月10日18:10左右，江苏省无锡市锡山区312国道上海方向K135处、锡港路上跨桥出现桥面侧翻。侧翻桥面压住了桥下3辆轿车，并当场造成3人死亡、2人受伤。

因为正值下班晚高峰，过往车辆被眼前的一幕惊呆，路人和司机纷纷拿出手机拍摄事故现场。短短一个小时的时间，高架桥垮塌砸中车辆的视频便传遍全网，引发了全国网民的高度关注！

在市区内出现高架桥的垮塌事故，在国内罕见。到底是工程质量问题，还是车辆超载、地震灾害或其他原因造成这起事故呢？网友们不得而知。当地交管和应急部门第一时间展开了救援工作，随即对事故的原因展开调查。

然而在事故救援的同时，当天晚上8点左右，一张事故救援现场的微信截图，并附有"手表是理查德米勒""一个地级市的公安局长，带四百万的手表，估计是忙的没记得摘下来"等图文信息在网上流传，并引来诸多网友转发。后经警方调查发现，此帖只是两名网友为吸引眼球而编造的谣言，随即开始辟谣（见图3-3）。

图 3-3　无锡市公安局新吴分局辟谣

四、危机修复期

危机修复期又可以称为危机的处理期。任何一场危机都是有冲击力的，它或是对组织的人员和经济带来实际损伤，或是对品牌的声誉和口碑带来负面影响。总之，危机出现后，为避免急速扩散传播，亟须相关人员出面处理和修复。

"好事不出门，坏事传千里。"一个负面消息足以抵消千百篇正面的报道和百万次的广告宣传。

正是由于危机易扩散、易引起舆论关注，修复人员在整个危机处理的过程中扮演着重要的角色。对于危机的处理，在实践工作中有诸多原则、方法和技巧，这些内容我们将在本书第五章、第六章中展开说明。

五、危机休眠期

危机在经过前面潜伏、爆发、扩散和修复四个阶段以后，将进入休眠阶段。这个阶段为什么叫"休眠"而不叫消除、清零、翻页呢？原因有三个：

第一，所有的危机自从爆发以后，无论处理得成功与否，组织都无法再回到原来的样子。也就是说，危机一经出现，就会一直存在，危机带来的冲击和影响也都会在公众和组织的头脑里留下记忆，这种记忆不可能被忘记或消除，也不应该被忘记或消除。

第二，一次危机无论修复得多么完美，它都可能在未来的某个时间点再次出现，它只是休眠而非消失。它看似宁静，实则在酝酿下次危机。

第三，危机时常出现循环往复的情况，面对危机要时刻保持敬畏之心。危机就像冬眠的灰熊，看似沉睡，但威力依然不能小觑。

不难发现，**危机的演变是符合周期论的**。气候变化有周期、历史推进有周期、政权更替有周期、企业发展有周期，危机演变也有周期。因此，危机之于我们，永远都是周期相伴、如影随形，根本无法彻底摆脱或避免。这应该是在思维认知层面给我们的最大警示！

危机处于不同阶段，则有不同的处理方法和原则。如果危机只是在爆发阶段，却用扩散期的方法处理，不但不会消除，反而会扩大危机，带来不必要的伤害；如果危机还处在扩散期，却把它当成休眠期来处理，最后的效果大概率会事与愿违，甚至是雪上加霜。

鸿茅药酒事件

鸿茅药酒，在2018年之前可以说是一个享誉全国的保健品品牌，曾经两次入驻CCTV国家品牌计划，那句"每天喝两口，疾病都溜走"的广告更是响彻大街小巷。从2014年到2017年，该企业连续三年营利翻番，并一直是内蒙古凉城县头号的纳税大户。

2017年下半年开始，鸿茅药酒开始准备上市工作，并邀请银河证券、大华会计师事务所、北京市天元律师事务所三家国内一流的中介机构做上市指导，准备在2018年的第一季度到深交所中小板实现挂牌交易。

但没有想到一场小小的意外，彻底打乱了这家企业的规划布局，也让这家每年投入150多亿元广告的品牌，成为众矢之的。

2017年12月19日，广州的一名医生谭秦东在"美篇"上发布一篇名为《中国神酒"鸿毛药酒"，来自天堂的毒药》的帖子，并将该文分享到了微信群里。

谭秦东在文章中指出，人在步入老年后，心肌、心脏传导系统、心瓣膜、血管、动脉粥样等发生变化，而有高血压、糖尿病的老年人尤其注意不能饮酒。"鸿茅药酒"的消费者基本是老年人，该酒的宣传具有夸大疗效的作用。

这篇帖子实际的阅读量仅为2241次，但是还是被鸿茅药酒市场部负责推广的员工给看到了。他们认为这篇帖子对"鸿茅药酒"在恶意抹黑，在误导广大读者和患者，并导致深圳、杭州、长春三地共两家医药公司、7名市民退货，累计损失达827 712元。于是在 2017 年 12 月 22 日，鸿茅药酒在内蒙古报了案。

2018 年 1 月 5 日，内蒙古凉城县警方从"美篇"所隶属的南京蓝鲸人网络科技有限公司，调取了谭秦东的注册 ID 号和手机号。五天后谭秦东被内蒙古凉城警方跨省抓捕。2018 年 1 月 25 日，经凉城县人民检察院批准，谭秦东被执行逮捕。谭秦东涉嫌的罪名为损害商品声誉罪。

显然，这样的证据不足以认定这样的罪名。谭秦东妻子刘璇多方努力想换取丈夫的自由，但是均无实际效果，最后她不得不联系报社记者，并通过自媒体讲述自己的遭遇。随着记者的跟进报道和自媒体的自动转发，舆论关注的焦点开始逐步深入。

"鸿茅药酒到底是酒还是药？""鸿茅药酒到底能不能治病？""一年销售 50 亿元，广告投放 150 亿元，钱从哪里来？"类似的质疑声音开始遍布整个网络，引起医务界、媒体界和消费者的高度关注。事件的发酵促使国家药监局展开调查，并取消了鸿茅药酒非处方药的药品批文，将其转为处方药。

一夜之间，鸿茅药酒摆在超市货架上的货品全部下架，整个销售渠道瞬间瘫痪。国家广电总局紧随其后，对鸿茅药酒涉嫌虚假宣传展开调查，并要求下架所有广播电视广告。

一场危机正在吞噬这家还沉睡在 IPO 美梦中的企业。

不难发现，鸿茅药酒从 2014 年每年以 100 多亿元的电视广告投放开始，就已经进入危机的潜伏期。"福兮祸之所伏"，鸿茅药酒沉浸在自己营收高速增长的快乐中，完全忽视了潜伏的危机！

如果说 2017 年 12 月 19 日谭秦东发布质疑文章是危机爆发的话，2018 年 1 月 25 日凉城县警方的跨省抓捕已经使鸿茅药酒的品牌声誉进入危机扩散期。随着危机的扩散，一个品牌神话变成了利用年轻人的孝心欺骗消费者的恶棍。

鸿茅药酒市场份额断崖式下跌，上市之路就此折断。面对此次危机，企业上下基本是束手无策。如何修复消费者对这个品牌的基本信任，在事发当初我们提出的策略是等公众情绪逐渐降温以后去有节奏地修复，比如到国外医药行业获个奖项、获得某个认证，等等，都对恢复信任有所帮助。

非常可惜的是，还处于信任修复期的鸿茅药酒却按照危机休眠阶段的做法开展了行动：一是在2019年12月获得了中国中药协会颁发的"2018年度中国中药行业社会责任明星企业"荣誉称号；二是邀请北京的部分媒体前往内蒙古凉城县实地采访企业经营惨淡的情况；三是再花巨资在北京、上海等地投入电梯广告。

结果，给鸿茅药酒颁奖的中国中药协会受到舆论巨大争议，最终撤销表彰，对公众道歉。随后民政部对该协会作出警告，并处没收违法所得20.729万元。对于媒体的报道，公众不但没领情，反而更加坚定抵制该品牌的决心；至于广告投放，更是在小区居民的反对之下，悄悄下架。

鸿茅药酒经历过一场舆论风暴后企业陷入经营困局，这时候应当回归产品的可靠性，但它却以危机潜伏期用的信息比较来博取公众同情，可想而知，对于关键问题的回避，只能给企业雪上加霜，无利于危机的修复。

实际上，在这个信息高度发达的全媒体时代，危机发生的频率愈来愈快，覆盖面愈来愈大，企业遭遇危机后的死亡率也愈来愈高。因此，我们需要认真研判危机所处的阶段，再根据危机所处的阶段进行不同的处置，调动不同的资源，做不同的投入。

正确的时间做正确的事,危机消失;正确的时间做错误的事,危机爆发;错误的时间做错误的事,危机扩散;错误的时间做正确的事,于事无补,危机加剧!

|第二节| 危机中的"盲人摸象"

> 横看成岭侧成峰,远近高低各不同。
> 不识庐山真面目,只缘身在此山中。
> ——宋·苏轼《题西林壁》

危机不能准确预测,所有能预测的危机已经不能算是危机。我们知道危机一定会发生,但是不知道它会在什么时间发生。在危机发生的那一刻,每个人站的角度和立场不尽相同,获得的信息维度也不一致,因此在危机中容易出现"盲人摸象"的现象。

出现这样的现象,笔者认为主要还是因为对危机的认知、反应和处置存在不同程度的挑战。

一、认知方面的挑战

风险防范意识不强,有麻痹和侥幸心理。这是极为普遍的一种心理现象和社会现象。

(1)心态上:面对危机时,涉事主体的本能反应是希望做到"损失最小化",甚至期待"收益最大化"。也就是说,每一个遇到危机的人和组织,都希望在突如其来的危机中避免受损,并争取在危险中获益。

其实危机就是危机,想在危机中转危为机是非常困难的事情,我们需要在对危机的认知上保持清醒,不铤而走险,更不能刀尖上起舞。增强日常防御工作,依然是避免隐患来袭的有效措施。

(2)**制度措施上**:从社会管理层面来看,我们在应对公共卫生领域的危机,应对自然灾害、极端天气的危机等方面,依然存在短板,比如我们在预警审批流程、分组响应制度等方面,依然滞后。

从商业经济的层面来看,许多有能力、有实力的企业,对危机的监测和认知存在很大差异。现在的舆论传播可以呈现瞬间裂变的状态,但是许多企业还没有建立自己的舆情监测体系,在负面舆论爆发以后,企业长时间处于被动"挨打"的状态也极为寻常。

随着自媒体的快速发展,视频监测技术已经处于滞后状态,信息监测获取渠道很可能成为新的挑战。

二、对危机研判和反应的挑战

我们对危机的研判和反应能力不足,呈现"两强两弱"的态势。

危机是什么性质的,属于哪一类?如何隔离,如何抢救?舆论上该如何进行回应,该不该回应?这其实是对危机进行早期研判的重要内容。然而在危机早期,相关责任人的畏难情绪和掩盖心理,时常使问题恶化。

一方面,从应急管理层面看,我们国家的政治动员能力很强,而社会动员能力相对较弱;我们对危机的反应能力强,而对处置的反馈能力弱。许多时候,专家的研判和官员的研判得不到有机融合,在上下联动、及时决策的内容上得不到反馈,容易造成时机延误,甚至是错误引导。

另一方面,从企业危机管理的层面看,许多企业和组织对危机的制度规定性强,而规范执行力弱;内部应对能力强,外部舆论的应对能力弱。

一个很明显的例子就是发生在2015年的"8·12天津滨海新区爆炸事故",在事故发生的第一时间,公安消防和医护人员都及时进行了应急响应,但是由于对可燃物的分析不足,在救火的时候再次出现爆炸,造成了巨大的人员伤亡。

面对如此重大的安全生产事故,首场新闻发布会却没有见到分管的领导露面,当记者问及是谁在统筹救援时,台上的安检部门领导却说"回去了解一下情况"。一边是伤亡惨重的爆炸现场,一边是面对舆情的二次危机,天津对此接连召开了10场新闻发布会,但无论如何及时向公众发布相关消息,都抹不去"信息不透明"的负面印象,教训不可谓不痛!

三、对危机处置的挑战

我们对危机处置的效率不够,综合协调能力不强。

许多企业和组织缺乏危机日常监管机构,危机来临时,各自为战的情况时有发生。在危机应对初期,不同层级、不同部门和员工对事件的风险感知、风险评析以及公共决策都存在偏差。

实际上,在处置突发危机事件时,"第一时间"非常宝贵,而且留给我们的时间非常有限。要想提高危机处置效率,需要有一些非常规思维,要跳出原有思维局限,提出有效的建议与意见。

对于一些企业来说，增强危机意识，更需要增强危机管理专家的外脑资源，帮助企业突破困境。我问过许多企业的一把手，尤其是民营企业：你们有没有应急管理部门，或者是危机公关部门？他们都摇头！这是中国企业的现状，也是面对各种危机时的尴尬境遇。在突发事件面前，统一组织、备战有序、言行一致、反应灵敏的队伍实际上非常必要。

面对这一挑战，企业的管理者需要加强应对危机的管理训练，我们可以用事件的"轻重缓急"来构建管理者的思维模型（见图3-4）。

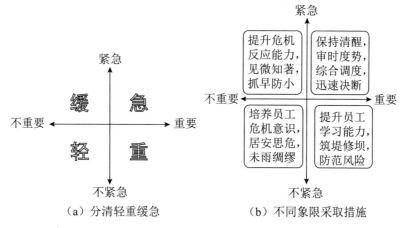

（a）分清轻重缓急　　（b）不同象限采取措施

图3-4　危机管理思维模型

（1）在不紧急且不重要的环境下，企业要做的就是改善工作条件，提升竞争力，培养员工危机意识，居安思危，未雨绸缪。

（2）在紧急而不重要的环境下，企业能区分非核心客户、业务、员工的资源，提升危机反应能力，见微知著，抓早防小。

（3）在重要而不紧急的环境下，企业能把握新的需求，优化组织结构，提升员工学习能力，筑堤修坝，防范风险。

（4）在既紧急又重要的环境下，企业要维系好核心资源，保持头脑清醒，审时度势，综合调度，迅速决断。

|第三节| 次生危机的到来

> 离离原上草，一岁一枯荣。
> 野火烧不尽，春风吹又生。
> 远芳侵古道，晴翠接荒城。
> 又送王孙去，萋萋满别情。
> ——唐·白居易《赋得古原草送别》

主生危机可怕，次生危机更可怕。

真正扳倒一个人或"杀死"一个企业的，不是主生危机，往往是次生危机！

次生危机的来袭，主要是舆论形成的冲击。关于舆情的管理，是一个综合性的学科，尤其是在全媒体时代，公众的情绪容易受到不同观点的影响，又极易陷入"所见即真相"的误区当中。

舆论环境对于很多企业的经营者或主政一方的领导干部，以及一些社会知名人士来讲，可以说是又爱又恨。一方面，企业的知名度、产品的品牌、地方的治理形象、个人的声誉等都需要媒体的宣传和报道；另一方面，网络上的舆论风向飘忽不定，一点点小事都可以在网络的放大效应下立刻让众人知晓，甚至有些八竿子也打不着的事，也会让人"躺枪"。

随着微信、微博、抖音、快手、新闻客户端等传播平台和智能手机的普及，人人拥有麦克风、人人手握摄像机，已经随时随地可以成为信息的发布者、舆论的监督者、意见的表达者和事件的参与者。

其实，在如今这个全媒体时代，每一个谨小慎微的普通公民，都有可能因意外"触网"而深陷舆论旋涡；每一个正常经营的企业，都随时有可能因为舆论的一次风暴而惨遭席卷；我们身边的领导干部，或许会因为一句被曲解的话、一张被误传的照片、一个动作甚至一个微笑，葬送政治生涯。

因此，网络舆情应对能力已经成为衡量执政水平的重要指标，也是一个管理者所必须掌握的基本管理技能。

现在的媒体被称为"全媒体"，呈现出"全程、全息、全员、全效"的"四全"特点。

全程，就是从过程上看，基本可以从始到终，对事件进行全过程的跟踪报道。尤其是现在网络直播的盛况之下，千千万万网民可同时观看一所医院平地而起的画面，看珠穆朗玛峰上5G信号传过来的星空直播等。

全息，就是从技术上看，基本可以反映事件全方位的情况。

全员，就是从互动上看，属于全民参与信息交互。从社会角度上说，网络世界人人都可以表达自己的观点。

全效，就是从媒体功效上看，不仅是一次报道和呈现，而且可以是数据的记录和演化。可以说，我们都生活在被热点所"推销"的时代！

所以，如今的媒体形态和信息传播，大致呈现四个方面的特征。

1. 传播去中心化

自媒体高度发达，信息的来源和分发的渠道已经打破了原有的形态，许多新闻线索不再是媒体人发掘的，而是新闻现场的目击者甚至是新闻事件的当事人提供的。许多危机直到成为舆论热点，依然追溯不到新闻源在哪里，甚至有人故意以此来干扰舆论，以达到某种目的。每个人都可以根据自己看到的信息来发表自己的观点、发泄自己的情绪，由此而形成的裂变式传播，几乎无中心可言。

若更深入地去探寻"传播去中心化"的缘由，有几个方面。

第一，从媒介技术上来说，随着科学技术的不断发展，互联网及移动互联网的普及度从爆发式增长进入稳定期，人与人之间的沟通壁垒被不断打破。从文本化的即时聊天，到图片、视频等多媒体的快速分享；从固定线路、固定设备的接收端口，到几乎没有任何时间地理限制的掌上设备。在这个过程中，每个人都能成为信息的发布者，每个人亦能成为信息的接收者。每个人或群体都有能力成为网络的"中心"，而这个"中心"也同样能以一定的方式被转移至其他地方。

第二，从信息消费角度来说，**消费者对信息传播提出了两个新的需求：一个是信息的加速对称需求，即"我要的现在就要"，另外一个是信息的高度垂直需求，即"我只要我想要的"**。在这两大需求的共同作用下，整个信息传播系统正不断向"去中心化"演变。而其中比较具备代表性的产物就是今天我们所看到的各类信息流平台，例如今日头条、B站、抖音等。以今日头条为例，作为信息流平台，今日头条的本职工作是对图文及视频内容的聚合与分发。在这个过程中，今日头条本身并不输出额外信息，只是为"去中心化"的传播系统提供一个操作和交互界面。在这个界面中，每个人既可以是图文视频内容的发布者，也可以是接收者，而相比被动等待传统新闻通讯社或电视台发布有限且滞后的内容，任何新闻或节目，原则上,都能通过个体的记录第一时间被"去中心"平台采纳并分发,信息的不对称性被加速瓦解。

另外,信息流平台类似于今日头条的检索、订阅及智能推荐等系统则满足了用户对信息垂直度的需求。对信息的发布来说,用户在分享个性内容的同时,也会从中得到不同形式的激励,其中既有平台分红、流量变现的物质激励,也有自我充实、粉丝认同的精神激励,发布者因此更有可能在其擅长的领域继续内容创作。

事实上,目前基于互联网的各个传播生态已显露出越来越多的"去中心化"特质,由"去中心化"带来的高时效性与高精准性两大优势也已被愈来愈多的领域视为信息的最佳传播模式。以微博与朋友圈为典型代表的社交网络是最恰如其分的"去中心化"体现,也是最原始的"去中心化"应用。除了信息流平台和社交网络之外,还有以淘宝为典型的C2C(Consumer to Consumer,个人对个人)电商平台,以及近些年涌现出的二手车交易平台、球鞋服饰交易平台、民宿预订平台、技术外包平台,独立健康咨询、独立法务咨询、独立设计咨询,甚至还出现了互助买房等。"去中心"的传播网络凭借时效性及垂直性优势正在被各个行业借鉴与采纳。可以预见,任何相对轻量级,不具备大规模物资采购需求或大规模专业化协作需求的产业最终都将不可避免地走向"去中心化"。

2. 内容泛娱乐化

泛娱乐化是指在信息化条件下娱乐元素在社会生活中过度泛滥,导致人们以娱乐的心态对待一切,以娱乐为价值衡量标准的一种社会现象。

泛娱乐化是当前社会生活中出现的一种新社会现象,它依靠现代传媒和高科技信息传播的手段,将各领域的人物及事件等进行娱乐性的修饰，把能否取乐、吸引大众作为追求的目标，大大降低了舆论事件的严肃性。泛娱乐化使原本不包含娱乐元素的事物转向娱乐化，并将娱乐化渗透到经济、文化、社会等领域，满足着人们的感官欲望。这种低层次感官刺激满足了不少人的心理需求，使泛娱乐化市场不断扩大，驱动着无数人去追求低浅的狂欢，忘却了理性与道德要求。

1985年美国媒体文化研究者尼尔·波兹曼首次提出"娱乐至死"这个概念，指出"在这里，一切公众话语都以日渐娱乐的方式出现，并成为一种文化精神。我们的政治、宗教、新闻、体育、教育和商业都心甘情愿地成为娱乐的附庸，毫无怨言，甚至无声无息，其结果是我们成了一个娱乐至死的物种"。

泛娱乐化的危害是显而易见的，它极易导致传统文化、精英文化、高尚文化被边缘化，从而导致急功近利、浮华虚夸的社会风气盛行。

泛娱乐化极易催生低俗化、虚假化与道德标准的模糊，导致社会主流倡导的社会价值观遭到严重毁坏。有不少网络媒体为了寻求点击率而炮制引人注意的"头条"，让娱乐性的八卦新闻或爆点信息充斥于网络，在利用网民好奇心达到其商业目的的同时，也摧毁了其在大众心中的公信力。

延伸事件：陈春花事件

2022年7月6日，华为发布声明："近期网络上有1万多篇夸大、演绎陈春花教授对华为的解读、评论，反复炒作，基本为不实信息，我们收到不少问询，所以正式声明：华为与陈春花教授无任何关系，华为不了解她，她也不可能了解华为。"

此声明一出，立刻引发网络热议，知名网络大V、经济学家、学者等纷纷出来发声，有人支持华为，有人为陈春花教授鸣不平。

通过网络搜索不难发现，从2021年8月开始，网络上集中出现了一批文章和视频，内容围绕陈春花与华为的关系展开，将陈春花称为华为"第二大脑"。直到2022年一季度，仍有类似文章和视频在网络上广泛传播。

一些严肃的管理话题，被自媒体"标题党"渲染得神乎其神。对于这样的炒作，华为当然不会认可。但从陈春花教授当天的回应来看，陈春花教授对于这些网络炒作文章都给予了否认，坦言均为自媒体营销号和盗版书商所为，跟自己无关。

然而这样的回应并没有打消公众对她的怀疑，网友开始深挖她的学历和北京大学教授的身份问题。面对质疑，北京大学也被推到了风口浪尖之上。

面对舆论的持续追问，陈春花教授最终决定在8月3日向北京大学提交辞呈，并发出声明，向外界说明事件的缘由。

一场由盗版书商制作泛娱乐化内容而引起的声誉风波，在舆论的持续推动之下，将一位媒体追捧、声名在外的北京大学女教授，吹得灰头土脸。

3. 受众非理性化

受众非理性化，是舆论形成初期的一种群体意识。

对于受众非理性表达及其成因的分析，法国社会学家勒庞在他的《乌合之众》中有非常精辟的论述。他认为：个人一旦融入群体，他的个性便会被占据绝对的统治地位的群体思想所湮没。也就是说，当个人是一个孤立的个体时，他有着自己鲜明的个性化特征，而当这个人融入了群体后，他的所有个性都会被这个群体所湮没，他的思想就会被群体的思想所取代。而当一个群体存在时，群体呈现出盲目、冲动、狂热、轻信的特点，身在其中的个体就容易有着情绪化、无异议、低智商等特征。

结合当下的网络舆论环境不难发现，理性的分析会被网络上占主流地位的群体意识所覆盖。这正好也符合李普曼"沉默的螺旋"理论——人们在表达自己想法和观点的时候，如果看到自己赞同的观点且受到广泛欢迎，就会积极参与进来，这类观点越发大胆地发表和扩散；而发觉某一观点无人或很少有人理会，就会保持沉默。理性的声音会越来越小，非理性的声音则会一浪高过一浪。

延伸事件：四川泸县太伏中学学生坠楼事件

2017年4月1日6时左右，四川泸州市泸县太伏中学一名14岁的学生赵某，被发现俯卧在学校住宿楼外的水泥地上死亡。现场视频在网络中流传开来，引起了社会多方质疑，各种说法和猜测充斥着整个网络。

4月2日傍晚，"泸县发布"称：经公安机关调查，赵某损伤符合高空坠伤特征，排除他杀。而赵某的母亲发现孩子身体多处淤血，怀疑是生前遭殴打所致，对于校方坠楼身亡的说法表示怀疑，不少网友也跟帖留言称事件存在黑幕。一时间网络上谣言四起。

该事件舆情迅速发酵，对于当地权威部门所发布的权威信息，不少人并不信服，大量的"吃瓜群众"开始发表各种分析。后经证实，这次泸州太伏中学学生坠亡事件的很多"内幕"视频，属于其他事件恶意嫁接到这起事件上，均属谣言，而这些谣言导致公众对事件的判断与讨论出现大幅度偏离。

对于该事件，整个舆论场中几乎"一边倒"地认为赵某就是死于校园霸凌。而理性分析的观点数量极少，部分对死因质疑和理性思考的声音无法得到认同，稀缺的理性声音逐渐被湮没。

2017年4月7日，四川泸州市委市政府召开媒体见面会，通报该事件相关情况，经公安机关调查，经过省市县三级技术人员的现场勘察、尸体检验、物证鉴定，结合对赵某的老师、同学、室友、保安、小卖部售货员等人员的大范围深入细致的调查，最终确认：赵某的损伤为高坠伤，无其他暴力加害形成的损伤，排除他杀。并对四名网上造谣、传谣的人员和违法事实依法给予了处罚。

4. 技术高迭代化

5G技术、云计算、物联网、人工智能等数字技术的产生与发展，推动了信息的制造、抓取和传播效率的提升。2003年冯小刚指导的电影《手机》，最后一幕是严守一被一部可以视频通话的手机吓着了，而如今，智能手机俨然成为不可或缺之物。

数字时代信息的快速传播又引发了病毒式传播。"病毒式传播"是一种速度快、成本低和门槛低的传播形式。它的最大特点是使信息可以像"病毒"一样迅速传播，"让大家告诉大家"，通过快速复制的方式传向以几何级数增长的受众，最后实现"传播杠杆"效应。

不难发现，一些所谓的热点事件，在数字技术形成的媒介中，可以瞬间形成连锁反应；自媒体通过对"事实"、观点的轮番转发和输出，形成庞大的信息流，从而产生舆论的场域效应。除了上文提到的，有大量受众非理性成分和大规模情绪化因素之外，当KOL（Key Opinion Leader，关键意见领袖）们引导错误言论时，这种"非理性"会更加迅速地膨胀，以至于形成群体极化和网络暴力。

通过以上特点的分析会发现，企业、社会或政府层面一旦出现负面舆情，会非常棘手。舆情危机事件一开始就像一只蜷缩起来的刺猬，浑身是刺，一碰就被扎，即便想要看清它的本来面目，也不知该从哪里下手。

一般情况下，舆情危机的处理会呈现四个阶段。

第一个阶段是"说不清，听不清"。

负面舆情在网上爆发了，管理者和公众被网上零碎而嘈杂的声音所笼罩，涉事一方拿不出"实锤"来澄清事实，小道消息甚至是谣言此起彼伏。比如，2018年"重庆市万州公交车坠江"事件发生后，没有公布打捞上来的车内的视频之前，网上各种言论让人眼花缭乱、触目惊心。

第二个阶段是"说得清，听不清"。

当公交车上的"黑匣子"被找到，真相公布以后，虽然公交公司、救援方说得清事件的缘由，但网络的议论已经超出事件本身，引发更深一层次的讨论。此时公众甚至会避重就轻，期待迎接下一个舆论高潮。

第三个阶段是"说不清，听得清"。

任何舆情危机背后都隐藏着公众某种潜在情绪或诉求，事件中被满足或未被满足的舆论对话，都会被放大。本身需要时间来调查或需要空间来协调的事情，一时说不清楚，然而公众的目光聚焦说不清楚的事情，在层层曝光之下，也就对自己关心的事情听得清楚。

第四个阶段是"说得清，听得清"。

当权威部门深入调查、科学鉴定，事件的原委终究会水落石出，公众自然对事件真相有基本的判断和认知。这当然是一个较为理想的结果，而事实是，多数企业或组织，没等到这一步的时候已经倒下。有的企业或人物，或是被市场抛弃，或是因抑郁而隐退。

在说得清也听得清的时候，舆论的高潮也已经退去，有人重归沙滩，有人搁浅岸边。

重庆市万州公交车坠江事件

2018年10月28日上午10:02:09，重庆市万州区，一辆22路公交车在万州长江二桥上行驶的过程中突然越过中心实线撞上一辆正常行驶的红色小轿车，随后冲破两道桥梁防护栏后坠入江中。从突然急转弯至从桥面坠落全过程仅为3秒。

事件引来各大媒体的高度关注，现场照片和监控视频被传到网上。其中有两段事发路段其他车辆行车记录仪上的视频，引发大家的讨论最多。

第一段录像由该公交车后向北行驶车辆的行车记录仪拍摄，画面相对模糊，时间戳不明显，但基本能反映该22路公交车行至事发点附近桥面时，突然大角度向左转向，越过桥中间的双黄线，撞击向南驶来的红色小轿车后，越过路肩上的低矮防护钢栏，并随即以接近90°切角的角度，冲入万州长江二桥上游。

第二段录像较为清晰，由向南行驶（与事故公交车相向行驶）的车辆行车记录仪拍摄。该段视频显示，公交车在10:02:09时，在万州长江二桥上突然大角度左转弯，撞击向南行驶的红色小轿车后，径自冲破两道桥梁防护栏，于10:02:12坠入江中。红色小轿车车头基本被全部撞毁，且车头被撞击得旋转了接近180°。

看完这两段视频后，有人认为这是公交司机报复社会的恶意行为；有人认为这是公交车故障造成的失控；有人说这是红色小轿车女司机惹的祸，甚至有人在网上对她开启了"人肉搜索"；有人猜测车内可能有异常情况，需要车内黑匣子打捞上来以后才一目了然。

三天后大巴车被打捞上来，人们通过破译后的车内黑匣子监控视频看到，正是乘客与司机激烈争执互殴而导致车辆失控，造成了车辆坠江事件。

谁都没想到，公交车上一场无谓的纷争，能引发一场灾难。这是一场惨痛的悲剧，更引发了持续数天的舆论"审判"。

第四章
危机领导力

　　危者，安其位者也。亡者，保其存者也。乱者，有其治者也。是故君子安而不忘危，存而不忘亡，治而不忘乱，是以身安而国家可保也。

——《易经·系辞下》

领导力是动员大家为了共同愿景而努力奋斗的艺术。

有了信任才有领导力。信任是一种态度,一种情感,一种行为。

信任带来简单,信任带来和谐,信任带来高效,信任也是领导力的基石!

怎样才能赢得信任?

孟子曰:"天下有达尊三:爵一,齿一,德一。"就是说,想要得到别人的尊崇,要具备三个要素,一是爵(地位、权力),二是齿(年龄、资历),三是德(品德、人格)。"爵"和"齿"赢得的尊崇和信任是表面的、暂时的,"德"赢得的信任才是根本的、永恒的!

尤其在危难时刻,领导者只有内外兼修、德才兼备,才能真正赢得追随者的信任。

在我们中国共产党的历史上,老一辈无产阶级革命家,在军事斗争中给我们留下了诸多经典案例。

1934年4月的广昌战役后,第五次反"围剿"进入了紧张阶段。为了保证对部队不间断的指挥,作战科八个参谋昼夜轮流值班。当时总部只有朱德、周恩来、刘伯承三位首长直接负责指挥红军作战。

周恩来考虑到朱德年纪较大,以及刘伯承的一只眼睛在负伤后失去了视力，为了照顾他们的身体，就主动提出由他一人担负夜间的值班任务。他特意叮嘱作战参谋，每天晚上替他准备两件东西：一盆凉水，一杯浓茶。

每当极度疲倦和睡意袭来时，他就用凉水浇头、擦脸，喝浓茶提神。水洗温了，泼了重换；茶泡淡了，倒了再冲。就这样，周恩来每天坚持工作十八九个小时。在指挥福建沙县解放战役的紧张时期，他连续两三天没有卧床休息。后来仗打得不那么紧张了，夜间可以就寝时，周恩来又给参谋定了一条规矩，即在他睡着时，如有重要情况报告，不但要把他叫醒，还要扶他坐起来，待他完全清醒后，再报告情况、请示问题。

他用过去曾经在似醒非醒中听汇报而使工作出了问题的事例，提醒参谋不能马虎。参谋每次十分无奈地把他从熟睡中叫醒并扶他坐起来时，心中都无比内疚，而他却总是满意地点头称好。[1]

朱德，字玉阶，正所谓人如其名，朱德的品德与日月同辉，他的名字被美国著名记者斯诺解读为"红色的品德"。徐向前回忆朱德说："我第一次见到他，就深深为他那平凡、朴素的'庄稼人'风度所感动。行军路上，他经常把马匹让给伤病员和女同志骑，自己跟着队伍行进，帮战士背枪、背行李、挑担子。有些同志不知他是总司令，称他'老伙夫''老头''同志哥'，他都亲切应答，乐呵呵的，瞬间就和大家打成一片。"[2]

---

[1] 李富春，陆定一等：《星火燎原全集》第13卷，解放军出版社2009年版，第343页。
[2] 徐向前：《民族的骄傲 人民的光荣——纪念朱德同志诞辰一百周年》，《人民日报》1986年11月30日。

|第一节| 什么是管理者的危机领导力？

> 北国风光，千里冰封，万里雪飘。
> 望长城内外，惟余莽莽；大河上下，顿失滔滔。
> 山舞银蛇，原驰蜡象，欲与天公试比高。
> 须晴日，看红装素裹，分外妖娆。
> 江山如此多娇，引无数英雄竞折腰。
> 惜秦皇汉武，略输文采；唐宗宋祖，稍逊风骚。
> 一代天骄，成吉思汗，只识弯弓射大雕。
> 俱往矣，数风流人物，还看今朝。
>
> ——毛泽东《沁园春·雪》[①]

在改革开放40余年发展过程中，尤其是在近20年互联网经济飞速发展的时代当中，中国涌现出一大批有全球视野和历史担当的企业家。无论是海尔的张瑞敏、华为的任正非还是福耀的曹德旺，他们事业成功的背后都有一些共同的经历。

很多学者在研究他们成功的重要因素后，将这种力量称为企业家精神！这种精神除了背后所包含的坚忍、拼搏、开拓等之外，还有一个重要的管理内核，那就是"危机领导力"！

俗话说：富贵险中求！所有的成功都不是偶然的，都会经历这样或那样的磨难。只不过成功者与失败者面对危机的态度各有不同。

---

① 1936年，红军组织东征部队，准备东渡黄河对日军作战。红军从子长县（今子长市）出发，挺进到清涧县高杰村镇袁家沟一带时，在那里休整了16天。此间曾下过一场大雪，长城内外白雪皑皑，隆起的秦晋高原被冰封雪盖，黄河水结上了一层厚厚的冰，失去了往日的波涛。毛泽东见此场景，颇有感触，于是填写了《沁园春·雪》。

一、心存善念

在展开讨论之前，先分享一个故事：

话说古时候有一个投机倒把的商人来到一个陌生的城市经商，每天他都要经过一条又窄又长又黑的小巷子，由于他来去匆忙，经常在巷子里与迎面的来人发生碰撞。

这天晚上，商人再次经过小巷，发现前方不远处有个和尚提着灯笼经过，微弱的灯光让黑暗的巷子明亮了许多。商人于是跟在和尚身后，安然通过了巷子。但商人回头一看，却发现那和尚是个盲人。

商人很是费解，于是就问和尚：你真是什么也看不见吗？

和尚回答：正是，我生下来就是个盲人。

商人嘲笑他说：既然如此，那白天和黑夜对你来说又有什么区别，你又何苦打着灯笼呢？

和尚笑答：黑白对我而言没有什么区别，可对别人来说如果没有亮光，就会和我一样，什么也看不见了。

商人恍然大悟，双手合十对和尚说：你真是有菩萨心肠。

和尚却摇头答道：此话言重了，我这样做也是为了自己的安全。你过此巷可曾与迎面来人相撞？

商人答：有过。

和尚说：我打灯笼照亮了别人的路，同时也让别人看到了我，我就不会被别人撞了。

商人受僧人的感化，从此经商改变做法，带领众人经商，最终富甲一方。

这则寓言故事其实在告诉我们一个基本的道理：心存善念，利己利人！

在企业经营中更是如此，2019年5月腾讯公司将企业愿景和使命改为"科技向善"，原因大抵在此。在前面的故事中，我们可以将"黑巷子"看作企业所要面临的危机，而身为企业的领导者面临的问题就是，到底要选择做投机的商人还是做挑灯过巷的僧人。所以说，领导力的前提必须包含"心存善念"这一条。

华为的创始人任正非曾经说：只有经过危机锻造的领导力，才是真正的领导力。那么，到底什么才是危机领导力？

美国著名的管理学家彼得·德鲁克说：领导力就是要把周围的每一个人、每一个下属的视野提到更高境界，把一个人的成就提到更高标准，锤炼其人格，使之超越通常的局限，把一个人的潜力、持续的创新动力开发出来。所以，我们可以把危机领导力总结为以下几点：

第一，危机领导力就是树立团队强烈使命感和切实价值观，即为团队树目标、立靶子；

第二，危机领导力就是保持经营管理的任何环节高效执行、坦诚沟通，即为成员造氛围、赶车子；

第三，危机领导力就是发挥人才优势，搭建精英化组织，并甄别业绩突破口，即为平台建制度、搭架子；

第四，危机领导力就是捍卫每个个体的尊严与发言权，即为员工打基础、搬凳子；

第五，危机领导力就是强化全员危机意识，不断提高市场壁垒，即为组织筑高墙、吹哨子。

1. 立靶子：为团队明确方向，树立目标

没有目标感的团队是非常苦闷的，目标是领导者需要向团队反复提醒的内容。然而，偏航是一个大概率事件，不要以为目标在出发前定好，这艘轮船就会完全按一条直线往前航行。领航者在这艘船上最重要的任务就是根据风浪和水流的情况，不断调整船舵。

新东方教育集团在国家"双减"政策出台之后，遇到了前所未有的发展困境。新东方在线直播课平台"东方优播"K12业务全面关闭，停止小学和初中学科业务的线下招生，各城市2000多个教学点逐步关停。正当大家都一筹莫展的时候，俞敏洪重新调整了发展思路，明确了电商助农的新发展目标。经过半年的努力，"东方甄选"直播间迅速走红，并连续多月居抖音月度直播带货榜榜首。据相关数据显示，"东方甄选"在2022年8月到10月，单月带货额超过6亿元，90天带货额超过20亿元。新东方直播间带货助农的成功，不仅使新东方取得了经济效益和社会效益的双丰收，同时也促使新东方股价快速回升。

2. 赶车子：让团队坦诚沟通，为成员营造氛围

早年间，北方有一个民间行当叫"赶大车"。赶大车的人有的是逃荒迁徙，有的是往返押送。总之就是走南闯北，干的活又苦又累，风吹日晒，还会遇到很多危险。但是赶大车的人有一个共同的特点，就是心态乐观，经常是扬鞭催马赶大车，一路唱来一路歌。能够以苦为乐，利用艰苦的环境营造积极的氛围，这也是企业家异常难得的精神。

IBM曾经有这样一个故事：有一名员工操作一个项目，结果导致公司亏损了2000万美元。这个数目的损失放在任何一家公司都是巨大的，即便是国际巨头IBM。所以这名员工就找到了时任

IBM 总裁的郭士纳，主动承认了所有的错误，并表示愿意承担一切后果。言下之意就是公司开除他，他也能接受。郭士纳却对他说，公司刚刚为你交了 2000 万美元的学费，你不能一走了之，如今损失已经不是最重要的因素了，你能不能从这件事中学习到东西，能不能认真地从公司利益至上的角度思考问题、进行工作才是最关键的。

3. 搭架子：业绩突破，为平台建立机制

再有能耐的员工，如果不为公司创造效益，公司最终也会垮掉。聘用一个人，我们应该要知道他的用途；辞掉一个人，我们也要了解他的成本。孔子说：民不患寡而患不均，不患贫而患不安。

国际大品牌在成长发展的过程中，都形成了一套非常完善的机制体系，如宝洁、可口可乐、麦当劳、星巴克等，它们在实现业绩突破的同时，建立了极其完善的机制和体系，从而很大程度上弥补了人可能因情绪化管理而造成的失误。

在星巴克的人力资源体系当中，就有这样的一条规则：一名店长想要升任区长，必须先满足一个先决条件，即他所在的门店内至少得培养出另外两名店长。如果没有满足这个条件，那就证明他只有店长的能力和素质，而暂时无法胜任区长的职务。麦当劳的员工培训，可以在 6 小时之内培养出一位合格的"麦当劳厨师"。

4. 搬凳子：尊重个体，为员工提供机会

给有才能的人让座，这是领导者的心胸与格局。

《史记·高祖本纪》上有一段非常精彩的对话，是汉高祖刘邦评价"汉初三杰"的。他问群臣：我为什么能得天下？群臣的回答都不得要领。刘邦遂说："我之所以有今天，得力于三个人：运筹帷幄之中，决胜千里之外，我不如张良；镇守国家，安抚百姓，不断供给军粮，我不如萧何；率百万之众，战必胜，攻必取，我不如

韩信。三位皆人杰,我能用他们,这是我取天下的原因。"

汉高祖给这三个人"搬了凳子",自己才"坐稳了位子"。

5.吹哨子:危机意识,为企业提高壁垒

危机意识是领导者最应该有的一种意识。有时候企业倒下,不是受外界的影响,而是企业本身就很脆弱!优秀的企业领导者会把自己的精力关注"两头":

一个是上头,即所谓的行业壁垒,为企业筑高墙,让别人很难超越,形成自己独特的优势;一个是下头,即企业的底线和风险,提示自己和员工切勿触及底线,时刻提升防范风险的意识。有吹哨人,团队才能警醒,避免昏睡。

二、心态平和

世界五百强的企业,都是以价值观驱动的企业。它们用强烈的使命感和坚定的价值观锁定了人才和目标,最终突破重重危机,获得瞩目成就。

把"赢"这个字拆开来看,最上面是个"亡"字,说明做事要有危机意识,下面有个"凡"字,说明同时又要具备平常心态!

企业管理者要知道,短暂的胜利不一定是赢,活下来可能才算是赢!就像地球上的物种大灭绝,恐龙没有赢,蟋蟀活了下来才是最后的赢家。

所以,危机领导力在具体决策面前有以下三点启示:

(1)听多数人意见,与少数人商量,让负责人做决定!在面对危机时,领导者要敢于直面问题,如果否认问题,那么这个潜在的危机可能会更加严重、混乱和可怕。这时候你迎难而上,亲自把问题的真相向相关人员讲清楚，必要的时候能够通过斗争来澄清问题，这对"稳定"起着至关重要的作用。

（2）面对危机，及时引入解决方案。真正的危机一般不会自动平息，这时考验的是企业领导者解决问题的能力。这时就需要引入彻底解决问题的方案，或是对现有秩序进行调整，或是建立新的秩序。

（3）面对危机，时刻保持头脑清醒，控制情绪，心态平和。你要知道，最糟糕、最复杂的状况肯定还在后面，这时要高处着眼、低处着手，用平常心看待非常事件。

危机领导者要有一颗强大的心，就算输了比赛，也不能输了自己，就算企业破产，也绝不能让自己的人生跟着"倒闭"！相信危机肯定会过去，相信"相信"的力量。

三、心向未来

企业领导者心存善念，带领团队树立正确的价值观，并不断推动团队前进，在危机面前敢于直面问题，敢于引入解决方案，而且时刻保持头脑清醒。实际上，能做到这些，对于个人来说实属不易。危机到最后都是对人的格局和视野的挑战，是对总体和局部的把握，对现在和未来的审视，所以才有了危机领导力的概念。

我们可以将危机领导力划分成四个阶段，每个阶段有不同的重心和要点。

（1）在危机之前，要知道居安思危，知时局，立足当下，定位未来。

（2）在危机早期，要知道一江春水，见终局，以终为始，方得始终。

（3）在危机中期，要知道临危不乱，应变局，知机识变，处变不惊。

（4）在危机后期，要知道力挽狂澜，驭全局，把握形势，总揽全局。

以上四个阶段值得现在的企业领导者深入研究和思考。

丘吉尔面对希特勒的猛烈攻击时，向民众发表演讲说道：乐观的人在每个危机里看到机会，悲观的人在每个机会里都只看见危机！所以，危机对领导者最大的考验还是在格局和心态。心向未来，走向未来！

|第二节| 海底捞创始人张勇的危机领导力

> 明月未出群山高，瑞光千丈生白毫。
> 一杯未尽银阙涌，乱云脱坏如崩涛。
> ——宋·苏轼《中秋见月和子由》

2021年10月，国内最大的火锅餐饮连锁品牌海底捞突然宣布要在12月31日前关闭300家店，消息一出立刻引起了市场的高度关注和舆论的广泛评论。有人认为海底捞这回是在断臂求生，也有人认为这是张勇在为自己的错误决策买单。

那么，海底捞是不是遇到了生死危机？他的关店，是不是又意味着中国餐饮界的大洗牌？企业经营中如何考验创始人、管理者的危机领导力？我们尝试通过海底捞近几年的发展变化，分析一下创始人张勇的危机领导力。

一、危机时刻，欲速则不达

1. 两道槛

从餐饮企业的属性上来看，在餐饮界一直有句话叫：**百店一道关，千店一道关。**

意思是说，餐饮企业当发展到 100 家门店的时候是一个门槛，这时候对于产品、服务的质量，供应链的效率等都是一个考验，稍有不慎就会发生质量危机；而当门店发展到 1000 家的时候，面临的挑战则是组织变革、流程管理、企业文化层次的问题，一旦在这一层面出现问题，企业将会面临生死存亡的危机！

那么海底捞这次是不是遇到了这样的问题呢？

海底捞在 2019 年的时候总共拥有 752 家门店，而到了 2020 年，又新开了 544 家门店，达到了 1298 家。也就是说在疫情影响最严重的时候，它逆势而行，来了个反向操作，一年的时间突破了千店规模。海底捞像是在践行股神巴菲特的那句话：别人恐惧我贪婪，别人贪婪我恐惧！

由于这期间的房租、地段等机会看好，张勇决定放手一搏，继续扩大新店数量，并在 2021 年的上半年一口气开了 299 家店。至此，海底捞全球门店总数达了 1597 家，这几乎达到了一天开两家店的速度！**在全球疫情的情况之下，海底捞将自己吃胖了一倍。**

2. 多则惑

借用《道德经》中的一句话："**洼则盈，敝则新，少则得，多则惑。**"这样一个普遍的底层规律，在餐饮行业的经营中也不例外。随着疫情的反复，加上企业内部管理变革方面的不足，新开的店均出现了不同程度的店面亏损、人心涣散。

我们从数据上分析，大家要知道，翻台率一直是考核餐饮连锁店的核心指标。2017 年与 2018 年，海底捞翻台率达到 5 次/天，2020 年的翻台率已降至 3.5 次/天。而到了 2021 年上半年，海底捞翻台率仅为 3 次/天，降至近十年来的历史最低点！

企业的扩张犹如人的成长一样，吃得多不一定长得壮，如果不加以消化和锻炼，就是虚胖。张勇和他的管理团队看到了这一问题的严重性，果断做出决定，及时认识到了自己的错误。从 2021 年 10 月公布的消息来看，海底捞将要关闭的这 300 家店，基本上都是新扩张出来的不挣钱的门店。

有媒体称这是"抄底计划"失败，实际上这是张勇面对诱惑时又一次踩进的坑！

不难发现，企业在发展中所犯下的错误，多数不是知识上的错误，而是常识性的错误。比如对自身能力的认知！这次张勇的盲目自信，可能是在"千店一道关"中交的一次最贵的学费，好在他没有因为面子问题遮丑而停步不前。

海底捞的此次闭店危机，本质上是对领导者张勇及其团队领导能力的重大挑战。因此，也不难发现，所谓体现领导力的地方，往往是行走在危机边缘的地方！

二、危机管理，知止而后能动

1. 双系统

从危机管理的角度来看，无论是社会还是企业，在前进发展过程中都会有两套系统在转动：一个是动力系统，往前推；一个是刹车系统，知止步。只有动力系统而没有刹车系统的组织或机构，一定会疯掉。社会发展的动力系统是科学技术，我们叫第一生产力，社会的刹车系统叫信仰；一个企业的动力系统叫作生产营销与品牌推广，而它的刹车系统就叫危机管理！

没有危机管理意识的企业，往往在发展最高速的时候戛然而止，有时候是因为战略方向的问题错失机遇，有时却是因为决策层格局问题而翻车。

在火锅连锁品牌中比海底捞更早出名的一家企业叫"小肥羊"，正发展得如火如荼的时候，管理层的危机管理意识不强，最终在企业股权分配和员工管理上出现问题。

当然，我们所说的危机管理不仅仅是内部危机，在如今的新媒体环境之下，外界的舆论危机往往会给企业发展带来沉痛打击，甚至在事件传播过程中会形成舆论陷阱，企业如果没有科学有效的公关应对策略，就容易掉进陷阱无法自拔！

2. "黑"历史

海底捞发展历史上多次遇到这样或那样的舆论危机，影响面最大的一次应该是发生在2017年的"后厨卫生事件"。媒体记者通过面试"卧底"到了海底捞内部，然后经过近两个月的时间暗拍了太阳宫、劲松两家店的"后厨乱象"。曝光一出，立刻引起了舆论的广泛关注，很多消费者直呼反差太大，接受不了。一直以服务至上的品牌形象受到了公众的严重质疑。

对于这样的声誉危机，非常考验企业领导者的处理能力。海底捞在2017年的这次舆论危机回应和处理中，我们知道最终出现了"神转折"。张勇在得知此事后，第一时间组织董事会成员，表示要用最诚恳的态度处理此事，并强调海底捞董事会对此事负全责。原本愤怒的网友，在看到海底捞诚恳的致歉、高效的处理措施以及承担责任的积极态度后,迅速转变了看法。网友对海底捞这次"这错我认、这锅我背、员工我养"的处理态度大加称赞,一场全网皆知的负面舆论危机过后,重新获得了消费者的信任!

3. 有方法

我在给企业家做危机管理培训的时候经常讲到一个观点:**事实真相不等于公众认知!**

也就是说在面对舆论传播带来的声誉危机时,往往不能就事论事。你越是想把事实真相解释清楚,公众越是认为你在避重就轻、抱赃叫屈!

你可以说自己的管理制度多么规范,你可以讲自己创业那么辛苦,你也可以让后厨的职工背黑锅。但是这些事实的真相与公众的认识和期待完全相反,往往说得越多,带来的负面效应越强。**舆论传播中,企业有"理"但不代表对自己有"利",与其说"理",还不如谈"情"。往往是在解决事情之前先解决心情,企业第一时间拿出诚恳的态度,才是化解危机的有效方法!**

我们看到海底捞在危机管理方面有自己一套成熟的方法论,在后来出现的多次舆情危机中都表现良好,为自己的品牌形象创造了很好的舆论空间。这些又跟张勇的管理哲学密不可分,"知其白,守其黑;知其荣,守其辱,为天下谷",过去几年间,张勇屡次在公开场合表示,海底捞盛名之下,其实难副。例如在2021年6月初的一场投资者沟通会上,张勇说"大家神话海底捞了,我非常反感",并劝人"理性,投资要谨慎"。

我们常说见微知著,其实通过一个舆论危机的处理方式,便可推断出其管理机制是否建全、人员培训是否到位、组织的流程是否通畅!通过对海底捞危机管理的分析,我们相信其"两套系统"都在健康地运转当中！

三、危机意识，啄木鸟医树

1. "忧患病"

别人都以为现在海底捞很好，可是我却常常感到危机四伏，有时会在梦中惊醒！以前店少，我自己能亲自管理，每个店的问题都能及时解决，干部情况我也都了如指掌。现在不行了，这么多店要靠层层干部去管，而有些很严重的问题不能及时发现，加之海底捞现在出名了，很多同行在学我们。所以我总担心，搞不好，我们十几年的心血就会毁于一旦！

这是早些年张勇对北大光华管理学院的黄铁鹰教授说过的一段话，后来黄教授写了一本书叫《海底捞你学不会》，成了当年的畅销书！从这段话中我们不难看出，作为企业创始人的张勇一直有着危机意识。他的这种危机意识也贯穿在企业的价值观当中，比如这次的关店不裁员。

2. 有担当

张勇在海底捞实施了一项"啄木鸟计划"，所谓啄木鸟计划就是让啄木鸟把树里的虫子找出来从而保护这棵树。这个计划的本质就是挑出不好的店把它关掉！关店带来的一个现实问题就是这些店里的员工怎么办？

如果按照每家80人计算（两班倒，领班、服务员、厨师等每班40人），那么这次关店将会涉及24 000多名员工的安置问题。如果处理不好，可能会引发连锁反应。比如在历史上联想的裁员、滴滴的裁员等,都引起了不同程度的社会反响。

然而,不裁员也是他下达的一道死命令。张勇通过人力资源部,一方面将闭店的员工流转到效益好的门店,另一方面要求妥善处理主动离职的员工。自然离职率的平稳出现,降低了海底捞因劳动合同带来的用工压力。

3. 迎挑战

海底捞在 2021 年的员工数量已经突破了 13 万,相当于腾讯、百度两家企业的总数之和。那么,这 13 万员工的人才梯队管理,就成为企业命门!正如张勇公告中提到的那样,"让各级管理人员无法理解且疲于奔命的组织结构变革""优秀店经理数量不足"正是海底捞关店的重要原因。

中医理论中有句名言:**上医治未病,中医治欲病,下医治已病!**优秀的管理者正如一个好的医生,在组织没有发病的时候就能通过"望、闻、问、切"提前预防。张勇领导的海底捞,一肩担负就业压力,一肩担负人才培养,在这个大环境之下,依然在迎接一波又一波危机的考验!

| 第三节 |　在绝望中给团队希望

> 我家洗砚池头树,朵朵花开淡墨痕。
> 不要人夸好颜色,只留清气满乾坤。
>
> ——元·王冕《墨梅》

每每谈到危机领导力的话题,就不得不让我想起连续在 2014

年和 2015 年参加的戈壁挑战赛。现在戈壁挑战赛已经成为各大商学院的标配，每届赛事都会吸引大量的企业家学员背上行囊远赴敦煌，体验那种荒凉和残酷之美。

在这个赛事当中，主办方为了强调团队完赛的重要性，特别将"团队奖"的名次放在了个人奖的前面，而且给这个奖项起了个名字叫"沙克尔顿奖"。初听这个名字会感觉很奇怪、很拗口，但在出征仪式上听主持人介绍完沙克尔顿的英雄事迹后，又无不为他的精神所折服！

连续两届戈壁挑战赛，我们的团队都成功捧回了"沙克尔顿奖"。尤其是在第一次的赛程中，我们的一名女队员连续四天落在最后，但是即便已经超过了"关门"的时间，队长也丝毫没有放弃她的念头。在队长和全队的鼓励之下，她愣是拖着肿胀的右腿走完了 120 公里的戈壁荒途。

像这样的故事，在戈壁挑战赛上几乎每届都在上演，赛事的意义和价值也因这个奖项而得到更多企业家的认同。那么到底是什么打动了无数企业家学员？到底是什么精神让团队在如此艰难的环境中依然"不抛弃、不放弃"呢？

接下来我们走进这个发生在 100 多年前的绝处逢生的传奇故事！

1914 年，英国探险家沙克尔顿（Ernest Shackleton）（见图 4-1）带领挑选的 27 名船员，准备跋涉 3000 公里横跨整个南极洲，完成人类征服南极洲的梦想。沙克尔顿将这次远征的轮船命名为"坚忍"号（Endurance），这个名字源自他的家训"By endurance we conquer"（坚忍之心，征服一切）。

第四章　危机领导力

图 4-1　欧内斯特·沙克尔顿（1874 年 2 月 15 日—1922 年 1 月 5 日），英国南极探险家

1914 年 12 月 5 日，"坚忍"号从南乔治亚岛出发，启程进军南极大陆。随着船穿过的冰层越来越厚，行进速度逐渐放缓，大风和移动的浮冰很快将船冻在距离岸边 130 公里的地方，在船上甚至可以直接看到目标登陆点。数天之后，冰层没有丝毫松动的迹象。

这是沙克尔顿遇到的第一个重大危机——船被冻住，"业务停滞"。

在被浮冰围困了 9 天后，沙克尔顿下令锅炉点火，开始为长期等待做准备，就地过冬，希望等到来年夏天再继续前进。

沙克尔顿担心，如果队员们不各司其职、例行公事，便会产生懒散和无聊的情绪。因此，**即使船无法移动，他仍然坚持让所有人尽量按部就班地开展日常工作**，包括刷洗甲板和船身、组织和配给物资、防止锚链生锈并时刻观察冰层的变化，期待着出现可供航行的裂缝。沙克尔顿还安排几个人在鲜肉存量下降时猎捕海豹和企鹅。同时，沙克尔顿决心充分利用冬季的这几个月，让队员们不至于无所事事。比如，长期的等待提供了一个难得的机会来训练雪橇犬。

除了充足的活动外，沙克尔顿本人的举止也是维持士气的关键因素。例如，有一天，这位老板出人意料地与沃斯利船长伴着口哨在浮冰上跳起了华尔兹，以此娱乐众人。

一位船员在日记里写道："他总是能镇住所有困难，展现出无畏的一面。他经久不衰的乐观态度，令我们这帮沮丧的探险家受益匪浅。我们都对当前的灾难心知肚明，尽管他本人也很沮丧，但却从未表现出来，只是极力展现幽默与希望，他是最乐观的人之一。"

在一艘无法移动的船上，受制于空间狭小的船舱，队员们的阶层、个性和习惯差异引发了很多隔阂和不满情绪。沙克尔顿命令所有的官员、科学家和水手公平分担船上的脏活累活。沙克尔顿认为，**共同劳动可以很好地打消队员之间的嫉妒情绪，使人谦卑，打消残余的虚荣心。**

在冬季的那几个月内，数百万吨的浮冰从四面八方冲击"坚忍"号，削弱了船体的木材强度。10月27日，这艘船已经随时有四分五裂的可能，沙克尔顿不得不下令弃船。当晚，大家在附近的厚冰上安营扎寨，周围的温度降至-26℃。

一位船员后来这样回忆"坚忍"号解体时的情景："船体颤抖呻吟，舷窗碎裂，甲板扭曲开裂。在这种压倒性的宏大力量面前，徒劳无助这个词在我们身上得到了绝对体现。"

这是沙克尔顿遇到的第二个重大危机——轮船损毁。

对于被迫弃船，最难过的莫过于沙克尔顿，毕竟这艘船寄托了他的雄心、梦想与希望，看着逐渐支离破碎的"坚忍"号残骸，他说："在几个月的紧张焦虑之后，在经历过希望的高峰与低谷之后，我们不得不放弃这艘船,它已经承载不起那么重的期待了。我们在营地里生活得很好,所有的物资和装备都在,我们的目标是一个不落地重返家园。"

沙克尔顿在痛苦中坚守理性,将团队的目标调整为"全部生还"。

一位船员回忆道:"当我在刺骨的寒风中躲进帐篷内避难时,我当晚看到的最后一个景象是一个昏暗的人影在黑暗中缓缓地走来走去。我由衷地敬佩他在焦虑中表现出的泰然自若。此时,他正在思考下一步的行动。最佳方案是什么?面对28条危在旦夕的生命,他如何制定下一步的策略,如何继续与死亡抗争?我终于意识到领导者的孤独与责任。"

一个多月后,沙克尔顿决定带领大家向浮冰西侧跋涉,到达浮冰的边缘后乘救生艇到达西边的陆地,这一举动可以缓解队员们逐渐萌生的懒散和无助情绪。队员们齐心协力地在泥泞不平的冰层上拖动着船和装满物资的雪橇(见图4-2),每次几个小时,但却收效甚微。在愤怒、疲惫和脚痛的困扰下,木匠麦克尼什拒绝继续前进,公开挑战沙克尔顿的权威。他声称,自"坚忍"号沉没后,他便再也没有义务服从队长的命令。

图4-2 组织队伍发起自救

这是沙克尔顿遇到的第三个重大危机——领导者的权威遭遇公开挑战。

沙克尔顿将队员聚到一起，重新评估了船规，然后做出了一项重大调整。尽管从法律上讲，他没有义务在沉船后继续向队员支付薪水，但沙克尔顿还是向所有队员宣布，将向他们全额支付每一天的薪水，直到抵达安全地点。沙克尔顿的演说和对船规的更改平息了事态，同时稳固了自己的地位。

艰难跋涉了7天之后，沙克尔顿理性评估食物和跋涉速度后，得出无法到达浮冰边缘的结论，决定终止此次跋涉，再次在浮冰上扎营，继续耐着性子等待，直到环境变得更利于摆脱困境。队员们将新营地称作"耐心营地"。

恶劣的天气经常将队员们困在帐篷里。但想休息也并不容易，因为睡袋经常白天潮湿，晚上又被冻得十分僵硬。傍晚，沙克尔顿会去不同的帐篷与队友们吟诗、打牌。日子就这样一天天地过去。

1916年4月9日，浮冰开裂，沙克尔顿下令救生艇起航寻找陆地。此时距离"坚忍"号探险队首次在浮冰上扎营已经过去15个月。

数天的海上航行是个噩梦。持续不断的强雨夹雪完全遮挡了星辰，也把人们浇得透湿。置身于浮冰和鲸鱼之间，队员们忍受着晕船、失眠以及无尽的颠簸和冲撞。正是从这一晚开始，许多人受到严重的打击，意志变得无比脆弱。在寒风、冻疮和干渴的轮番折磨下，三艘小船终于挣扎着来到"象岛"的岸边。然而这片狭小的陆地没有任何能遮风挡雨的地方，除了冰层覆盖的岩石，几乎一无所有。

队员们情绪低落、健康状况下滑，食品供应也在减少，有些人陷入了绝望。

这是沙克尔顿遇到的第四个重大危机——**队员意志消沉，逐渐陷入绝望。**

沙克尔顿面临重大抉择，必须要拿出可行的方案让大家看到生还的希望。他决定立刻派一艘船寻找救援，绝不能迟疑。沙克尔顿选择了 1300 多公里外的南乔治亚岛作为求救目的地，那里有鲸鱼加工场。

沙克尔顿带着挑选的 5 名队员从"象岛"出发，船上装了可以食用 6 周的食物，以及一些导航设备和救援设施（见图 4-3）。

图 4-3　沙克尔顿带领 5 名队员去寻找救援

在海上被恶劣天气折磨了 5 天后，小船的队员们每活动一下都要忍着疼痛：皮肤被湿透的衣服擦伤后开始生疮流脓，腿因为长时间浸泡在海水中而肿了起来，手上的冻疮感到火辣辣地疼。为了抵御严寒，沙克尔顿决定让队员们白天每 4 个小时吃一小顿热饭，晚上每 4 个小时喝一次热奶粉。由于基本不可能睡觉，食物便成了力量和安慰的唯一来源。

沙克尔顿密切关注着队员们的状况，警惕需要注意的症状。"有两个队友险些命丧黄泉，"沃斯利回忆说，"事实上，几乎可以说

105

沙克尔顿一直用手掐着每个人的脉搏。只要发现有人似乎受寒过度或不停颤抖，他都会立刻下令多准备一份热牛奶，分给那人喝。他从不让那人知道这些牛奶是从他那一份里匀出来，唯恐那人为自己担心。"

终于，在航行了14天后，小船到达南乔治亚西岸，这6个人完成了一项近乎不可能的任务：驾着一艘没有任何遮挡的船，在全世界最不平静的海域穿行了1300公里。

沙克尔顿原本计划在登陆点稍作休整，然后驾船绕到另外一侧的鲸鱼加工场。然而，到达南乔治亚的第一晚，一场风暴将停泊在海上的船撞向岸边的礁石，导致船体受损，无法修复。对沙克尔顿来说，现在只有一条路可以到达东岸的鲸鱼加工场：穿越南乔治亚岛。尽管只有47公里，但岛内却有多座高达3000米的山峰和冰川，以前从未有人穿越过。

这是沙克尔顿遇到的第五个重大危机——穿越未知的险境，挑战人类极限。

沙克尔顿带着船长和二副来执行这最艰巨的任务，让身体欠佳的其他3人留在原地。

在不停艰难跋涉了24小时后，三人暂时停了下来。船长和二副几乎立刻陷入沉睡，沙克尔顿却不敢合眼。他知道，如果他也合眼，他们三人都会冻死。于是，他看着两个同伴睡了5分钟，然后把他们叫醒，骗他们说已经睡了半个小时，该启程了。

最终，他们在没有庇护、没有睡眠的情况下跋涉了36个小时，到达了鲸鱼加工场。

多年以后，沙克尔顿将此次穿越的成功归结于一种神秘力量："在我们那漫长又艰难地穿越了南乔治亚不知名的山脉和冰山的 36 个小时的征途里,我经常有一种感觉,似乎我们是四人同行,不是三人,这件事我对我的同伴只字未提。但是后来沃斯利来跟我说:老大,我有种奇妙的感觉,就是一路上有另一个人与我们同行。"

这"第四个人",恐怕就是"信念"的神秘力量。

尚未恢复的沙克尔顿急不可待地借船,先接回留在南乔治亚岛的队员,然后又开往"象岛"去营救他留在那里的 22 名船员。

因风浪过大,前三次营救均告失败。

8 月 30 日,当第 4 次出发的营救船终于靠近"象岛"时,心情激动的沙克尔顿两眼直盯着前方,当隐约有人影可辨时,沙克尔顿便急着清点人数:1、2、3、4……22,一个不少(见图 4-4)。

图 4-4 探险队合影

事后有人问及这些船员,是什么样的力量让他们在枯坐、干等中支撑了 149 天,其中一个船员说:"我们坚信沙克尔顿一定能成功,他有这个能力。万一他失败了,我也坚信他尽力了。"

沙克尔顿在出发之前,悄悄给一位船员留了个字条,并对他说,如果自己在一个月之内还没有回来，就可以打开它。但是直到149天以后，船员也没有打开字条。这张字条中写的内容与他们坚信的内容几乎一样：请相信我一定会带你们回去。如果我没有做到，请相信我已经用尽了全力！

"坚忍"号28人历经近700天，全部生还，完成了人类历史上一次绝境重生的伟大壮举。时至今日，月球南极附近还有一座环形山以沙克尔顿的名字命名——沙克尔顿环形山。

与此形成鲜明对比的是，1913年8月3日，一支由加拿大探险家菲尔加摩尔·史蒂芬逊率领的探险队乘坐"卡勒克"号探险北极，同样受困于冰川，结果却与沙克尔顿的这次探险大相径庭。在"卡勒克"号陷入困境后，其探险队员就变成一群自私、散漫的乌合之众，撒谎、欺骗和偷窃成为家常便饭。最终，"卡勒克"号折戟沉沙，以悲剧收场——11名探险队员殒命于荒芜的北极地带……

为什么许多企业家队员会喜欢甚至崇拜沙克尔顿？

也许每个创业的经历，都是一次沙克尔顿式的南极探险。如果我们把沙克尔顿看作一个企业的CEO，不难发现他在面对突然的不可抗力带来的重大危机中，发挥了至关重要的正确领导和决策水平。比如，让全体成员继续各司其职，避免懒散和无聊情绪蔓延；充分利用停滞的几个月，让成员提升重要的技能，完善一些平时没时间开展的工作；提升团队士气，密切观察成员情绪状态，给大家传递乐观、坚忍的信念；拿出可行的渡过难关的具体方案，让大家看到切实的希望，而非盲目乐观；公平公正，控制冲突，让大家感受到团队是一个整体，严格捍卫领导者权威，不允许分裂出现；通过各种优化办法，补给所需的资金、物资，控制成本，减少消耗；时刻观察外界环境变化，等待转机到来；及时、灵活地调整新目标，即便很痛苦，也保持冷静和理性；在关键时刻，让坚定的"信念"成为抵抗一切的力量。

创业就是一场探险之旅，每一位企业家都应意识到，当你带领整个团队在最艰难的情况下绝境逢生时，未来的凝聚力和战斗力必将提升，团队也必将势不可当。

这种戈壁之行的领悟，恐怕不是在城市之中所能找寻到的。

第五章
应对负面舆情的 13 条公关策略

胜败兵家事不期,包羞忍耻是男儿。
江东子弟多才俊,卷土重来未可知。
——唐·杜牧《题乌江亭》

开篇

为什么要对舆情进行公关？

中国有句俗话叫"好事不出门，坏事传千里"。坏事为什么会传千里呢？坏事为什么会传播那么广、那么快呢？有位神经学家曾做过一个实验，他让一组实验对象观看能够激起正面情绪的照片，而让另一组实验对象观看能够激起负面情绪的照片。实验通过对比两组人员的脑部活动，发现观看能够激起负面情绪的照片的人情绪变化更为强烈。科学家最后得出结论，与处理正面信息相比，人们的大脑会以一种不同的方式处理负面信息，并且会更容易记住那些负面信息。另外，科学家们发现，人类的大脑在进化过程中，出于自我保护的本能，往往会对坏消息更加敏感。

负面消息比正面消息更容易引起关注，比如谣言、叫停、死亡、突发、变异等负面关键词，会引发人们的愤怒、恐惧和挫折感，这些负面情绪的释放又会进一步加剧负面消息的传播。在新闻界有一句话叫"无流血，不头条"，意思是媒体都会争相报道那些爆炸性的新闻。有网友曾笑评现在的"热搜榜"：正面新闻都是花钱的，不花钱的全是负面新闻！

不难发现，在互联网时代，有的媒体会利用"坏消息"来吸引人们的注意力，以提高点击率。因此，负面消息在如今的互联网上极为常见，无论是政界、商界还是娱乐界，无论是社会民生还是文化科技，一个危机事件的爆发就极易引发消息的飞速传播。

我们身处互联网社会、多媒体空间和自媒体环境之中，移动探头无孔不入、业余记者无处不在、舆论风险无时不有，互联网舆情已然成为关乎意识形态安全、社会政治稳定和公民法人名利的最大变量。任何人、任何机构都很难封闭于信息孤岛而置身网外、不闻网事、独善其身。因此，在如今的环境下，如果不能对舆情信息加以有效管理，一次小小的危机就可能会直接改写一个人的命运、葬送组织的声誉。

舆情公关是舆情管理的一部分。舆情公关与危机公关本质上是一个概念，但笔者认为这里使用舆情公关更为准确。理由有二：

其一，危机倾向于是管理学上的概念，而舆情则是传播学上的内容，我们需要让更多的管理者了解传播领域的知识和规律；

其二，没有传播开的危机，本质上并不能称之为危机。正是因为它在舆论上产生了负面影响，所以我们才需要通过相应策略消除舆论影响。有一些危机在短时间内是无法被完整解决的，但是它所产生的舆情却可以被迅速化解，比如核泄漏事件、群体性事件、银行挤兑事件等。

总之，舆情公关与危机公关是硬币的两面，而不应该被看作是对立的双方，这是要特别说明的！

杰克·韦尔奇在他的《商业的本质》一书中讲道，企业应该利用多渠道向公众发出响亮的声音，即便没有紧急的事情要讲，也要这么做。韦尔奇认为，任何企业在卷入危机之前就要积累商誉，以备不时之需！我非常认同上面的观点，所以我们可以这样理解：组织出现负面舆论之时，所做的舆情管理就叫舆情公关；组织在没有遇到负面舆论冲击之时，所做的舆情管理就是舆论宣传。

舆情公关的理论工具

进行舆情公关，最重要的是能够掌握舆论传播的底层规律。我们引用厦门大学新闻与传播学院邹振东教授对舆论传播的"两个世界理论"加以说明。

邹教授指出，人类同时生活在现实世界和舆论世界当中，两者互为逆世界，舆论世界是现实世界的反世界。舆论世界按照与现实世界截然不同甚至完全相反的规律运行，它并非完全源自现实世界，然而会通过对舆论主体的影响反作用于现实世界。

进一步看，我们的现实世界是一个物竞天择、适者生存的世界，它比的是力量和体积。谁掌握的资源多，谁就是"王者"；谁的力量大，谁就是"胜者"。然而在舆论世界里却恰恰相反，舆论世界是一个"舆竞天择，弱者生存"的世界，它比的不是力量和体积，而是数量和面积；现实世界的"王者"在舆论世界里往往一不留神就会变成被孤立的影子，现实世界的精英因为在舆论世界里数量稀少，一不小心就会被数量庞大的普通百姓发出的声浪所湮没。通俗来讲，现实世界的强势群体就是舆论世界的弱势群体。

舆情公关的"三度"原则

在舆情危机爆发以后，有很多错误的应对方式，比如管理者自以为是、被动式回应或采取鸵鸟政策，比如面对记者提问答非所问、态度冷漠等。那么什么样的应对方式才算正确呢？各种形式的舆情危机诱发原因不同、性质不同，表现形式也不尽相同，严格意义上我们甚至可以说舆情应对是没有固定格式的，只要是有效的方法就是正确的方法。

为了尽可能方便读者了解舆情公关的规律和方法，我们通过国内外的一些实际案例，提炼出了三条基本的原则。同时结合以上内容，总结了十三种舆情公关的策略。

这三条基本原则，我们暂且称之为"三度"原则。

第一个"度"——速度。我们常常将舆情的信息称为"舆论的海洋"，漂泊在舆论海洋的人们，即便是固若磐石，也害怕陷入舆论的巨浪漩涡。试问，如何让石头漂浮在水上？答案不是提高水的密度或把石头放在船上。正确的答案是给石头加上一个速度！打水漂是我们常见的游戏，你只要给石头加上个速度，它就能浮在水面上划出一道道优美的弧度。

舆论公关的第一要义在于速度。这里需要强调的是，迅速"反应"和迅速"回应"不是一个概念！在负面舆情面前，你的第一个动作是要搞清事情的缘由，在没有完全弄清楚到底发生了什么的时候就做舆论回应，不仅难以奏效，还会弄巧成拙，极易引发次生危机。所以在处理舆情危机的时候，第一时间是要判断对此事件要不要进行回应。

第二个"度"——态度。一个诚恳的态度胜过一万个精心的粉饰。舆论背后的人更喜欢看当事人对这件事的处理态度。极端点说，所有负面舆情都是用适当得体的态度成功化解的。

持不同立场的两个人，对同一问题的看法截然不同，而且谁都认为自己的看法才是正常的。所以，我们不要幻想持相反立场的两个人能站在同一角度看问题，更不要幻想他们能得出一致的结论！舆论世界由不同层次、不同立场、不同信仰、不同价值观的人构成，同一个事实所呈现在公众头脑里的认知有着天壤之别。因此，在舆论公关中，与其跟公众摆真相、讲道理，不如摆态度、讲感情，在

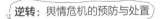

要处理事件之前，先解决心情！

第三个"度"——角度。 石头要想漂在水上，其实取决于两个条件，一个是速度，另一个是角度。石头如果垂直入水，速度再快也漂不起来——舆论公关的角度正是这样的道理。有人在错误的角度上不断努力，结果越努力越与公众背向而驰。负面舆情面前，选择一个正确的切入角度，决定了公关目标能否顺利完成。这就要求我们掌握其中的规律，根据变化中的环境和条件，因人、因事、因时、因地、因势应对。

《道德经》里讲：上士闻道，勤而行之！

"道"就是掌握规律，坚定目标，"行"就是选择适用的策略和方法。

陆游在他的《游山西村》中写道：山重水复疑无路，柳暗花明又一村。其实给我们的启示就是，只要我们能正视危机，并运用科学的方法处理舆情，我们终将战胜困难，迎来新的发展机遇！

好了，接下来我们进入舆论公关策略的探讨！

|第一节| 99%的事件不需要回应

人有不为也，而后可以有为。

——《孟子·离娄下》

在西方诸多危机公关理念当中，经常提到的就是：危机爆发时要说真话，而且要在第一时间说！受此影响，很多中国的危机公关研究者们也认为，第一时间回应是解决问题的最好办法，而沉默则是死亡的前兆！

但是，处在自媒体时代，第一时间回应，往往会激发更大的危机，形成危机的涟漪效应，让危机涉及的面更广，让企业处于更加被动的局面！

2019年5月的"五一"黄金周刚过，在A股上市的××制药企业的股票出现了两次跌停。这家以中成药为核心、致力于中药现代化的企业，难道是因为经营不善而要陷入困境吗？不是！

仔细观察才会发现，这家企业经营很好，营利能力也很强，但是引起这场危机的原因却是这家企业董事长的女儿在美国留学的事。

在一个月前，也就是2019年4月初的时候，美国的媒体发现了一批亚裔学生运用不正当的方式进入了斯坦福这样的大学，而且有部分入学资料存在造假现象，其中有一位女学生就是这位董事长的女儿。

在美国舆论持续发酵一个月后，国内的媒体发现了问题，于是就转载报道了过来。由于当时正值国内"五一"黄金周，所以只有几家媒体注意到了这件事情。虽然把她作为负面新闻进行转载，但这时候新闻力度基本上也已经到了尾声，也有人认为这是媒体为了填补报道空缺，并不会起到多大的舆论效应，随着时间推移慢慢就会淡化。

然而，这位董事长并没有耐得住寂寞，而是选择在5月3日晚上进行了公开"澄清"。他在自己的企业官网发布了一篇简短的声明：

本人今日注意到有媒体刊登了多篇报道，主要涉及本人的

女儿留学事宜的传闻。本人作为××制药企业的实际控股人,现声明如下:

(1)本人的女儿在外留学事宜,属于个人及家庭行为,资金来源与××制药企业无关,对企业财务状况不构成任何影响。

(2)××制药企业是一家上市的公众公司,其运营管理是独立的。××制药企业内部控制体系健全,本人的私人事宜不会影响其正常运营。

声明的内容虽然很短,但是却迅速引起了全国网民的关注。这段声明里自己给自己下了两个结论:一是女儿去美国留学是家庭事务,资金来源与企业无关;二是这属于私人事宜,不会给企业造成影响!

那么,他的这样一次回应,给企业造成了什么样的直接影响呢?

第一,××制药企业作为上市公司,其股票连续两个跌停;

第二,媒体和记者就××制药高利润产品"中药注射液"的合规性问题进行深入挖料,并质疑,从而造成××制药企业所生产的两类药品引发患者恐慌,企业陷入更加被动的局面。

也就是说,这次的声明回应不仅没有将个人危机化解,反而引发了更大的企业危机!

通过上面的案例,我们得到什么样的启示?

当事件还没有成为公共议题的时候,当事方的公开回应其实会存在很大风险,可能会诱发更大危机。因此,当媒体的报道还仅限于小范围传播,舆论的声音并没有发酵时,当事方的"沉默是金"显得尤为重要!

其实,绝大多数人在舆论热点中的选择都是尽可能地保持沉默,只有相当有限的一部分人会旗帜鲜明地表达自己观点,这是因为在人们眼里，过度参与激烈的舆论事件只会给自己带来随时被聚焦的潜在麻烦，这对他们生活的改善、工作的晋升、事业的发展没有丝毫价值和意义。于是，与其多说话给自己带来不必要的麻烦，倒不如保持沉默来得保险。

当然，讲到"沉默是金"的舆论公关策略时，我们首先要声明的是，绝对不是支持大家采用"鸵鸟政策"，无论外界的骂声有多大，都装作听不见。在说明"沉默是金"策略之时，我们要先清楚舆论传播的几个特征。

首先，在舆论传播过程中，我们要知道负面事件不完全等于负面新闻，负面新闻也不一定就等于舆论事件。甚至可以说，没有被舆论广泛传播的负面事件，其实都不叫危机。

比如说，全国的3000多个县级行政区划单位中，每天有上万条负面舆论导火索，但是能够成为新闻线索的不会超过百条，最后能引发全国舆论反应的更是屈指可数。如果每遇负面事件，当事人就在第一时间出来回应，那么很可能带来的情况就是，本来大家不知道或者没关注到的事，经过回应就全民皆知了！

其次，大部分负面事件，在舆论的世界里是会自然沉没的，或被人遗忘，或被另外的事件所湮没。也就是说，负面事件在舆论的海洋里，它不是汪洋大海，而只是大海的海平面，只有少部分会呈现在海平面上，百分之九十九的负面事件是沉没在汪洋大海里的！所谓的回应，其实客观上会给事件增加"浮力"，不管回应的效果是正面还是负面的，回应本身就是对原来舆论的放大。对于事件的回应如果不能做到一锤定音、马上止血，那么回应的后果一定是放大负面舆论，从而将其呈现在舆论的海平面上。

在上面的案例中，我们看到一位心急的父亲，同样也是一个上市公司的董事长，因为救女心切着急回应，却差点把自己的家庭和事业葬送在舆论的海洋里。

所以当危机到来时，当事人并不一定要第一时间回应，正确的做法是在第一时间判断到底要不要回应！

那么，如果经过研判，最后决定必须要进行回应，到底应该怎么回应呢？

这里有四个基本要素可供参考：一是事件描述，二是行动措施，三是态度表达，四是相关承诺。

案例一：华为孟晚舟事件

自2010年以来，我国经济总量开始超越日本，并稳居世界第二的位置。作为世界头号经济大国的美国开始将中国视为国际社会上的头号竞争对手。尤其是在2016年特朗普当选美国总统之后，对于中国的打压更甚，并利用各种手段限制中国经济和企业的发展。

2018年4月16日晚，美国商务部发布公告，在未来7年内禁止中兴通讯向美国企业购买敏感产品。从此正式拉开了美国制裁中国企业的大幕！与此同时，美国政府对华为的打压骤然升级，各种制裁政策层出不穷。直到2018年12月1日，华为首席财务官孟晚舟女士在加拿大转机时，突然被警方无端扣留，引发了震惊中外的"华为孟晚舟事件"。

此次事件对华为来说无疑是一场巨大的危机。在复杂的背景之下，华为有无数的委屈、不满和愤怒，但它都没有说。五天之后，华为通过官方账号就此事件发出了第一篇对外公告（见图5-1），总共四句话：

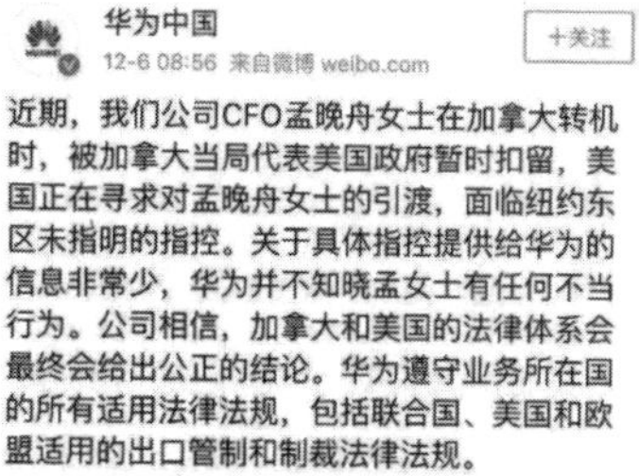

> 华为中国
> 12-6 08:56 来自微博 weibo.com
>
> 近期,我们公司CFO孟晚舟女士在加拿大转机时,被加拿大当局代表美国政府暂时扣留,美国正在寻求对孟晚舟女士的引渡,面临纽约东区未指明的指控。关于具体指控提供给华为的信息非常少,华为并不知晓孟女士有任何不当行为。公司相信,加拿大和美国的法律体系会最终会给出公正的结论。华为遵守业务所在国的所有适用法律法规,包括联合国、美国和欧盟适用的出口管制和制裁法律法规。

图 5-1 华为在"孟晚舟事件"后的首个声明

事件描述、行动措施、态度表达、相关承诺,四个要素表达得干净利落,既向公众表述清楚了经过,又保持了足够的克制。

也就是说,这篇公告即使让那些不怀好意的人拿去,把每一句话掰开揉碎再重新结合在一起,也不会产生其他负面联想。这无疑给华为处理此次危机,避免了许多不必要的麻烦,同时也赢得了足够的时间和空间。

案例二:山东枣庄部分学校满意度调查做假事件

2020年11月,山东省枣庄市教育局为了提升中小学的教学质量,想摸清家长对学校的满意度情况,以电话或短信的形式开展了一次调查。

调查开始后,不少家长在孩子的班级群里收到了班主任老师发的"明白纸",这些所谓的明白纸实际上就是老师给家长们的"标准答案"。比如若问"学生每天的作业多吗?"低年级学生家长要回答"没有书面作业",高年级学生家长要回答"1小时之内能做完";若问"对学校满意吗?打分的话打多少分?"要回答"非常满意,打100分";还有短信形式的"孩子们的班级人数,一律选择45人""孩子的作业时间,一律选择一小时以内"……

这些"标准答案"非单个老师的自发行为，而是学校层面的集体指示性操作。而且有学校直接通知家长，如果接到了调查问询，要赶紧联系班主任"做指导"，甚至表示可亲自上门协助填写。

面对学校这番操作，家长们认为这是在搞形式主义，说得严重点，这是学校为了应付上级调查、监督，强行要求家长们搞的"集体舞弊"。于是许多家长将这些"指导内容"截图曝光到了网上，引发了教育部门的舆论危机。

随着对涉事学校的网络曝光，有家长还表示学校连续几年有类似行为，他们早有对这种形式主义的强烈不满。过往对于这种所谓的调查，很多家长会心照不宣，但这次做得如此"强权"，家长就会心照必宣！

面对此次舆论危机，我们看一下枣庄市教育局的"情况通报"（见图5-2）：

11月13日，网传涉事学校满意度调查相关视频，引发社会关注。对此，枣庄市教育局高度重视，第一时间成立专项调查组，对舆论反映问题进行调查核实。

经初步核查，枣庄市南临城小学、北临城小学工作方式方法失当，对学生家长提出了一些过分的要求，造成了不良社会影响。目前已责令涉事学校立即整改，对相关负责同志在全市通报批评。

下步，枣庄市教育局将汲取教训，举一反三，在全市开展深入排查、全面整改；同时，完善各项制度和措施，诚恳接受社会监督，努力办好人民满意的教育。

同样是四句话，"事件描述、行动措施、态度表达、相关承诺"，四个要素一一对应，舆情的热度迅速降温。

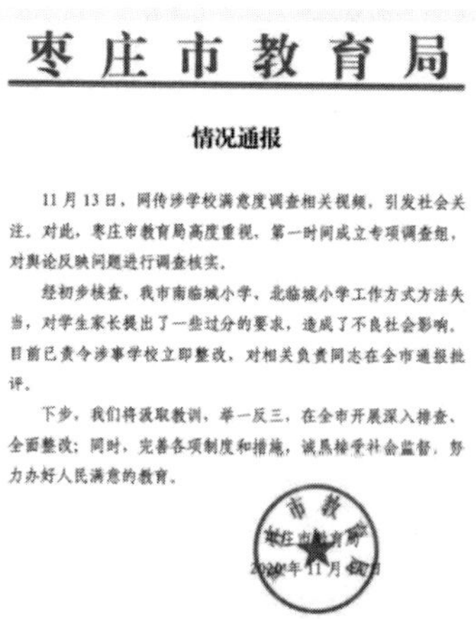

> **枣庄市教育局**
>
> **情况通报**
>
> 11月13日,网传涉学校满意度调查相关视频,引发社会关注。对此,枣庄市教育局高度重视,第一时间成立专项调查组,对舆论反映问题进行调查核实。
>
> 经初步核查,我市南临城小学、北临城小学工作方式方法失当,对学生家长提出了一些过分的要求,造成了不良社会影响。目前已责令涉事学校立即整改,对相关负责同志在全市通报批评。
>
> 下步,我们将汲取教训,举一反三,在全市开展深入排查,全面整改;同时,完善各项制度和措施,诚恳接受社会监督,努力办人民满意的教育。

图 5-2　枣庄市教育局情况通报

发生负面舆论事件,当事人必须第一时间反应,但未必要第一时间回应。面对舆论的第一枪,不是第一时间回应,而是第一时间判断要不要回应。判断是否回应的依据有五个:**一个前提,四个评估!**

一个前提:

那就是法律法规。如果法律法规要求回应,那么没有选择,必须回应。如果该前提不存在,即可进入评估程序。

四个评估:

第一,可不可止得了?可以息纷止争,回应!

第二,能不能扛得住?扛不住,回应!

第三,是不是天下闻?如果已经天下皆知,舆论效应已经到了极致,回应!

第四,有没有新后续?如果预判还有新事实、新反应出现,抓紧回应!

除此之外，不妨让子弹再飞一会儿！当然，还有一条最重要的标准：如果不回应，摸一摸良心，过不过得去？如果过不去，回应！

|第二节| 解决事情之前，先解决心情

> 天下有常胜之道，有不常胜之道。常胜之道曰柔，常不胜之道曰强。二者亦知，而人未之知。故上古之言：强，先不己若者；柔，先出于己者。
>
> ——《列子·黄帝》

《道德经》第四章有一节内容这样讲道："渊兮，似万物之宗；挫其锐，解其纷，和其光，同其尘。"意思是深邃复杂的规律好像主宰着万事万物，它先挫去万物的锋芒，从而解脱它们之间的纷争，调和它们的光芒，使它们混同于尘俗。这节内容对于我们理解舆论世界的运行规律非常有帮助。

许多企业或者名人在遇到舆论危机的时候，常常会首先选择向公众讲道理。他们认为自己做的事情，不是公众认为的那样有"错误"，他们认为自己说的是有道理的。殊不知这里的"道理"就是"锐"和"光"，所以越是讲道理越会朝与预期相反的方向发展。这就是我们所说的，在危机舆论传播中，**你有"理"不一定代表对自己有"利"**！

2022年6月中下旬，我国大部分地区已经进入盛夏时节，这一年的夏天比往年更显炎热。炎热的夏天当然是雪糕销售的旺季，

创办于 2018 年的高端雪糕品牌"钟薛高"在这一年也开始受到消费者青睐。但是动辄十几元、几十元甚至上百元一支的雪糕,还是与普通消费者有一段距离。

就在此时,有网友发现个问题,一支海盐口味的"钟薛高",丢在 31℃ 的高温下,竟然 50 分钟没有融化。这样,不少消费者担心其产品中添加了过量的凝固剂、防腐剂。

7 月 2 日,钟薛高官方赶紧做出回应(见图 5-3):配方主要是牛奶、椰浆、冰蛋黄等,再加少量食品乳化增稠剂(即"卡拉胶"增稠剂),并且强调所有雪糕产品均按照国家标准合法合规生产,检测合格后出厂,大家可放心食用。

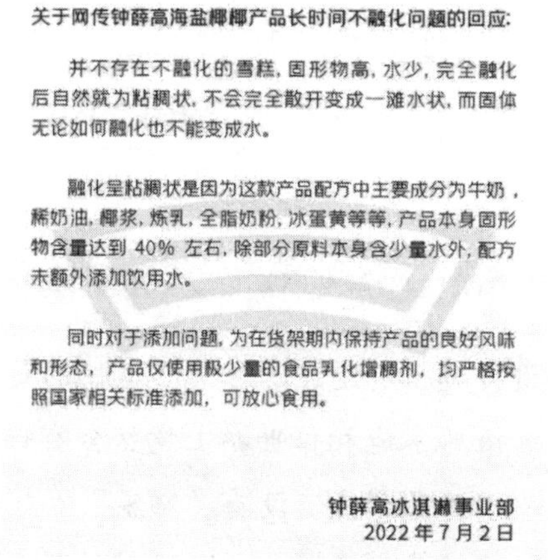

关于网传钟薛高海盐椰椰产品长时间不融化问题的回应:

并不存在不融化的雪糕。固形物高,水少,完全融化后自然就为粘稠状,不会完全散开变成一滩水状,而固体无论如何融化也不能变成水。

融化呈粘稠状是因为这款产品配方中主要成分为牛奶,稀奶油、椰浆、炼乳、全脂奶粉,冰蛋黄等等,产品本身固形物含量达到 40% 左右,除部分原料本身含少量水外,配方未额外添加饮用水。

同时对于添加问题,为在货架期内保持产品的良好风味和形态,产品仅使用极少量的食品乳化增稠剂,均严格按照国家相关标准添加,可放心食用。

钟薛高冰淇淋事业部
2022 年 7 月 2 日

图 5-3 钟薛高首次公开回应

结果消费者并没有放心食用,反而更加担心这个少量的增稠剂"卡拉胶",会不会一直在肚子里消化不掉?

随着舆情的进一步发酵,大量自媒体开始整活,用火烧,用蜡点,然后进一步宣告其在高温下不但不融化,反而变黑变焦,再次扩大了品牌负面影响。7月6日，钟薛高官方再次回应（见图5-4），并公布了配方的比例，同时再次强调，使用的"卡拉胶"符合国家标准，并呼吁舆论用科学立场进行调查和科普。

图5-4　钟薛高第二次公开回应

钟薛高每次讲得都很有道理，但非常遗憾的是，没有换回公众对它的信任。大家依然不能相信世界上竟然会有晒不化的雪糕——事出反常必有妖——里面到底有没有"猫腻"？

随着一波又一波的质疑声，舆论环境对钟薛高的品牌形象越发不利！

无奈之下，钟薛高将自己的品牌又注册了"钟薛低""钟薛不高"……

舆论中不讲道理，不是说没有道理可言，而是道理得不到有效传播，无法瞬间形成共鸣。你所说的道理就是那些科学证据、专业术语，这些东西想要口口相传，就意味着每个人都需要具备一定的专业能力，这显然不太现实。因此，道理在舆论场不是主流，它往往会被"情感""恩怨"所湮没！

在危机事件爆发以后，以什么样的姿态示人，会产生截然不同的效果。

罗永浩砸冰箱事件

2011年11月发生的"罗永浩怒砸西门子冰箱事件"，想必很多人有着深刻的印象。

这件事的起因其实非常简单，创业人罗永浩发现自己家里的西门子冰箱门经常关不严，于是在微博上发了几句牢骚，从而引起了同类问题消费者的连锁反应。

面对这一冰箱设计问题，罗永浩成为消费者维权的代表，开始向西门子公司进行投诉。如果西门子这时候能够以示弱的姿态去解决这次投诉，那么这次危机将很快过去。然而，西门子表现强硬，拒不承认自己的冰箱门存在质量问题，即便答应免费安装"关门器"也不承认冰箱有问题。甚至还威胁媒体，谁如果报道明年就不在谁家投放广告。

这样强硬的态度引起了消费者和媒体的一致反感，从而相继引发了集团门口砸冰箱示众、开媒体会当众砸冰箱等一系列舆论事件。

罗永浩所代表的普通消费者一连串的公开维权动作，使得西门子的品牌形象扫地，西门子冰箱在中国的销售额从第一名迅速跌出前十，销量锐减，损失惨重。

一个是财大气粗的世界500强企业，以强者自居，拒不认错；一个是充分与普通消费者做连接的创业者，公开维权，有礼有节。两者身份悬殊，却在舆论场中，似乎颠倒了位置。

再看华为创始人任正非的舆论公关之道！

前篇案例解析中我们提到过"华为孟晚舟事件"，也就是2018年12月1日华为的CFO（首席财务官）孟晚舟在加拿大被捕一事。可以说这是华为历史上遇到的最大危机。整个事件经过一个多月的持续发酵，作为华为公司创始人的任正非不得不站出来向媒体发声。这时候任正非的态度就显得尤为重要，因为他不仅是华为的创始人，还是孟晚舟的父亲。

在这个时候，无论是作为企业的最高管理者还是作为一名父亲，他完全有理由表达自己的愤怒和谴责。但是，在2019年1月，他在10多天里集中接受了100多家媒体的专访和联合采访，他所表现的状态既没有愤怒也没有谴责，甚至没有一句怨言。他向国内外的媒体表达的核心只有三个方面：

（1）华为相信法律并依靠法律，最终要使用法律解决问题；

（2）华为的运转非常健康，市场前景非常可观，华为人现在非常有信心；

（3）相对于中美"贸易战"而言，华为公司只是一只小小的蚂蚁，甚至连蚂蚁都不如。充分示弱，表达自己的态度！

这三方面内容，万变不离其宗。任正非面对任何提问和设陷，都能巧妙地绕回自己的三大核心内容。当时不少人认为华为完全可以利用民族情绪来维护自身权益，甚至拯救孟晚舟，但实际上自始至终华为都保持着足够的克制。正是任正非这种充分示弱的态度，反而更加引起了国内民众对华为品牌的全力支持和拥护。

当然,我们所讲的"示弱先行"策略,绝对不是那种以泪洗面、自扇耳光似的作秀表演。如达芬奇家具的女士,"我爸是李刚"中的李刚等类似的案例向我们表明,示弱不是弱势群体的无理取闹,也不是精英群体的自认倒霉!

示弱其实是"知其雄,守其雌;知其黑,守其白;知其荣,守其辱"的处世智慧。在舆论公关中,"示弱先行"有三个要点。

1. 本身示弱,或与弱者做连接

舆论场里比的不是体积而是面积,弱者是大多数,是不是能得到舆论的认同,很大程度上看你到底是不是同弱者站在同一面。作为企业,管理层是强者,普通员工就是弱者;在建筑工地,包工头是强者,农民工就是弱者;在学校,校长、教授甚至学生会主席是强者,学生是弱者。

2018年火锅连锁品牌海底捞,在北京的两家门店被媒体曝光后厨"脏乱差"。事情一经报道便引起舆论的高度关注,很多人认为海底捞这一次在劫难逃,品牌形象很可能就此扫地。但是在海底捞进行官方回应后,公众的态度却来了一个一百八十度的大逆转。因为海底捞董事会承担了这起事件中的所有责任,并请这两家店的300多名员工放心,海底捞不会裁员,也不会追究普通员工的责任。此话一出,立马有网友给海底捞总结"这错我认、这锅我背、员工我养",成功化解舆论危机。

海底捞的管理层与普通员工的连接,赢得了公众的认可,更彰显了企业责任。同样我们也会发现,一些部门和机构动不动就声称是临时工所为,将责任"甩锅"给弱者,这种做法不但不会化解危机,反而会遭到公众吐槽。

2. 抚慰情绪，将公众的潜在情绪关注到底

围观产生势能，围观者无论与品牌方有没有利益关系，他的围观都已经客观上产生了能量。有人分析说，那些嚷嚷着再也不买这个品牌的人，其实压根儿不是这个品牌的消费者。实际上，公众每一次围观，在内心深处都有一种潜在的期待——我要看看到底有没有人为此付出代价！这种期待如果没被实现，就意味着公众情绪没有被抚慰，危机因此也并没有完全被化解。

案例一：特斯拉女车主车顶维权事件

2021年4月19日，一位购买特斯拉的女车主，身穿"刹车失灵"的定制T恤进入上海车展现场，并迅速站到一辆特斯拉的车顶高呼刹车失灵！现场媒体立刻抓拍维权镜头，并发到网上。此时的舆论并没有发酵，然而到了下午两点以后，特斯拉女高管的回应让舆论热度瞬间爆棚。

作为特斯拉的中国区副总裁，面对媒体的采访时她的回应是"特斯拉不会妥协""最近两个月的负面都是她贡献的""她背后有人操控"。这样的态度，公众显然不会接受。特斯拉的品牌形象在此次传播过程中，瞬间大打折扣。无论高喊让特斯拉道歉的网友是不是潜在消费者，这样的舆论环境显然不利于品牌的正向传播。

此次事件快速发酵之后，特斯拉最终还是通过官方渠道发布了道歉声明，然而这样的声明看似态度诚恳，但没有人付出代价，因此公众的情绪似乎并没有完全得到安抚，特斯拉的品牌声誉危机并没有彻底解决！

案例二：南昌玛莎拉蒂女司机酒驾被查事件

2021年11月6日晚，江西银行高新区支行行长助理孙女士，酒后驾驶玛莎拉蒂被查，在酒精检测时不情愿配合吹气检测，且对执法交警说："叫余炜过来！"执法民警驳斥她说："谁都不要找，这里录音录像，进行全网直播，说出任何人的名字都是在害他。"而孙女士不以为意，面对镜头的拍摄，多次提到"余炜"的名字。

随后这段直播的画面迅速在网上传开，网友好奇这位"余炜"到底是谁，又有多大的能量。不少网友通过音译查到了有位名叫余炜的南昌市某区公安分局局长。

随后我们看到，在2021年11月13日，也就是事发7天之后，这名酒驾的孙女士接受江西南昌东湖区法院的公开审理，以危险驾驶罪被处拘役两个月，并处罚金人民币1万元。此次判决创下了国内审判史上的最快判决纪录。

当事人付出了应有的代价，后面的舆论猜测和联想逐渐消退。

3. 情感得当，不卑不亢

示弱中的情感使用要得当，不必苦大仇深，也不必夸大其词，所谓的"一哭二闹三上吊"不见得是真正的示弱，有些时候公众会认为你在借用他的感情。要相信群众的眼睛是雪亮的，示弱的最终目标是要争取公众的信任，而非争取公众的怜悯。

达芬奇家具"假洋品牌"事件

达芬奇家具可以说是2011年之前中国经营最成功的一家高档家具卖场企业。其以经营"欧洲进口家具"为主，年均营业额一度高达4亿元人民币。企业快速的发展给老板带来了充足的信心，并

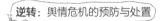

准备在 2012 年挂牌资本市场。

然而在 2011 年 7 月 10 日,央视《每周质量报告》栏目突然以《达芬奇密码》为标题,报道了达芬奇家具天价家具"洋品牌"身份造假的问题。在栏目中,记者以采访和暗访的方式揭露达芬奇家具在家具质量和原产地上均存在欺诈消费者行为。栏目一经播出便引发舆论高度关注。

三天后,企业负责人潘庄秀华女士在没有充分准备的情况下匆忙召开了新闻发布会。发布会上,企业为了提升自己产品是从意大利进口的权威性,在发布会现场安排了两排老外就座,媒体稿件也通篇以外文书写。

而当媒体问及达芬奇家具的产品到底是不是原装意大利进口、有没有搞"家具海关一日游"的欺骗行为时,潘庄秀华女士并没有给出正面的回答,转而诉说起了自己创业的委屈和艰难。在现场媒体的接连发问之下,作为企业创始人的她却当场大哭起来。

面对镜头的哭泣没有获得媒体和公众的同情,这种不正视问题的回应,被舆论解读为作秀和表演。潘庄秀华女士一脸哭诉的模样,被网友 P 成了达芬奇的蒙娜丽莎画像,嘲讽意味十足,达芬奇家具的舆论危机被推向了顶峰。

错误的示弱方式葬送了一家准备上市的企业,半年之后,达芬奇家具宣布破产停业。

关于本节"柔弱胜刚强"的道理,我们可以再看一个流传甚广的故事:

商容有疾,老子往问焉,曰:"先生疾甚矣,有遗教可以语诸弟子者乎?"

商容张其口而示老子曰:"吾舌存乎?"

老子曰:"然。"

"吾齿存乎?"

老子曰:"亡。"

商容曰:"子知之乎?"

老子曰:"夫舌之存乎,岂非以其柔耶?齿之亡乎,岂非以其刚耶?"

商容曰:"嘻!是已。天下之事已尽矣,何以复语子哉?"

老子的老师叫商容(名字又写作"常枞"),商容病得很厉害,生命到了弥留之际。老子跑到他老师的跟前问,您还有没有什么遗训教导我们诸弟子的?没想到,商容这时候突然张开嘴伸出了舌头,然后问老子:你看看我的舌头还在不在?老子肯定是被老师突然扮的鬼脸给整蒙了,只回应道"在"。商容于是又问:那你看我的牙齿还在吗?老子回答说"不在了"。商容问老子知道什么原因吗?老子立刻领悟到了其中的智慧,他回答道:舌头之所以能留存得长久,是因为它柔,而牙齿之所以留存不下来,是因为它太刚强。商容听完老子的回答后无比欣慰,并给出了最后的遗训:天下的事已经说尽,已经没有什么好给弟子们交代的了!

所以我们在《道德经》当中,能够多处看到老子关于"柔弱胜刚强"思想的阐述,比如"天下之至柔,驰骋天下之至坚""反者道之动,弱者道之用"。

在"示弱先行"这一节,很多朋友可能感觉自己很委屈,一时间控制不好自己的情绪。我想人非圣贤,情急之下任何人都很难压

住火。关于自我情绪管理方面,在这里分享两个禅宗里的故事:

唐代有位慧忠禅师,修行高深,被唐肃宗请进宫廷拜为"国师"。一天,当时最有权势的宦官鱼朝恩拜见慧忠,问道:"什么是无明,无明从何处升起?"

"无明"是佛家术语,指的是心灵的蒙昧。

不料慧忠禅师并没有直接回答他的问题,而是不客气地讽刺他:"佛法真的要衰败了,像你这样的奴才也有资格来问佛法!"

鱼朝恩哪里受到过这样的羞辱,勃然变色,正要发怒,慧忠禅师立刻说道:"这就是无明,无明就是从这儿开始的。"

鱼朝恩无话可说,对慧忠就只有敬畏了。

南宋大慧宗杲禅师,也曾经点拨过一位将军。这位将军拜见大慧,向大慧表决心:"我一定除净俗人习气,跟着您出家修禅。"

大慧笑答:"你贪恋家人,还不能出家。等等看吧!"

过了几天,将军一大早就跑来了,向大慧汇报:"师父,我已经除净了俗人的习气,不再贪恋家人,现在来跟着您出家修禅了。"

大慧听后未置可否,却向这位将军提了一个侮辱性的问题:"你来得这么早,是要留下老婆和别人睡觉吗?"

将军听了大怒:"你这贼秃子,怎么敢这样胡说八道?"

大慧大笑说:"你要出家修禅,还早着呢!"

|第三节| 员工引发的舆情该怎么处置?

白发空垂三千丈,一笑人间万事。问何物、能令公喜?我见青山多妩媚,料青山见我应如是。情与貌,略相似。

——南宋·辛弃疾《贺新郎》

"舆情公关"作为一种特殊形态的公共关系处理,从本质上讲是一门处理人际关系的学问。公关的核心目标就是争取到更多公众的信任,有了信任才能有理解,有了理解才能有支持,有了支持才能化解危机!

这里我们所说的"公众",大体包括七个方面:政府部门、媒体、消费者、供应商、股东、合作伙伴和内部员工。对其中的"内部员工"这一个群体的公关处理,看上去最容易操作,但其实极易出错!尤其是现在的一些大公司,在对"内部员工"的危机处理中经常引发舆论事故。

2021年8月7日,一位任职于阿里淘鲜达业务的女员工发表长文表示,自己曾在开拓济南华联超市时,遭遇商户领导猥亵,直属领导默许该行为,并在散场后疑似对自己性侵。受到侵害的阿里女员工,在8月2日向阿里的人力资源(HR)部门、业务总监乃至同城零售事业群总裁等人反馈自己的遭遇,结果内部管理部门和领导对此事均没有给予正面处理。无奈之下这名女员工在内部食堂发传单寻求帮助,并将自己的经历公布至网上,一石激起千层浪,于是我们看到一则关于"阿里巴巴女员工被侵害"的消息迅速引爆舆论。

8月8日，在全国网民的关注之下，阿里巴巴CEO张勇对外做出回应："从我开始，从管理者开始，从HR开始，我们阿里每一个人必须有深刻的触动、反思和行动！"

近些年来，随着互联网的飞速发展，一些公司的HR部门几乎成为企业最大的舆论隐患。他们以为自己只是在内部作业，不像品牌营销部那样需要跟外面打交道，所以认为自己内部的事外界不会知道，结果导致此类部门危机管控、舆论意识淡薄，普遍存在身处雷区而不自知的情况。有互联网电商企业青年女员工加班猝死对外"甩锅"的情况，也有事故发生后找个临时工"背锅"的情况。

其实我们在上一节中已经与大家讨论过与"弱者"做连接的重要性和技巧。相对于庞大的企业来说，员工无疑是更容易引发公众同情的"弱者"，因此我们进一步提出，在危机面前对员工的"情感公关"是争取公众信任的重要环节。

那么什么情况下要打情感牌呢？我们归纳出三种情况。

1. 企业裁员

当企业将与员工之间取消合作，尤其当利益出现矛盾和冲突之时，"情感公关"是不可忽视的一个环节。我们通过两个案例来对比一下，不同公司的做法。

案例一：京东裁员

2022年3月10日，京东发布2021年及第四季度财报。财报显示，京东2021年全年净收入达到9516亿元，同比增长27.6%，其中，四季度净收入为2759亿元，同比增长23.0%。营收在持续增长，但是从净利润来看，第四季度却是亏损52亿元，这也导致京东2021年全年的净亏损达到36亿元。

面对这一情况,京东内部做出了"人员优化"的决定,对京喜、京东国际、京东零售、京东物流、京东科技等多个板块的多个事业部都设置了裁员比例,多数在10%~30%,其中京喜广东地区裁员比例更是高达100%。不少员工从3月21日后陆续被部门领导与HR约谈,并被要求于3月31日离职。由于未能做到提前30天通知,京东给出了"N+1"的赔偿方案。到了3月31日下午,京东的办公楼里约满了1000多号办理离职的员工,于是网上开始流传"一天裁员上千人,京东真猛!"的标题新闻。显然,被裁员工多有不满情绪。此外,还曝出许多京东裁员的内部信息,一时间众说纷纭。

京东的HR部门对于裁员有个美称叫"毕业",意思是在京东历练以后能够成为一名优秀的互联网人才,可以为员工的职业履历加分。然而本次裁员,不但没能让"毕业"成为一种荣耀,反而形成了负面舆情,对京东的品牌形象再次划上了一道伤疤!

案例二:字节跳动裁员

2021年7月24日,中办、国办印发《关于进一步减轻义务教育阶段学生作业负担和校外培训负担的意见》,俗称的"双减"政策,由此正式实施。受这一政策的影响,国内聚焦K12教育的企业和机构纷纷陷入经营困局。

刚刚启动教育板块业务的字节跳动,也不得不做出相应的行动。2021年8月5日,网上流传消息称字节跳动教育板块全部裁掉。作为国内互联网企业发展势头最为强劲的头部企业之一,字节跳动裁员的消息立刻引来全网热议。

然而，这次字节跳动的主动裁员并没有引起舆论的负面反响，反而出现了另一种局面。

首先，字节跳动对于内部裁员并没有采用"一刀切"的方式。此次裁员主要涉及教育板块中的清北网校、瓜瓜龙和GOGOKID部分员工，并非全部裁掉，有一部分员工将转岗或投到转型的新项目中。

其次，即便是被裁掉的员工也没有怨言，表现得都比较平静。字节跳动给这些员工高出国家标准一个月的赔偿金，并给8月6日离职的员工补交8月份的五险一金；其余的如调休假换现、离职午餐、贺卡更是让离职员工倍受感动，很多人在离职前流下了泪水。

最后就是管理人员的表态。管理团队在内部信中这样表示：今天的别离是为了更好的未来，愿我们保持心中热爱，继续攀登，期待再相逢。

字节跳动的这次大量裁员，是出于不可抗力因素，其凭借人性化的处理方式，赢得了员工的理解和支持，更在情感上赢得了公众的认同和信任。从网络留言来看，字节跳动的裁员是平静的，离职的员工也对字节跳动表达了感谢与称赞。网友对字节跳动的认知好感度进一步提升。

通过以上两个案例不难看出，同属于国内实力强劲的互联网企业，同属于部门裁员，同属于不得已而为之，然而在对于内部员工的"情感公关"方面稍有不同，便会引发截然相反的舆论效果。

有人会认为核心的问题还是在于给离职员工的补偿金上，如果企业给的补偿到位，员工自然不会在网上"闹事"。殊不知没有情感认同基础的补偿，即便给得再多，也未必能赢得好感。早在2004年发生在联想集团的裁员事件中，即便当时的联想HR部门认为已经给出高出一般标准的赔偿，但依然让被裁的员工在网上激愤地写下"联想不是家"的文章，引来媒体竞相转发。

杰克·韦尔奇在他的《商业的本质》一书中，针对大数据时代的危机管理，提出了四个新的原则：

（1）在卷入危机之前就积累商誉，以备不时之需；

（2）利用多渠道向公众发出响亮的声音，即便没有紧急的事情要讲，也要这么做；

（3）善待离职员工，不要让自己的愚蠢之举引发危机；

（4）相信一切终将过去，事情还会好起来的！

杰克·韦尔奇说的善待离职员工，在信息传播手段异常发达的今天变得尤其重要。近两年，华为、百度、阿里巴巴等多家企业都因离职员工对公司的不满遭遇了一定程度上的公关危机。所谓善待离职员工，不是说要无条件甚至无底线地满足离职员工的要求，而是要在法律规定范围内和公司能力基础上公平公正地对待所有在职和离职员工。

2. 员工压力大，出现情绪波动

企业在发展过程中，经常会遇到员工因工作压力大而产生焦虑和情绪波动。好的企业能够第一时间感知到员工的变化，从而采取心理干预措施，或提供释放压力的出口，以舒缓紧张情绪。飞速发展的互联网企业，虽然日进斗金，但员工工作压力大，员工经常感到疲惫。为了缓解大家的压力，许多管理团队会特意安排一些团建项目，或者创始人在公司年会上扮演一些角色，引得员工欢心一笑。其实这些都是"情感公关"的一部分。

然而，不懂得这一内容的管理者，导致的后果是致命的。比如发生在2010年到2011年的富士康"14连跳"事件，在当年可以说是引起了社会各界乃至全球的广泛关注。媒体将富士康比喻成"血汗工厂"，而在跳楼事件后，有近5万名工人相继离职，富士康在后面的招聘大会甚至出现了给三倍工资却无人应聘的尴尬局面。后来富士康虽然通过此事件吸取了经验教训，在内部成立了员工心理干预中心，但整个事件在舆论中产生的负面影响始终挥之不去。

企业"情感公关"在管理上的缺失，会造成多米诺骨牌效应：一支小小的骨牌倒下，其势能转化的动能，在连锁反应的作用下会推倒一个庞然大物。

如何避免此类事件发生呢？组织遇到这类危机时，其实考验的是一个管理者的危机领导力。

2020年新冠疫情暴发，餐饮行业面临巨大挑战，以海底捞、西贝莜面村为首的餐饮企业纷纷发声，表述困境；平日里繁忙的服务工，突然停下了脚步，各种迷茫、焦虑、无所适从在员工宿舍里弥漫。面对突如其来的危机，企业到底该如何渡过难关，员工的焦虑情绪该如何化解和引导，这都是摆在管理层面前最现实的问题。

我们以国内知名的烧烤连锁品牌"木屋烧烤"为例，看一下它是如何渡过难关的。

木屋烧烤迎战疫情危机

2020年新冠疫情暴发以后，木屋烧烤的营业额同比下降了83%。在2月1日，木屋烧烤创始人隋政军，通过自己的微信朋友圈转发了一篇题为《餐饮业告急！账上几个亿的行业龙头也快扛不住了》的文章。他的本意只是想唤起社会对中国餐饮行业现状的关注,而当他发出去仅几分钟之后,木屋烧烤华北区的财务总监便第一个发来微信说:需要的话,自愿工资减半!

随后,企业的高管纷纷表态,愿意和公司同甘苦共患难,一场自下而上的员工请愿减薪运动便拉开了序幕!

隋政军在陆续收到高管们自愿减薪要求以后,并没有急于做出决策,而是在内部发起了一次匿名调查,想知道底层员工对减薪最真实的想法。

在回收到的3000多份调查问卷中,有76%的员工表示自愿支持减薪,有16%的员工表示不反对,其余的员工表示不情愿。"这个结果让我很欣慰,但我还是没有下定决心到底该如何做!"隋政军表示。

经过综合考虑以后,公司推出一项政策:2月份起木屋烧烤的管理层薪资降半,一线员工与门店业绩挂钩,做出适当调整;并定下一个目标,在3月28日之前,只要有一天达到去年同期日营收500万元的水平,员工薪酬全部恢复!

在疫情暴发初期,全国实体商业大受冲击之时,500万元营业额,这个目标怎么实现呢?线下店无法营业,只能靠外卖来增加营收。然而烤串对温度要求极高,即便用锡纸包裹,外卖的销售占比也从没超过5%。面对这一情况,隋政军还没想好怎么做,他的员工已经开始了行动。

员工用自己的钱给人发红包,请求他们把自己拉到社区群里、妈妈群里,然后给大家发店里的外卖优惠券。在线上外卖许可证还没办下来,上不了美团、饿了么等外卖平台时,他们的员工就自己打印传单到社区去发。

被隔离的员工,在宿舍里进行电话回访,收集客户意见,与店里的同事协同作战。

甚至有的员工自掏腰包买电动车，主动当配送员。

靠着这股拼劲，一家门店外卖从最开始每天1000元营业额，短短10天时间就做到了每天17 000元营业额，业绩增长了16倍。

总部的员工兼容"烧烤"和"外卖"特性，适时推出新菜品，如串串香火锅、蒸生蚝、烧烤半成品等，并配合一系列套餐特价优惠措施，通过木屋烧烤公众号和其他公关文章进行广泛宣传。

隋政军每天都将数据图表公布在自己的朋友圈里，全体员工时刻与老板并肩作战，木屋烧烤的销售额同比增长，每天都在横坐标以下艰难攀登。

2020年3月23日木屋烧烤当日营业额突破500万元，提前五天实现了预定的目标！

通过这个案例，我们可以看出，所谓的"情感公关"，并不意味着仅简单地给员工以关心和呵护。人的情感是丰富且多元的，正如马斯洛的需求层次理论中分析的那样，人都有生理、安全、社交、获得尊重和自我实现的需求。危机面前的"情感公关"，一定程度体现在带领员工去实现目标上，这是一种危机面前的自我实现。如果企业管理者不能成为员工的打气筒，那么员工就会有怨言。

3. 员工受到委屈，希望领导者出面解决

企业与员工应该是利益共同体，危机来临时保障员工利益、维护企业利益，员工才会与企业同舟共济，捍卫公司利益。但有时候员工的要求也可能超出企业的范畴，需要管理者做好协调和平衡！尤其是在一些危机事件中，当员工明显受到委屈时，组织的"情感公关"会发挥重要作用。

案例一：中国银行柜台女员工被打事件

2016年6月在中国银行贵阳支行营业厅内，一位柜台女员工接待了前来办理信用卡的客户。然而她在客户的资料审查过程中发现，他的资质不符合要求，不能申请中行的信用卡。

得知无法办卡的男客户当场失去理智，顺手拿起旁边的电话朝女员工的头部砸去。银行女员工头部受伤，当场流血。现场情景被其他客户用手机拍了下来，并通过朋友圈传播到了网上。施暴者被警方拘捕，然而，许多不明真实情况的网友，以为是银行工作人员的态度蛮横才招致客户的殴打。明明自己才是受害者，结果却招来了网络的谣言和攻击，这名女职工和家属越想越觉得委屈和气愤。

事发之后，这名被打的女员工和银行的同事们，都认为自己的安全受到威胁，尤其是网络的流言，需要支行的领导站出来为他们澄清和主持公道。

因为在一个多月前，他们看到顺丰快递的一名员工也被打了，而顺丰的老板王卫却立刻就站出来为员工撑腰！所以，要求支行领导要向王卫学习，向公众澄清事实，弥补受伤员工的心理创伤。

当然，中行贵阳支行的领导并没有采取公开回应的方式解决舆论危机，毕竟顺丰是家民企，而中行是国企，性质不同，对外采取的应对措施完全不同，在这点上必须区分开来。

支行领导对受伤女员工做了情绪安抚和慰问，随后按工伤对她进行了补偿，并对她在危机出现时能维护银行利益的做法给予了内部表彰和奖励。该员工和其他同事情绪得到安抚，危机顺利化解。

案例二：顺丰快递小哥被打事件

2016年4月17日，北京市东城区富贵园一区内，一名骑三轮送货车的快递小哥,在派送过程中与一辆黑色出租车发生轻微碰撞。没想到,中年出租车驾驶员下车后不由分说,连抽快递小哥耳光,并破口大骂。随后的相关视频显示,中年男子至少5次击打快递员面部,快递员被吓得不敢吭声,而周围人几次拉开中年男子,但其又几次上前继续扇耳光。

顺丰的创始人王卫看到事件报道以后,立刻在自己的朋友圈给出了一个强硬的回应:我不追究到底,就不配当顺丰的总裁!

老板亲自出面撑腰维权,立马引起了舆论一片叫好,公众对顺丰这家公司又有了更具体的感受。情感公关,在这一阶段可以说发挥了极佳的正面作用。

那么,老板为员工出头,做到这一点就结束了吗?

我们看,情感公关中,最为精彩的就是:将看似不可能的事情变为可能,将惊喜继续往前推进一步!

就像2008年北京奥运会开幕式上,代表汶川地震灾区民众的小林浩突然走在姚明身边一样,全国人民看到这位康复的小男孩,都又激发了一种心系灾区、化悲痛为力量的民族情感,把民众的情绪和情感都引导到了正面。顺丰集团同样也采用了这种做法。

2017年2月25日,顺丰集团成功登陆A股上市。在挂牌敲钟的现场,我们除了看到董事长王卫以外,突然发现了10个月之前被打的那位快递小哥。这一画面被各大新闻媒体迅速捕捉,并引发舆论广泛好评。可以说,曾经被打的快递小哥,在这一刻成功代表了数十万每天在默默付出的快递小哥登上敲钟台。这样的举动,无疑给最普通的职业给予了无上光荣!

|第四节| 把公众的情绪关注到底

> 寒雨连江夜入吴,平明送客楚山孤。
> 洛阳亲友如相问,一片冰心在玉壶。
>
> ——唐·王昌龄《芙蓉楼送辛渐》

如今在互联网上,我们几乎每天都可以看到各种各样的道歉声明,有政府机构因公共事件而道歉,有名人因个人的言论和行为道歉,有商家因自己的产品或服务而道歉。然而不难发现,有的道歉能被公众接受,有的道歉却无法让人接受。

比如2023年4月在上海车展中发生的"宝马MINI冰淇淋"事件,由于宝马MINI展台的两名工作人员区别对待中国顾客和外国顾客,从而引发负面舆情。宝马MINI虽然第一时间发布了道歉声明,但在声明中给出"老外是宝马同事"的理由,很难让网友接受。从而导致该事件持续发酵,最终使宝马公司在欧洲的股票大跌3.62%,市值蒸发超180亿元人民币。

诸如此类的道歉,为什么不被人接受呢?其中的一个重要因素是——道歉不够诚意!

"负荆请罪"的故事我们都知道,那么请问这个千古流传佳话,重点到底是"负荆"还是"请罪"?很明显是在于"负荆",因为这样的"请罪"才显诚意!

延伸阅读:

廉颇曰:"我为赵将,有攻城野战之大功,而蔺相如徒以口舌为劳,而位居我上。且相如素贱人,吾羞,不忍为之下!"宣言曰:"我见相如,必辱之。"

相如闻,不肯与会。相如每朝时,常称病,不欲与廉颇争列。已而相如出,望见廉颇,相如引车避匿。于是舍人相与谏曰:"臣所以去亲戚而事君者,徒慕君之高义也。今君与廉颇同列,廉君宣恶言,而君畏匿之,恐惧殊甚。且庸人尚羞之,况于将相乎?臣等不肖,请辞去。"

蔺相如固止之,曰:"公之视廉将军孰与秦王?"曰:"不若也。"相如曰:"夫以秦王之威,而相如廷叱之,辱其群臣。相如虽驽,独畏廉将军哉?顾吾念之,强秦之所以不敢加兵于赵者,徒以吾两人在也。今两虎共斗,其势不俱生。吾所以为此者,以先国家之急而后私仇也。"

廉颇闻之,肉袒负荆,因宾客至蔺相如门谢罪,曰:"鄙贱之人,不知将军宽之至此也!"卒相与欢,为刎颈之交。

那么在如今的互联网环境下,什么样的道歉才最显诚意呢?要想弄清楚这个问题,我们要先问以下四个问题:一是向谁道歉;二是怎样道歉;三是谁来道歉;四是何时道歉。

1. 向谁道歉

要先弄清楚你到底伤害了谁!

钉钉向小学生"道歉",因为小学生感觉受到了伤害,于是钉钉用小学生求饶的语气进行道歉。西贝向自己的会员"道歉",因为疫情期间菜单涨价伤害到了会员顾客,引起了他们的不满,于是创始人发微博道歉!这样危机很快得到化解。

找到道歉的对象,是展开公众对话的第一步,如果沟通对象搞错了，危机不但不会化解，反而会愈演愈烈。

2015年央视主持人毕某事件

2015年时任央视的著名主持人毕某，在一次私人聚餐过程中笑侃《智取威虎山》、歪谈我们的领袖，视频被发到网上，迅速引发舆论关注。

视频曝光的并不是公共场合的言论，涉及个人的隐私，因此事件本身也具有很大的争议。但公众对在央视担任主持人的公众人物会有如此言论，还是表示了惊讶。

面对这样的一场舆论危机，毕某并没有第一时间站出来向公众道歉，反而选择了回避和沉默，任由网络舆论肆意发展，最终导致事态迅速扩大。7天之后，迫于不断发酵的舆论压力，他不得不站出来通过微博向公众道歉。然而，迟来的道歉等于没有道歉。

没有得到公众的谅解，这样的道歉对于危机处理来说毫无意义，而在随后的时间里，他先后向央视领导部门写了8封检讨书，但没有一次再面对公众道歉。

道歉对象搞错了，根本就达不到自己想要的结果。毕某这个曾经的著名主持人再也没有重回央视的舞台。

2. 怎样道歉

有时候做错事不可怕，可怕的是错误的道歉方式。我们看到很多老板、明星或官员，一旦出了问题，碍于面子，即便是道歉，选择的也是敷衍的道歉，虽然内容上写着"诚恳道歉"四个字，可是通篇下来公众看不到诚恳，这就非常麻烦！

元气森林广告文字游戏事件

元气森林作为国内一款新兴的时尚饮料品牌,它主打的乳茶一直宣称是"0糖0卡0脂",从而深受年轻人士和减肥群体的喜爱,进而获得了营销上的成功。然而这种"0糖"的宣传在产品中真的能做到吗?并非如此!

2021年4月一些健康科普人士在网上发文指出"0蔗糖"不等于"0糖",元气森林的广告中宣称的"0糖"其实只是"0蔗糖","糖"是各种单糖和二糖的统称,除了蔗糖,常见的还包括果糖、麦芽糖、乳糖、葡萄糖等。所以,商家把"0蔗糖"说成"0糖",其实就是在偷换概念。

此话题一出,立刻引起网络热议,元气森林被推向了风口浪尖!

4月10日,元气森林官方以"一个迟来的升级"为标题向消费者致歉(见图5-5)。然而,它的这种"提醒式道歉"并不能抚平消费者的愤怒,许多网友留言称:"道歉有用吗?我的肥肉不接受道歉!"

元气森林

一个迟来的升级

所有喜欢元气森林乳茶的朋友们,对不起。
我们在元气森林乳茶的产品标识和宣传中没有说清楚0蔗糖与0糖的区别,容易引发误解。通过最近的努力,我们对乳茶做了以下修正升级:

从2月4日起生产的大部分元气森林乳茶和3月18日起生产的全部元气森林乳茶,包装从原来的"0蔗糖 低脂肪"改为"低糖 低脂肪"。
从3月20日起生产的全部元气森林乳茶,原料中不再含有结晶果糖。

感谢所有喜欢乳茶的朋友们,元气森林以后会做得更好。
再提醒一下,乳茶有奶所以是有糖的。

元气森林
2021年4月10日

图 5-5 元气森林公开回应

元气森林这种玩文字游戏的行为，甚至引来了新华社的官微点名。品牌的市场美誉度大打折扣！

那么怎么道歉才算有诚意呢？

实际上对于这一问题的评价标准，不在于犯错者这一方，而在于"受众"这一方。也就是说，让"受众"认为你有诚意，你的道歉才算有诚意；如果说你的道歉自认为很诚恳、很到位，但公众并不买账，那也无济于事。

认同了这一点，接下来我们再看，公众怎么样才能认为犯错方的道歉是有诚意的呢？

其实，在负面舆论当中，公众内心深处会有一种潜在的情绪，期待犯错方会有人受到惩罚，以此来验证自己的言论起到了作用！然而这种潜在的情绪往往会被危机处理者忽略！因此我们说，道歉最终能不能成功、能不能被受众所接受，一个重要的评判标准就是，你有没有让受众知道你为此付出了足够的代价和教训。

2020年疫情暴发，全国2亿多学生只好在家里上网课。一夜之间，幼儿园、小学、中学、大学，以及学生、老师、家长，大多成了钉钉新用户。有数据显示，全国共有2万多所学校的1200万人通过钉钉学习。2020年2月5日，钉钉的下载量首次超越微信，跃居苹果App Store排行榜第一位。随之而来的一幕则更具戏剧性：被迫在家用钉钉上网课的中小学生为了发泄不满，呼朋引伴涌进各大应用市场集体给钉钉打一星，试图令其下架。钉钉App评分从最初的4.9分，连续5天下滑，降到了1.3分。

从2月14日开始，钉钉进行了一系列公关活动，先是在微博上贴出图片求放过，"前世500次回眸，才换来你我今世相逢""我还是个 5 岁的孩子，求求手下留情""我知道，你们只是不爱上课，但别伤害我，拜托拜托"。随后，其他阿里家族成员倾巢出动前来声援。淘宝直言，"大家看在我的面子上给小钉多打两颗星吧"；支付宝帮忙求情，"网络一线牵，珍惜这份缘！5 星好评就别分期了，一口气整上吧"；天猫也表达了对钉钉的同情，"心疼我家钉钉，抱抱"。

在微博上打完求情牌之后，钉钉转战 B 站开始打人情牌。先是把压题图片上的文字换成了"生活不易，钉钉叹气"；接着，钉钉的程序员在 2 月 15 日发布了一条短视频："所有男生女生们注意了，这些单词，你们都给我背下来好吗！""所有同学注意喽，这道题一定会考，给我背它，背它！"短短 21 秒，惟妙惟肖，笑果十足。

至此，钉钉彻底摆脱了之前严肃、高冷、木讷的官方账号形象，成功转型。2 月 16 日晚上，钉钉在 B 站和微博同步发布了一条在线求饶的视频"钉钉本钉，在线求饶"，随后钉钉更是连续放出一大波"鬼畜"视频，让小朋友们觉得非常亲切和讨喜。

钉钉的这次危机来势凶猛，如果不能妥善应对，必然导致严重后果。欣慰的是阿里发动了家族各个产品品牌在互联网上一起为钉钉解围。首先，从微博到 B 站，钉钉每一次发声时，都会出现阿里系其他产品的身影。淘宝、天猫、盒马、阿里云，甚至阿里巴巴都亲自上阵，和钉钉进行个性化和人格化的互动。其次，钉钉用"卖萌求饶"的方法，把自己拟人化成一个 5 岁的小孩，拉近了和小学生的距离。最后，钉钉通过此次危机，增强了产品的应用性，提高了在不同类型用户中的接受度，消除了系统不稳定等潜在的隐患。

学生们看到钉钉付出了足够的代价和教训，不再忍心对钉钉下手。五天之后危机化解,整个过程充分体现了阿里和钉钉因势利导、诚意沟通的原则。

另外需要注意的就是,在道歉过程中还是要将公众的情绪关注到底。有些时候,这件事看似跟网民个人没有什么直接的利益关系,但是网民内心却因此事隐匿着失望或气愤的情绪。这种情绪如果没有得到彻底的安抚和化解,它始终是一股潜在的风险。换言之,对潜在情绪的化解程度决定着舆论的趋势是降温还是升温!

俞敏洪"女性堕落"言论事件

2018年11月18日,新东方教育集团的董事长俞敏洪在一个大会上,在论证"衡量和评价的方向,决定了教育的方向"时举了一个例子,说:"如果中国所有女人挑选男人的标准,都是要求男人会背诵唐诗宋词,那么所有男人都会把唐诗宋词背得滚瓜烂熟;如果中国所有的女人挑选男人的标准变成了,中国男人会赚钱,关于他良心是好是坏,我不会去多管,那所有的中国男人都会赚很多钱,但他们的良心不好。我们常常说一个国家到底好不好,女性就是这个原因。现在中国是因为女性的堕落,导致了整个国家的堕落。"

此言一出,舆论一片哗然,网络媒体更是以"俞敏洪:女性的堕落造成中国的堕落"为标题报道此事。当天晚上此话题便迅速被推上了各大新闻平台的热搜榜。紧接着,在新浪微博坐拥一千余万粉丝的演员张雨绮,直接发文怒怼俞敏洪(见图5-6),随着娱乐人物的参与,舆论开始沸腾。

> 张雨绮
> 11-18 20:32 来自iPhone客户端
>
> 我只能说 北大的教育和新东方的成功都没能帮你理解女性的价值没让你能理解什么是平等的两性关系 甚至没帮你搞明白什么是平等 @俞敏洪

图 5-6　演员张雨绮发微博指责俞敏洪

意识到问题严重的俞敏洪，迅速完成了三个动作。

第一，11 月 18 日晚上，他在自己的微博上道歉，并将自己的原意重新进行了阐述，坦诚地承认自己的错误（见图 5-7）。

> 俞敏洪
> 11-18 21:58 来自 HUAWEI Mate 10
>
> 今天我在某个论坛上阐释"衡量评价的方向决定了教育的方向"这一论点时，用了女人找男人的标准做例子，由于没有表达好，引起了广大网友的误解，在此深表歉意。我想表达的真正意思是：一个国家的女性的水平，就代表了国家的水平。女性素质高，母亲素质高，就能够教育出高素质的孩子。男性也被女性的价值观所引导，女性如果追求知性生活，男性一定会变得更智慧；女性如果眼里只有钱，男性就会拼命去挣钱，忽视了精神的修炼。女性强则男人强，则国家强。🙏🙏🙏

图 5-7　俞敏洪微博道歉

第二，在第三天一大早，他主动跑到全国妇联那边向妇联的领导和同志们道歉。这次的道歉自我检讨得更为深刻，并主动接受了妇联同志们的批评教育！

很多人不太理解，作为一名企业家，为什么要跑到妇联？他的这一动作甚至遭到一些朋友的嘲笑。然而，我们看到这封道歉信随着在全国妇联主管的中国女网上的刊登（见图 5-8），舆论对俞敏洪批评的声音渐渐减弱，毕竟这种道歉的意识和姿态确实超出了公众的意料。如果说第一次微博道歉是"请罪"的话，那么这次到全国妇联的登门道歉无疑就是"负荆"了。

各位朋友好!

这两天,我看到听到大家的批评意见,深感不安和自责。特别是在全国妇联有关负责同志的批评帮助下,我深刻认识到,前几天在某个论坛上针对女性的不当言论是极其错误的,反映了我性别观念上的问题,对女性不够尊重,没有认识到男女两性都应该在家庭和社会中承担责任和义务。事实上,绝大多数女性都在勤勤恳恳、兢兢业业地努力奋斗,为家庭的幸福、国家的发展作出了重要贡献。在此,借中国女网,向广大女同胞再次表示深深的歉意。我一定汲取教训,加强对两性平等思想的学习,在新东方内部积极营造男女平等的企业文化。同时,我将借助新东方教育平台,大力宣传以男女平等为核心的先进性别文化,宣传女性在经济社会发展中的重要作用,为中国的男女平等事业,为实现中华民族伟大复兴的中国梦贡献自己的一份力量。

图 5-8 俞敏洪中国女网道歉信

当他的这个动作出来以后,俞敏洪和新东方的舆论危机有了明显的缓和。当然,一次成功的危机处理,要将受众的最后一点隐藏的情绪关注到底。

于是,他在三天后又以新东方企业的名义再次发表致歉信,并在信中提出要在新东方教育集团内部发起关爱女性员工的活动,自己拿出一千万元,然后由新东方的董事会特批一千万元,成立一个两千万元的"女性员工关爱成长基金"。

随着这一消息在媒体上的传播,俞敏洪和新东方的品牌形象得到了及时的修复。如果说这次舆论危机的根源就在论坛演讲台上的话,拿出他的演讲收入作为代价,也并没有什么违和感。

公众看到俞敏洪和新东方受到了应有的"惩罚"。这一次因错误言论而引发的舆论危机随着俞敏洪微博道歉、登门道歉、追加道歉这三个及时的道歉而得到了完美的解决,得到了女性群体的谅解,同时也为新东方以后遭遇更大的危机,排除了更多声誉隐患。

3. 谁来道歉

在不同的危机事件处理过程中,对外发声的级别各有不同。

我们以金融系统为例。2021年2月8日,银保监会发布了《银行保险机构声誉风险管理办法(试行版)》,其中就明确规定了银行保险机构承担声誉风险管理的主体责任问题,并对机构各层级、各部门的工作责任进行了明确,力图解决声誉风险管理与业务经营发展"两张皮"的问题。

我在给各银行保险机构做危机管理培训时也了解到,不同的金融机构,其对外发声回应的级别不尽相同,比如中信银行,各支行网点是没有对外回应权的,必须上报到分行进行处理,也就是说发生负面舆论危机时,分行领导负责对外发声;再如浦发银行,则是由分行办公室统一管理舆论声誉,由一名副行长负责媒体发声。

其实银保监会发布的这个办法极为重要的一点,就是规定了董事会、监事会、高级管理层、声誉风险管理部门、相关职能部门、分支机构和子公司的职责分工,并要求构建组织健全、权责清晰的声誉风险治理架构和相互衔接、有效联动的运行机制。这对有效处置舆论危机事件,有着至关重要的作用。

在过往的经验中不难发现,一些组织或机构对外发声的职责不明确,进而导致口径不一,甚至出现相互矛盾的情况,即便是公开道歉,也极易引发公众误解,给人留下管理混乱的负面印象。

在负面舆论事件处理过程中，尤其是需要对外公开道歉时，我们的建议是：

首先考虑第一责任人发声道歉。

第一责任人对事件更为了解，或者就是事件的当事人，因此更容易赢得公众的理解。

中建八局第一建设公司工程点欠餐费事件

在 2021 年 12 月 23 日，中建八局第一建设公司的一个建筑工程点引发了一次负面舆情。承包这个工程点的一个包工头王先生在施工过程中，假借中建系统的身份拖欠了附近一家饭店两万多块钱的餐费。饭店老板多次向他索要欠款无果，于是拨通了广东广播电台民生热线栏目的电话。栏目主持人随即拨通了这位"经理"的电话，结果电话刚接通却被"经理"质问：媒体算什么？然后挂断电话失去联系。

"中建八局作为央企，干着上亿元的建筑项目，却拖欠饭店的两万多块钱，你饭都要吃不起了，还干什么工程？"随着媒体的发问，中建八局在网上受到公众广泛质疑。

在这一事件的处理中，我们看到第二天这个欠款的"王经理"主动联系媒体进行道歉，并对假借中建八局第一建设公司工程点经理身份一事进行了澄清和道歉，向饭店老板还钱并道歉。事情得以解决，媒体进行追踪报道并给予了客观评论，中建八局得到了公众的谅解。随后，中建八局在自己的官微上发表了情况说明（见图 5-9），有效避免了更严重的舆论风波。

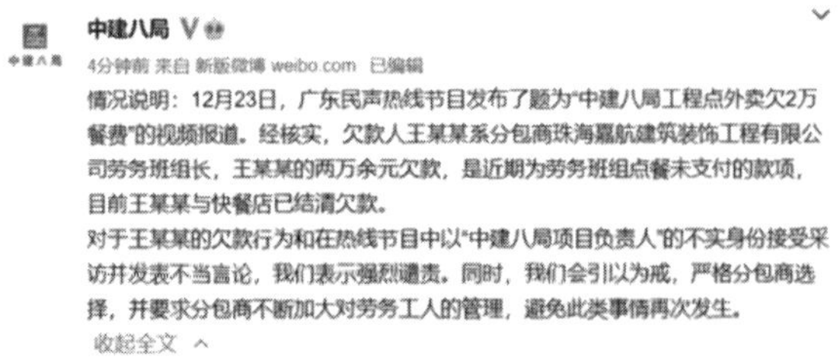

> 中建八局 V
> 4分钟前 来自 新版微博 weibo.com 已编辑
> 情况说明：12月23日，广东民声热线节目发布了题为"中建八局工程点外卖欠2万餐费"的视频报道。经核实，欠款人王某某系分包商珠海嘉航建筑装饰工程有限公司劳务班组长，王某某的两万余元欠款，是近期为劳务班组点餐未支付的款项，目前王某某与快餐店已结清欠款。
> 对于王某某的欠款行为和在热线节目中以"中建八局项目负责人"的不实身份接受采访并发表不当言论，我们表示强烈遗憾。同时，我们会引以为戒，严格分包商选择，并要求分包商不断加大对劳务工人的管理，避免此类事情再次发生。
> 收起全文 ∧

图 5-9　中建八局官方微博情境说明

其次考虑的是二把手发声道歉。

一般情况下，在危机处理中，都是先由一名副总裁级别的人物来负责对外发声。原因有两个：一是副总级别较高、专业性较强，对外有一定的说服力；二是对组织来说有一定的回旋余地，如果副总没回答好相关问题，最高层级的领导还可以出面弥补。在2022年"3·21"东航坠机事件中，国家应急管理部、中国民航局、广西壮族自治区政府办公厅都做出了紧急救援和善后部署。在召开新闻发布会时，东航云南公司直接派董事长兼党委书记出席。这位企业的一把手在面对路透社记者的提问时，却答非所问。这么不专业、不真诚的回答，立刻引来网友的一阵唏嘘。在随后的新闻发布会中再也看不到他的身影。

再次就是上级主管部门或企业的最高领导人发声道歉。

一般这种情况就是上级部门负有领导或监管责任。例如，"5·22"甘肃景泰越野马拉松比赛事故，白银市长出面道歉；老乡鸡被媒体曝光有1.6万员工未缴社保，董事长录视频道歉。

4. 何时道歉

最后一条说说什么时间道歉的问题。

危机处理需要在速度、态度、角度、气度和制度五个方面加以综合考虑。速度无疑是放在第一位的，也就是说反应的速度越快越好。但危机处理中的"反应"绝不等于是"回应"。那么如果确定需要进行公开回应？需要公开道歉了，什么时间道歉最好？所谓的黄金时间到底有多长呢？

自媒体的传播速度越来越快，要求对危机的反应速度也要分秒必争。2019年10月10日18：20左右在无锡市内312国道上海方向K135处，一段高架桥突然侧翻，现场有5辆车被压，路过市民拍摄的视频，仅仅半个小时便传遍各朋友圈和微信群。

2022年5月21日奥迪汽车发布的小满广告，经"北大满哥"在抖音上公开证实整段文案都是抄袭他去年的小满文案。不到一个小时的时间便登上了各大平台的热搜榜！

对于危机事件的反应速度，无疑考验着危机处理者的综合能力，反应的速度越快，越利于危机的处理。从判定需要道歉，到正式发布道歉信息，能用十分钟解决的，就不要用半小时处理，能用一小时公布的，就不要用一天的时间等待！

| 第五节 | 给危机提供一个参照物

> 海浪如云去却回，北风吹起数声雷。
> 朱楼四面钩疏箔，卧看千山急雨来。
> ——《西楼》宋·曾巩

发生在我们身边的许多负面舆论事件中，往往是一个热点替代另外一个热点，另外一个危机解救了现在的这一个危机。比如，

2022年3月15日下午，上海市税务局第四稽查局发布通报，披露演员邓伦偷逃税款、虚假申报等违法事实，并对邓伦追缴税款、加收滞纳金并处罚款，共计1.06亿元，舆论热点立刻聚焦在邓伦身上，正当事件将要进一步发酵时，央视"3·15晚会"曝光"老坛酸菜卫生事件""医美培训乱象"等诸多问题，舆论热点瞬间发生位移。同样的原理，江南布衣童装被指设计低俗的舆情，正好遇到了孟晚舟回国从而被覆盖。

正如许多危机公关咨询公司在帮助客户处理危机时戏称的那样，解决危机的不是我们，而是别人出的事儿比我们的大！当然，这种盼着别人出事的心理，不是危机处置的正确打开方式，但是作为舆论战的一种打法，这种以危化危的策略，确实是一种危机解决思路，甚至在西方的政坛中是政党间舆论战的常用手段。我们不妨来看一下美国前总统特朗普如何使用这种策略打法。

2020年特朗普在美国第59届总统选举中，最终以232张选举人票败给了获得306张选举人票的拜登。心有不甘的特朗普接连质疑选举过程涉嫌造假，导致他的支持者异常躁动，最终在2021年1月6日引发美国国会山骚乱事件。

这起事件到底是"特粉"的自发行动，还是特朗普的幕后操控，舆论中不得而知。

2022年8月8日，美国联邦调查局（FBI）突然全副武装冲入特朗普居住的湖海庄园，搜查了他家，并强行打开了他的私人保险柜。此次行动的核心目的当然是掌握特朗普的违法证据。此事一出，立刻成为全球关注的一个焦点，特朗普也成为美国历史上第一位被"抄家"的前总统！

特朗普随后接受检方的问询，结果他利用美国宪法第五修正案保护自己，只说了一句话"我是特朗普"，然后就保持了沉默！接下来我们看到，FBI对特朗普指控涉嫌三项违法内容，最高可能面临30年的监禁。面对这样的说法，特朗普的回应是："把我的东西赶快给我还回来，你这是政治迫害！"

很明显，特朗普的打法是不在"我的问题"上纠缠，而是在"你的问题"上反扑。面对FBI的调查，你自己说没事别人不会信，即便是真没事也不会有人信，所以在"我的问题"上打舆论战必输，这好比在自家客厅里打架，即使你打赢了，打碎的家具也是你自己的损失。所以聪明的打法是制造"你的问题"，拉到你家的客厅里去打。打输了我走，打赢了我可以照单全收！

紧接着特朗普开始了第三步——调查FBI的局长克里斯托弗·雷，你不是使用过政府飞机去私人旅行吗？你到底干吗去了，是公机私用还是利用职务便利？给我查，彻底查！其实最后调查的结果无所谓，关键是要给对手制造一个危机。

特朗普面对FBI的公开调查，成功地将一场政治围猎变成了他与FBI局长的私人恩怨。打舆论战，"事实"没有"是非"抢眼，"是非"没有"恩怨"畅销！全美网民迅速从特朗普是否违法的问题上，转向了他与克里斯托弗·雷的私人恩怨。

这种"以危化危"应对策略，在我们的中医疗法中叫"以毒攻毒"，在我们的森林消防中叫"以火灭火"，其理念是相通的。中医的以毒攻毒就是用毒药来治疗病人体内的毒疮疾病。讲到"以火灭火"，我们可以看一个真实案例：

2022年8月18日上午十点左右，重庆市北碚区发生森林火灾。

火势凶猛,当地消防部门联系外省消防力量和重庆市民志愿者,连续扑救了6天都没能有效控制火势。

当大家全力救火但都收效甚微的时候,有人提出用"以火灭火"的方法进行扑救。这种方法的关键步骤在于由人工点燃火头(火线)与相向烧来的林火对接,使结合部骤然缺氧失去燃烧条件,从而达到灭火的目的。这一方法效率虽高,但必须有经验丰富的指挥员进行组织部署,如果盲目采用以火灭火的方法则容易造成更大的火灾或人员伤亡。

我们来看一下,这一次实战灭火的周密部署:

(1)选择有利地形,将林间道路、小溪、防火线、山脊作为火线点;

(2)做好点烧前的各项准备工作,点火器、灭火工具同时配备,清点人员并及时疏散无关人员;

(3)人员分组,明确点烧组、扑救组、清守组的职责和任务;

(4)彻底清理余火,确保不跑火、不复燃、不留隐患;

(5)控制好点烧火的发展方向,稳步推进,确保达到以火灭火的目的。

我们可以将此次灭火的部署总结为五个方面:地形(形势)、工具、分工、监察、管控。其实这也是危机管理的五个重要方面,也就是要从形势上判断处理危机的路径,从工具上配备有效手段,在人员分工上要责权清晰,在监察督导上要不留死角,在目标管控上要掌握方向!

案例延伸一：饿了么大先生的"逆天"操作

2016年央视"3·15"晚会曝光国内送餐平台饿了么存在引导商家虚构地址、上传虚假实体照片，甚至默认无照经营的黑作坊入驻等违规行为。

饿了么是一家发展迅猛的互联网创业公司，因其用算法极大解决了外卖快餐配送的难题，受到年轻互联网用户的欢迎，成为一家明星企业。央视"3·15"晚会对其曝光后，网络舆论持续发酵，多地市场监管局也迅速介入调查。正当许多网友认为这回饿了么命悬一线时，反转出现了。饿了么某市场部经理用"饿了么-大先生"账号发配图博文回怼央视（见图5-10）。

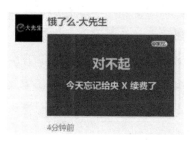

图5-10　饿了么-大先生账号发文

有人认为这个"大先生"的"逆天"操作，属于个人行动，未必是饿了么企业的真实意图。其实通过图片的设计来看，恐怕不仅仅是个人的意愿，而更像是公司的操作。问题的关键点在于，饿了么平台上虽然有无证经营的商户，但确实能给消息者带来实惠的快餐，解决了一般工薪阶层的吃饭问题。这也让饿了么对抗央视"3·15"调查，有了可操作的空间。

这样的操作无形中与央视拉广告赞助的事做了对比，大家也知道，广告投放与媒体曝光之间，拉赞助几乎成了媒体行业的一条潜规则。这个时候挑明，公众的视线自然就转移到央视的"黑料"上来了。

当然，也有人分析说这次饿了么的做法是个败笔，没有转移视线，反而引火烧身。其实，对于舆论公关的成功与否，我们看最后的结果便自见分晓。此次事件之后，饿了么的发展和市场口碑并没有急转直下，反而是稳扎稳打成了外卖行业的巨头。

案例延伸二：2018年滴滴出行整改事件

在2018年8月24日，滴滴顺风车发生了第二起乘客遇害事件，离第一起恶性事件过去只有短短的三个月时间。

这次发生在浙江乐清的女乘客遇害事件立刻引起了全国舆论的高度关注，问题的核心直指滴滴出行的安全性问题，进而引发了网约车法制法规管理的大讨论。

8月27日，滴滴最赚钱的顺风车业务下线关停，随后，国家交通运输部、中央政法委、中央网信办、国家发改委、工业和信息化部等10个部门人员及相关专家组成的检查组进驻滴滴公司进行彻查。

这家有着千亿估值级别的"独角兽"公司，一时间陷入生死边缘！

正当网络流言和公众指责持续发酵的时候，滴滴决定从9月8日开始进行暂停为期一周的深夜约车服务。结果，在这一整改措施实行的第一天，一线城市的主要商圈就出现了大量市民滞留、打不着车无法回家的情况。紧接着，北京的街头黑车泛滥，给城市管理带来巨大压力，乘客的交通风险进一步提升。

面对此次的整改问题，滴滴的公关能够明显看出"以危化危"的操作策略。

| 第六节 |　**给舆论提供一个新议题**

唱彻《阳关》泪未干，功名馀事且加餐。浮天水送无穷树，带雨云埋一半山。

今古恨，几千般，只应离合是悲欢？江头未是风波恶，别有人间行路难！

——宋·辛弃疾《鹧鸪天·送人》

危机往往突如其来、异常凶猛，涉事主体难推其责。涉事主体除了真诚致歉、迅速弥补以外，还要展开各种形式的自救。比如，要想尽一切办法避开舆论的旋涡！大家知道水流中有漩涡，漂浮在水上的物体会被瞬间淹没；在气流中也有旋涡，比如风暴中的风眼，其威力巨大，能把汽车吹上天，能将房子掀破顶。那么接下来的问题是，如何才能避开舆论的旋涡，成功展开自救？

很多时候我们发现，做舆论引导就是在打一场舆论战。舆论战的打法也有自身的战略、战术。这种战略战术的核心叫作"议题"！设置了什么议题，就等于选择了什么舆论战场。采用不同的议题，会出现截然不同的效果，如果在对方的战场对决，吃败仗的概率就会增大，甚至会出现明明占据优势但最终败下阵来的局面。例如，朱军与弦子事件中，作为央视的著名主持人，遭弦子状告"性骚扰"，即便他坚持"清者自清，相信法律"的信念，最终赢得了官司，还是在舆论中输掉了名声。再如韩寒与方舟子的论战，韩寒无疑陷入了方舟子构陷的一个话题之中，无论再怎么澄清自己的作品不是父亲所代写，方舟子也总能找到各种理由来质疑。很明显，"韩寒的成名作由他父亲代写"的议题是方舟子的舆论阵地。

所以，开展舆论战，选准一个有利于自己的议题，在自己的舆论阵地作战，更利于获胜。我们可以借用黄光裕团队的舆论公关操作进行分析！

国美控股黄光裕的舆论公关

从 2004 年到 2008 年，黄光裕曾三次被评为中国首富，可谓是家喻户晓的明星企业家。2006 年 11 月，国美电器成功并购深圳的永乐电器，原来永乐电器的董事长陈晓成为国美控股的总裁兼 CEO，与身为国美创始人和董事局主席的黄光裕搭档，并拥有香港上市公司国美 35.55% 的股份。并购成功之后，国美的股价一路飙升，黄光裕和陈晓也成为商业财经媒体的宠儿，两人被媒体誉为黄金搭档。

2008 年 11 月危机发生了。黄光裕因经济案件被北京海淀警方带走，两年后被宣判有期徒刑 14 年，并被罚巨额款项。黄光裕从事业的巅峰时刻瞬间跌入了人生谷底。此时接替黄光裕管理公司的陈晓被外界寄予厚望。

在陈晓积极的运作下，国美控股吸引来了美国的著名战略投资者——摩根士丹利和贝恩资本。陈晓希望以此来稀释黄光裕的股份，从而达到改变股权结构，最终掌控国美的目的。

正当大家以为陈晓最终会领导国美电器的时候，黄光裕突然在狱中委托其律师向国美董事会发函，要求国美董事局罢免陈晓。曾经被誉为黄金搭档的黄陈二人矛盾正式公开化！

而此时的陈晓，只要再获得 4.57% 小股东的支持，便可取得国美电器的实际控制权，从而将大股东黄光裕从董事局主席的位置上踢出局。

这对于黄光裕来说，是一场比入狱更为可怕的危机。

如果从公司管理和股权运营的角度上来说，陈晓无疑占据优势，或者可以说是稳操胜券。但结果我们都知道，陈晓最终出局，国美的实际控制权重新回到了黄光裕手上，由他的妻子杜鹃代为掌管。

那么在这场争斗中，黄光裕采取了哪些舆论公关的策略呢？

第一，黄光裕一方并没有直接从国美公司管理上谁更有能力展开舆论战，而是连发 11 篇文章，核心只讨论一个问题：中国民营企业到底适不适合西方的职业经理人制度？

这一下击中了所有民营企业家的痛点，同时也将舆论议题从企业运营转移到了黄陈两个人的恩怨上来。在谁能够更好地运营国美这个议题上，很明显身陷囹圄的黄光裕比不过自由身的陈晓；然而，在议论这个问题之前，还可以先问另外一个问题：国美电器到底是谁的？职业经理人和企业的创始人到底以谁为主？这家企业到底是"东家"的还是"管家"的？

随着二人的矛盾公开，亟须得到公众支持的陈晓，被这一问题绊住了脚。要知道在舆论的争战中，"事实"没有"是非"抢眼，"是非"没有"恩怨"畅销！随着这一议题的舆论发酵，作为国美控股"管家"的陈晓要将"东家"踢出局的企图，逐渐清晰地摆在了公众面前，并遭到了公众的质疑和反对。许多网友认为这种做法是落井下石，这种不仁不义的行为与传统道德观念完全相悖。舆论的风向就此产生反转，黄光裕很快取得了国美员工、小股东以及媒体和公众等各界力量的支持！

第二，弱女子临危受命。黄光裕妻子杜鹃，一举扛起国美集团的大旗，捍卫黄家的资产，感动无数网民。舆论上更有"网友"替她写出各种壮志名言，俘获了更多相信爱情的左右摇摆的围观网民。

第三，黄光裕在狱中写了自己的悔过书、致歉信，进一步博得了公众的同情，更加坚定了小股东对自己和黄氏家族的信念与支持。

在这样的舆论环境之下，本来稳操胜券的陈晓一方，即使投入2000万元进行公关造势，也没能获得多少公众和股民的支持。最终黄光裕还是国美的最大股东，掌握着国美的实际控制权，陈晓则低价出售自己手上的股份，从此淡出了公众视野。

美国传播学之父李普曼在1972年提出了"议程设置理论"，他在这一理论中强调：大众传播虽然不能决定人们对某一事件或意见的具体看法，但可以通过提供信息和安排相关的议题，来有效地左右人们关注的事实和意见，以及他们谈论的先后顺序。

在上面的这个案例中，我们不难看出，黄光裕团队仅向舆论提供了一个"中国民营企业适不适合西方的职业经理人制度"的议题，就影响了公众到底是先支持黄光裕还是先支持陈晓的行为和意念。

黄光裕于2021年2月16日正式获释，2月18日他以国美创始人身份发布《拼搏奋进，再攀高峰》内部讲话，发出"要让国美18个月翻身"的壮志豪言，引来诸多媒体的评论和转发。黄光裕不仅是名人更是富人，但我们看到，在这次重大的危机事件中，他并没有引发公众的仇视心态。这种极其罕见的现象，应该归功于他团队中高超的公关运作和长期坚持不懈的议题设置与舆论引导。

案例延伸：央视曝光"土坑酸菜"事件，白象方便面借势成功出圈

2022年央视"3·15"晚会上，曝光了湖南插旗菜业老坛酸菜生产过程中的卫生问题，在曝光的镜头中我们看到，工人直接光脚踩在酸菜上工作,甚至把烟头直接扔到酸菜坑里。而这样的酸菜将有部分运往方便面的生产车间。

消息一出,网络一片唏嘘,一场信任危机席卷整个方便面生产行业。康师傅、统一、今麦郎三大方便面巨头纷纷出来致歉或试图撇清关系。白象方便面作为国产品牌也未免受到冲击,即便在自己的官微上发布了"没合作、放心吃,身正不怕影子斜!"的声明,还是有网友搜出了白象早年间与湖南插旗菜业合作的信息。

在"使用老坛酸菜是否卫生"这个议题上,任何方便面企业都无法完全摆脱央视"3·15"晚会曝光的影响。因此,重设议题是挽回公众对品牌信任的当务之急。

随后我们看到,白象这家看似小众的方便面国产品牌,突然被网友揭开了四大优势:

(1)坚持做本土品牌。白象拒绝日资收购,保住了国产方便面独苗,曾被央媒盛赞为"铁骨铮铮的民族企业"。日企曾向白象抛出过橄榄枝,开出了提供更先进的设备、更优质的配料、更稳定的资金链和更好的宣传等诱人价码,但白象拒绝了日资入股,坚定地拒绝了所有外资,坚持打造国产品牌,增强了国人的品牌自信。

(2)用料放心。去网上查阅白象方便面的词条,可以看到白象方便面的核心技术明明白白地写在上面。根据天眼查平台中食品安全信息数据显示,白象方便面的抽检记录是百分百合格,这其中还包括了其对外投资的公司以及分公司被抽检的产品。

(3)为残疾人提供就业机会。白象的员工三分之一是残疾人,白象多年来一直坚持聘用残疾人,而且他们与正常员工享受同样的薪资待遇。白象承担起了社会责任,减轻了残疾人家庭的生活负担,这无疑在社会舆论中极易获得尊重和赞誉。加之当时2022北京冬季残奥会刚刚落幕，残疾人自强不息的精神更是在社会中得到了广泛的传播。

（4）慈善捐款。作为本土品牌，白象一直秉承着"一方有难，八方支援"的信念。据不完全统计，白象公司用于慈善活动的捐款额高达3000多万元，这还不包括白象在各项慈善活动中贡献的人力物力。之所以这些捐助没有广为人知，在于其企业内部明确"实实在在帮助受灾群众，不得为了宣传去救灾，救助了也不一定要宣传"，这些宗旨可谓是真正对得起"中国品牌"四个字。

这个优势议题迅速在网上传开。在了解白象对社会的贡献之后，广大网友纷纷闯入直播间进行了一波"野性消费"，并喊话："有你们标志就行。""发个盒子来就行，面条我自己做。"因此在"酸菜"事件后，白象方便面七天销售额破千万元，俨然成为新一代网红产品。

在"议题重设"这一策略中，我们稍做小结：

（1）做舆论引导要注意，事实真相≠公众认知。事实的真相有很多面，而公众认知只在于一个方面，当事实真相与公众认知出现冲突时，我们应该首先考虑如何以公众的认知为重。

（2）公众只相信自己愿意相信的，只知道自己想要知道的，因此舆论公关的根本目的在于修正公众认知，争取公众信任，而非争辩事实。

（3）设置什么样的议题=营造什么样的舆论，要在自己的舆论场里论战，不要试图跟公众以理据争。

|第七节| 先说人话，再说官话

> 人恒过，然后能改；困于心，衡于虑，而后作；征于色，发于声，而后喻。
>
> ——《孟子》

"还没被谣言击中过的企业，说明你还不够成功！"这虽然是网上流传的一个段子，却在某种程度上说明了企业发展过程中面临的窘境。"风起于青萍之末，又止于草莽之间！"谣言看似轻飘飘，然而威力猛于虎，需时刻警惕！当今的自媒体环境下，信息往往真假难辨，有的是出于消费者误解，有的则是竞争对手有意为之，经常令企业苦不堪言。

我们在前面"危机如何识别"的篇章中提到了"诬告情境"，也就是说，当涉事主体受到谣言的攻击、外界诬陷或恶意中伤等类似情况时，应当采取告知实情进行事实澄清的策略。在采取事实澄清策略的过程中，大家要做好三个方面的注意事项：

（1）追根溯源，做好舆情监控；

（2）官方回应，增强主体权威；

（3）语言得体，利于对方接受。

接下来我们用案例进行说明：

工行官微辟谣，微博大V主动道歉

中国工商银行（简称"工行"）在过去很长一段时间里，被网友戏称为"宇宙之行"，因为其体量大、业务多、柜台办理业务的排队时间长、服务态度差等，曾在网上被长时间吐槽和投诉。工行的英文缩写 ICBC，被网友调侃称是"爱存不存"。

从 2007 年起，工行提出一系列整改措施，包括承诺柜台排队时间不超过半小时，加强员工培训，全面提升服务质量，等等。持续整改，狠抓服务质量，工行的品牌声誉不断提升。

2019 年 2 月 18 日晚上六点左右，在新浪微博拥有 320 余万粉丝的博主路金波，突然转发了一篇"三个土豪"的长图，引发舆论关注。

图文上说，在西安某街头停着一辆没上牌的保时捷跑车，已经停了一年多，车上净是尘土树叶。那么好的车，新买回来就扔到了路边，看来车主肯定是个土豪（见图 5-11）。

图 5-11 停在街头的保时捷跑车

紧接着第二张图片说，这辆保时捷跑车车主不算是土豪，相比之下被他堵住的宝马车主更土豪。保时捷跑车在路边停了一年多，宝马车也被堵了一年多，看来宝马车主也是个土豪（见图 5-12）。

第五章　应对负面舆情的 13 条公关策略

图 5-12　保时捷堵住宝马车

第三张图片把谜底揭开了，警察叔叔来了，事情原因搞清楚了。原来两车车主产生了冲突，由于宝马车主打了保时捷车主，于是保时捷车主一怒之下将宝马车堵死在墙角里，这一堵就是一年多（见图 5-13）。

图 5-13　工商银行两个门头

原因找到，故事按说应该结束了，但是又有网友有了新的发现。他们认为保时捷的车主和宝马的车主都不算土豪，真正的土豪应该是工行。因为这两辆车挡住了工行的大门，你看人家工行，二话没说，直接在旁边又新开了一家。

这个图文当然是流传在网上的一个段子，但是这个段子极具传播性，会让许多不明情况的网友误以为工行财大气粗，如果任其传

171

播下去，无疑会给工行的品牌声誉带来负面影响。

工行的舆情监控系统第一时间监测到了这一信息，于是通过自己的官微在路金波的这篇微博下面留言，给予了正面回应（见图5-14）。

图5-14 工行留言辟谣

"路先生，您好。这个谣我们仅在微博上就辟了大概六十多次了，不过没关系，今天我们再辟一次：这两辆车挡住的是该网点的一个不开的侧门，挡在那里的时间也根本没有所谓的一年，2016年1月时就已经被交警挪走了。隔壁再开一家工行？呵呵呵呵。"

最后还配上一个笑脸和"银行的尬"聊话题。

整个回应采用网络语言，语言得体有情有味，内容上说明事实、有礼有节，避免了谣言进一步传播的风险。

当天晚上，博主路金波收到工商的回应后，直接删除了谣言帖子，并发文致歉（见图5-15）。此次舆情迅速降温。

第五章 应对负面舆情的13条公关策略

图 5-15　博主路金波发微博道歉

通过以上案例，我们看得出工商银行的反应迅速，事实澄清准确有效。

随着国家网信办互联网"清朗行动"的持续推进，现在网络环境治理取得了显著成效，网络谣言渐渐缩小了生存空间。但是网民的误解，或者公众人物一句无关紧要的话，可能给企业的形象和声誉带来巨大的影响。

刘慈欣回应电厂写作事件

2019年春节档期，一部国产的科幻电影《流浪地球》登陆各大院线。电影在几乎没有任何宣传的情况之下，凭借其震撼的特技效果征服了观众，引来无数影迷追捧。随着电影的热映，原作者刘慈欣也再次成为舆论的焦点人物。

就在这时，刘慈欣在半年前参加《鲁豫有约》栏目的视频，再次在网上流传开来。当鲁豫问他《三体》《流浪地球》这些科幻小说是在什么地方写的时候，刘慈欣坦诚地回答说：在山西娘子关发电站当技工的时候写的。因为那个时候，国企单位大多是人浮于事，没事干但管得还很严，人必须得去，所以我上班的时候就去写小说。

这段采访，本来是体现刘慈欣早年写作是如何克服困难的，但随着网友的关注度越来越高，就有网友感慨地说：噢，原来大刘上班也"摸鱼"！于是网上关于"刘慈欣上班摸鱼""国企机构臃肿、人浮于事"的话题迅速引发了热议。很多网友看完他的这段采访后认为，现在国企工作效率低下、员工人浮于事的情况依然严重！

这样一来，一个正向的人物专访，却给国有企业，尤其是给电力行业的国企单位造成了很大的公众误解，一场舆论危机朝整个电力企业袭来。

随着舆论的发酵，刘慈欣的发言也引发了一些电力人的不满，认为刘慈欣说的情况并不能代表现在一大部分兢兢业业电力人的工作情况！其实很多人能够注意到，国企20多年的改革成效还是显著的，不能因为这样一个公众人物的议论，抹杀掉两代人辛勤的付出。

与此同时，作为国资委负责对外宣传的新闻中心，也注意到了这一舆论现象。于是由新闻中心负责运营的"国资小新"公众号准备对此事做出回应。

"国资小新"的小编们首次编写了以下内容："正是因为之前国企有很多您这样的人，所以我们才要改革啊……"

这一内容虽然给予了正面回应，但很难消除舆论对国企形象的误解。"针尖对麦芒"很可能造成更大的舆论反弹！那该如何做才能消除舆论误解呢？

最后他们通过商议，做出了回应（见图5-16）。

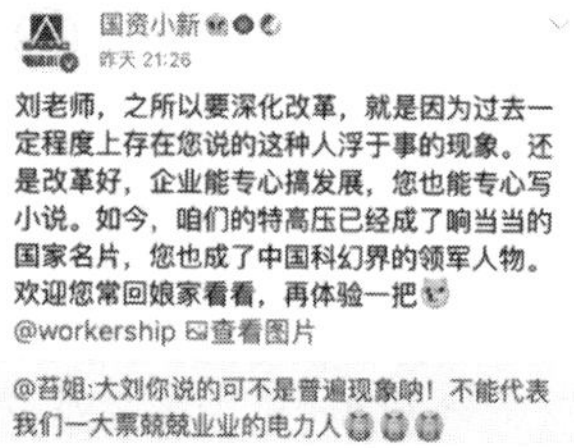

图5-16 国资小新微博回应

这样的回应，立马消除了公众对国企形象的误解，同时巧妙地将"特高压"这个国家品牌技术向公众进行了有效传递。之前很多人不知道，我国的民用电之所以能享受那么低廉的价格，正是因为我们拥有特高压变电技术，顺利实现了西电东输。因此，这样的事实澄清，有力地抵冲了刘慈欣议论带来的负面误解，国资委的"微博点名"也随之登上了热搜榜，引来诸多官方媒体的转载和好评。

在国资委正面回应的 6 个小时后，刘慈欣本人也注意到了国资委的"点名"，并进行了即时回应，最后纠正说现在的企业管理更加高效！刘慈欣回应国资委"点名"的信息又迅速引来网友关注，并再次迅速登上热搜。

6 个小时内，一个话题两上热搜，没花费一分钱的公关费用，并能引来官方媒体和自媒体的双向好评，再次显示出事实澄清在舆论引导中的强大作用！

|第八节| 权威证实是最后一道防线

> 君子防未然，不处嫌疑间。
> 瓜田不纳履，李下不正冠。
>
> ——两汉·曹植《君子行》

当企业遭遇产品质量方面的舆论危机，尤其是遭到误解或谣言攻击时，企业的第一反应是尽快澄清，涉及违法的，就要及时报警。然而，有些时候澄清会让公众认为你这是在自证清白，甚至会越描越黑，公众将你的解释等同于掩饰！

企业遭遇产品质量危机时,一种切实可行的方法是通过"权威"证实。这里的"权威"是指公众可以信服的个人或机构。权威证实可以说是舆论公关中的最后一道防线,如果此时的权威无法赢得公众的信任,那么危机将进一步扩散。

这里需要注意的是,并不是说所有的名人或公共人物都可以成为为你证言的"权威"。比如,在2006年出现的SK-II危机事件中,宝洁公司请该品牌的代言人刘嘉玲出来证言,结果引发公众更强烈的不满,不光使公众失去对SK-II的信任,连同刘嘉玲也捎带了进去。很明显,品牌方和代言人是一致利益人,这样的证明不仅不具有权威性,反而有损自己的品牌信誉。

因此,在诸如此类由产品质量而引发的舆论危机面前,所有可能被公众认为与涉事主体有利益相关的辩护,都属于自证清白。无论是出自企业的资助方、为产品代言的公众人物还是企业的其他关联方,此时的辩护都显得苍白且愚蠢。

能够真正给产品质量危机带来转机的,不是当事企业自我辩护的新闻发布会,也不是企业与媒体的口水仗,而是具有公信方的权威证言和证实。在关键时刻,中立的第三方、公众信服的权威机构说的一句话,要胜过企业的千言万语。

大白兔奶糖甲醛事件

大白兔奶糖可以说是中国老百姓家喻户晓的产品,自1959年上市以来一直深受男女老少消费者欢迎,甚至曾作为国礼赠给访华的外国总统。

而在2006年7月,菲律宾突然发布了一个大白兔奶糖中含有甲醛的检测报告。随后美国、新加坡等国的多家媒体都进行了报道,引起了海内外的强烈关注，招致海外市场和香港、广州等的部分超市做下架处理。

作为厂家的上海冠生园食品有限公司，第一时间联系主管部门一起积极应对。它们首先主动暂停了奶糖的出口，并连夜将产品送往国际公认的上海市权威检测机构和国家质检总局进行测试。同时，冠生园还请来国际公认的SGS权威检测机构对自己的生产线进行检测，用国内和国外，以及本地和外地双管齐下的方式进行全面检测。

同时它们还委托新加坡政府的检验机构进行抽样检验。多方检验结果出来，均得出奶糖中没甲醛的结论。在这些客观公正的权威部门发声以后，冠生园及时召开中外媒体见面会宣布检测结果，并在发布会上请到国家质检总局局长发言，证明了大白兔奶糖的安全性，顿时打消了消费者的顾虑。

大白兔奶糖在产品下架四天后，又重新回到货架，冠生园紧接着宣布连续做七天促销活动，将消费者的疑虑关注到底。这里面我们可以清晰地看到，冠生园公司依靠主管部门进行权威认实的方法，重新取得了消费者的信任！

我们再看其他的企业面对产品质量危机时的行动。

案例一：辽宁绥中县网传"有人往黄豆酱内大小便"事件

2022年9月24日，在辽宁葫芦岛绥中县突然有人发帖子说"有人往黄豆酱内大小便"，生产黄豆酱的佐香园调味品立刻成为大家关注的焦点。

针对这一事件，佐香园立刻报警，并主动联系绥中县市场监督管理局对自己的生产过程进行检查。当天下午，针对网络舆情"佐香园调味品生产过程中有一员工往里拉大便"问题，市场局执法人员对该厂从原料库、生产过程及成品库整个生产流程进行现场检查，并检查原料入厂检验报告、半成品及成品检验报告。

经过检查，未发现食品安全问题，未发现舆论反映的情况。同时通过绥中县委网信办、绥中县融媒体中心相关媒体账号发布了具体的检查情况，公布了佐香园从精选原料到全封闭式的发酵车间，从灌装和全程流水线灭菌再到最后成品包装入库的整个过程，检查鉴定符合国家食品生产安全标准，整个生产过程在监控范围内。

随着绥中县市场监督管理局通过图片和文字对外的说明，再通过警方对造谣者的控制，网上针对佐香园的一场舆论风波被快速化解。权威部门的及时行动和发声，对消弭网络舆情起到了至关重要的作用！

案例二：新疆麦趣尔丙二醇"毒牛奶"事件

新疆麦趣尔是一个"网红"牛奶品牌，因其牛奶的"口感好"而被许多消费者青睐。2022年"618"电商大促之前，某红书平台上被大量宝妈"种草"，同时还荣登了天猫液态奶常温乳制品品牌预售额TOP10中的第一名。

然而"618"刚过，在浙江庆元县市场监督管理局例行抽检中突然发现，麦趣尔纯牛奶有两个批次中出现了丙二醇项目不合格。（丙二醇是一种仅限用于一些面制品、糕点类的食品添加剂，但是在牛奶中添加可以提升黏稠度，从而提升口感。）

消息一出立刻引起消费者恐慌，6月28日，新疆昌吉市市场监督管理局火速对麦趣尔启动核查处置，并依法进行立案调查。

两天以后，麦趣尔纯牛奶不合格的消息冲上微博热搜第一，其股票在当日出现了一字跌停！

7 月 3 日，麦趣尔官方就检出丙二醇一事再次对外公开回应。然而此次回应中麦趣尔先于市场监督管理局的调查结果，公布了自己的调查原因（见图 5-17）。

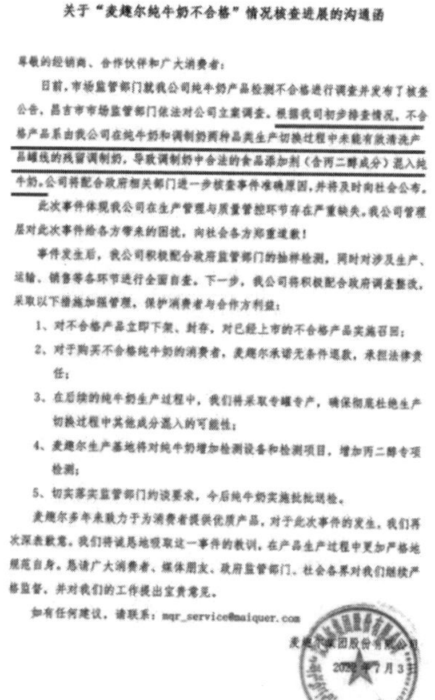

关于“麦趣尔纯牛奶不合格”情况核查进展的沟通函

尊敬的经销商、合作伙伴和广大消费者：

日前，市场监管部门就我公司纯牛奶产品检测不合格进行调查并发布了核查公告，昌吉市市场监管部门依法对公司立案调查。根据我司初步排查情况，不合格产品系由我公司在纯牛奶和调制奶两种品类生产切换过程中未能有效清洗产品罐线的残留调制奶，导致调制奶中合法的食品添加剂（含丙二醇成分）混入纯牛奶。公司将配合政府相关部门进一步核查事件准确原因，并将及时向社会公布。

此次事件体现我公司在生产管理与质量管控环节存在严重缺失。我公司管理层对此次事件给各方带来的困扰，向社会各方郑重道歉！

事件发生后，我公司积极配合政府监管部门的抽样检测，同时对涉及生产、运输、销售等各环节进行全面自查。下一步，我公司将积极配合政府调查整改，采取以下措施加强管理，保护消费者与合作方利益：

1、对不合格产品立即下架、封存，对已经上市的不合格产品实施召回；

2、对于购买不合格纯牛奶的消费者，麦趣尔承诺无条件退款，承担法律责任；

3、在后续的纯牛奶生产过程中，我们将采取专罐专产，确保彻底杜绝生产切换过程中其他成分混入的可能性；

4、麦趣尔生产基地将对纯牛奶增加检测设备和检测项目，增加丙二醇专项检测；

5、切实落实监管部门约谈要求，今后纯牛奶实施批批送检。

麦趣尔多年来致力于为消费者提供优质产品，对于此次事件的发生，我们再次深表歉意。我们将诚恳地吸取这一事件的教训，在产品生产过程中更加严格地规范自身。恳请广大消费者、媒体朋友、政府监管部门、社会各界对我们继续严格监督，并对我们的工作提出宝贵意见。

如有任何建议，请联系：mqr_service@maiquer.com

麦趣尔集团股份有限公司

2022年7月3日

图 5-17　麦趣尔就丙二醇事件回应

显然，这个自己调查出来的“原因”即便是完全属实，也很难取信于消费者。麦趣尔错失了良好的争取公众信任的机会，接下来的危机接踵而至。

8 月 22 日，新疆昌吉市市场监督管理局向麦趣尔送达罚款 7315.1 万元的行政处罚决定书。11 月 6 日，麦趣尔控股股东被券商索赔 4.8 亿元。一家原本风头正盛的上市公司如今已是摇摇欲坠。

通过以上案例，我们对"权威证实"这一策略再做三点总结：
（1）权威证实要用"他证"，慎用"自证"；
（2）选择权威要先有公信力，先讲诚信再有威信；
（3）权威鉴定结果要有说服力，不能违背常识。

| 第九节 | 统一口径，一锤定音

言前定，则不跲；事前定，则不困；行前定，则不疚；道前定，则不穷。

——《中庸》

统一口径是指组织在面对危机时，采取统一的态度和说辞，一步步赢得公众信任从而化解危机的策略。在现实的危机处理过程中不难发现，组织的态度和言辞一旦出现前后矛盾、里外不一的现象，就会让公众期待的真相愈加扑朔迷离，这样不仅会使危机进一步发酵扩散，还会给组织带来短时间内难以弥补的信任危机。

"口径"问题是一个组织的信息边界问题，是对新闻报道的总体把握和就某个具体舆论事件对外的统一说法。危机管理者在制定对外沟通策略前，首先要问自己以下几个问题：

（1）这起事件的性质是什么？
（2）为什么会发生？
（3）对谁会产生多大的影响？

(4) 我们的基本态度是什么？

(5) 后续会采取哪些措施？

在准备接受媒体采访前，首先要预测尽可能多的记者问题，写下你认为采访中将会被问到的问题。以突发事件为例，媒体往往关注事实，并希望在最短的时间内了解事件的全部，即何时、何地、何人、发生了什么事，原因为何，后果会是什么，是否有人员伤亡，对事件的调查如何开展。

当危机事件已经在舆论场当中发酵时，口径的统一需要经过组织内部的协商，并结合舆论热点，准确表达组织在该事件上的观点、态度或措施（参考本章第一节中提到的对外回应"四个基本要素"）。对外口径统一，撰写发言稿时，要把重要的信息放在最前面，行文要简洁，陈述事实，避免情绪化。要求整个事件都由统一的出口发布消息，保证消息的权威性和有效性。对于与己方观点相反的意见，同样要进行搜集和整理。对反方观点的论据和案例进行分析，查找可能的反驳点。对于互联网上网友关心的重点内容要有所涉及，不该回避。

在日常工作中，大家可以充分发挥民主作风，表达不同观点和声音，但是在危机来临的时刻，所有成员要统一口径。危机之中留给我们处理的机会不多，"气出一孔，才能力出一孔"，否则外界会认为你内部没有沟通好，没有一种负责任的态度，甚至认为你的管理是混乱的，危机会愈加严重！

某明星火锅店"鸭血"事件

2017年3月22日，新京报官方微博报道哈尔滨一鸭血加工厂用牛血兑水冒充鸭血，产品直供给了某明星所开的火锅店。消息一出,大批网友站出来表示:"这脸打得不要太快太响亮!"因为,该火锅店的服务员一直坚称该店的"鸭血"是由四川空运过来的,且是"一天一运"。而该明星也曾向消费者表示:"开火锅店首先要做到食材卫生,不用鸭肉去装羊肉,不用鸭肉去装牛肉,这是一个人的道德。"

随后,在有关记者的采访中,该火锅店哈尔滨分店的负责人表示:"我们被送货商骗了,他们在坑我们企业,我们对食品(安全)要求非常严格。"而在相关记者对送货商的采访中,对方表示,店家对"自己送的是牛血"早就知晓。也就是说,牛血充鸭血的行为极有可能是被店方默许的。这种前后不一的说辞,值得公众玩味。

23日下午,该明星发文就假冒鸭血事件进行回应,他表示"知道实情后十分震惊",在向广大消费者道歉的同时表示:"我本人愿意接受大众的监督,对接下来火锅店的运营以及管理进行严格的监管。最后,我和火锅店会承担起全部责任。"然而,很多网友对此并不买账,认为之前"前后不一"的打脸行为已经让他们对该火锅店失去了信心。

"鸭血"事件发生后,各个火锅分店的生意均受到不同程度的影响,且总部于事件发生后不久宣布暂停加盟业务并开展内部整顿。可见,此次危机事件对其的影响非同一般。

通过上述假冒鸭血事件,我们不难得知,危机公关中的统一口径,不仅指的是在危机发生之后言行一致,也包括经营行为的前后一致,实际经营与对外宣传的一致,等等。

在危机处理中,"统一口径"所指的绝不仅仅是危机出现时的对外发言或声明。无处不在的自媒体监督,决定了"统一口径"应该具备更多层次的含义，具体表现在以下四个方面。

1. 统一说辞

这是统一口径的最基本要素，就是当危机来袭时，对外统一说辞。而统一说辞要注意两大方面：

一是对内与对外统一说辞。很多企业在危机发生时的第一反应就是"捂"，对内部员工三令五申要掩盖真相，在对外声明中又换成另一副温和的面孔，声明企业不存在任何问题。而事实上，靠"捂"带来的安稳不会长久，当纸包不住火时，纸往往会成为助燃剂，让危机之火燃烧得更为猛烈。

二是前后统一说辞。我们在很多案例中都见到这样的情况，第一天董事长出来发言说，此事我们没有责任；第二天公关经理又跑出来说企业负有一定的责任。前后不同的声明，让公众到底听谁的好？此时，组织要非常清楚，公众一定会选择其中最坏的结果进行传播，并且会越传越坏。

2. 统一步调

组织之所以出现说辞不一的情况，很多时候就是因为在处理危机时没有事先统一步调。在处理危机的过程中，可能有领导与媒体发言人的对外声明，但同时也有记者嗅到新闻价值后的明察暗访。所以，参与危机处理的人就不能仅限于相关领导与公关代表，可能还有被动参与的普通员工。

那么，如何做到让他们统一措辞、统一发声呢？

最好的方法就是让步调统一起来。在危机发生时，第一时间要做的不是让公关部门赶快发出相关声明，而是让统一的声明以最快的速度传达至员工手里，让每一位潜在的参与人员在第一时间领会"精神"。而后，在统一的步调下，不管是被暗访还是接受明访，

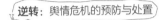

都紧跟公司统一的公关解决方案，最大限度表达组织的立场，尽可能地挽回组织的公众形象。

3. 统一经营

这里要讲的是"预防"层面的事情。组织要让实际运营情况与对外的声明，包括广告内容保持一致。通俗来讲就是要对"曾经说过的话"负责。否则，那些已经"广而告之"的保证、宣传语等，就会变成一颗颗定时炸弹，随时可能被引爆。

相较于那些没有"前后反差"的危机，这种因为没有"统一经营"而爆发的危机，杀伤力更大。拿鸭血事件来讲，如果没有该明星之前所谓的"保证"，也就是说关键点根本不在鸭血事件本身，而在于该明星因没有"统一经营"而陷入自我打脸的境地。这就充分说明了"统一经营"在危机处理中的重要性。

4. 统一事实

出色的危机解决方案一定不是教会企业如何逃避责任，而是带领企业直面错误，然后通过解决错误挽回公众的信任。当危机发生时，企业在统一说辞与统一步调之前，首先要做的是统一事实。让所有的解决方案围绕着事实进行，而不是一味地辩解与逃避应负的责任。否则，只会让消费者对企业渐渐失去耐心，同时，也会为企业留下没有责任担当的负面形象。因此，所有的"统一口径"，必须建立在"统一事实"的基础之上。

福建归真堂取活熊胆事件

2012年初，福建的一家制药企业归真堂，因为给活熊取胆而遭到动物保护组织的谴责和抵制。随着舆论的发酵，越来越多的公众人物参与了进来，对这一残忍的取熊胆手段表示反对。

归真堂多年采用活熊取胆,给企业带来了丰厚的利润,经过多年的飞速发展,更是让管理层准备在第二年开启企业的上市之路。当取活熊胆事件的负面舆情愈演愈烈之时,归真堂创办人却发出了"反对我们就是反国家"的声音,同时请来的专家向媒体说出了"取胆的时候熊其实很舒服"的断言。

两段言辞不仅口径不一,而且成了雷人雷语,瞬间成为舆论的笑柄。归真堂的品牌声誉一落千丈,上市之路就此搁浅!

被誉为全球第一 CEO 的杰克·韦尔奇,曾经给面临危机的企业提出过 5 个假设:

假设一:问题本身比表现出来的更糟糕;
假设二:世界不存在秘密,每个人都会知道;
假设三:企业的处理态度被别人用最敌对的态度描述出来;
假设四:企业处理危机时,一定会付出代价;
假设五:危机会让组织强大。

第三项特别需要注意,也就是说,组织在危机面前,说什么可能都会被公众误解、说什么可能都会被敌视。组织对外言辞无懈可击,还极有可能如此被敌对,何况口径不一!对于这一点,我们不妨再看另外一个案例。

40 万元天价菜单事件

2018 年 9 月 19 日,一个微博博主晒出了自己一顿晚宴的结账菜单,上面显示 8 个人的晚餐花费了 40 万元!这么高的菜价,远远超出了普通人的想象,有人猜测此等消费恐怕是在宴请官员或涉及腐败,博主炫富的"天价菜单"也立刻引起了舆论的高度关注和热议。

随着"天价菜单"事件的升温，位于上海西郊的这家餐厅也立刻成为媒体关注的焦点，有记者和网友相继拨打了餐厅的电话询问菜单的真实情况，结果被当天值班的大堂经理给予了否认。值班经理的回答是餐厅里最贵的一道菜是3800元，没有菜单上动辄上万元的菜价。

值班经理的否认进一步激发了公众的好奇，40万天价菜单是否属实？餐厅经理为什么不愿意承认，背后会有什么猫腻？谁点了如此高昂的菜品？都是谁吃了这顿饭，都吃了什么？一系列追问，将此事件迅速推上了热搜！

第二天早晨，上海市场监管部门对"天价菜单"介入调查，并确认菜单为真实消费。监管部门的调查和网上晒图一致，餐厅经理的否认引发公众更多猜疑，餐厅不得不进行更进一步的回应。

第二次回应非常关键，如果此时的口径不能统一，发出的声音不一致，势必引起新一轮的质疑和审查。最后经商议确定，由餐厅的总经理（也是高价菜单的掌勺人），统一面对媒体发声。对于关键信息，总经理的回应说：菜单价格之所以高，是因为这些高级的海鲜食材均自国外空运过来；而且当时出钱请客的人是迪拜那边的一位王子，一顿饭吃这么多钱他们认为很值得。

餐厅总经理承认了高价菜单，并贴出了当天晚上与迪拜王子的合影和所用食材的视频。此次回应一定程度上回应了舆论关切，也很好地保护了就餐人员的隐私。但是在充分的理由说明之后，舆论中依然有声音质疑，认为高消费背后肯定隐匿着不可告人的私密，舆论不能让这名主厨玩弄于切菜的案板之上……

在第二次对外回应之后，这家餐厅的大堂经理、服务员，甚至是后厨的洗碗工，都被媒体盯上了，而且在想尽一切办法从内部拿到一些内幕信息。好在餐厅内部进行了有效的全员管理,包括所有员工的微博朋友圈都不能透露任何相关信息。

统一管理、一致口径避免了媒体和公众的误读。餐厅在随后的信息发布中,统一强调迪拜王子对中国厨艺的认可,最终化解了高价菜单引发的舆论风波。

|第十节| 迅速切割,精准隔离

> 莫言下岭便无难,赚得行人错喜欢。
> 政入万山围子里,一山放出一山拦。
> ——宋·杨万里《过松源晨炊漆公店》

危机往往由不是一件事、一个因素所导致,往往出现的不是一个危险点,而是诸多事态重合、多重问题叠加。如果不加以控制,很可能会导致极其严重的后果。

为何要对危机进行切割隔离管理?

要回答这一问题,我们不妨引入危机管理中四个著名的概念:涟漪效应、破窗效应、蝴蝶效应和多米诺骨牌效应。

涟漪效应

涟漪效应是一种自然现象,描述的是在一个平静的湖面上,将一颗石子丢下去,就会在湖面上泛起一层一层的波纹。这些波纹就是涟漪,它有两个特点:一是会逐渐扩大,甚至会波及整个湖面;

二是涟漪层出，一波接着一波。

危机事件造成的负面影响正如这种渐渐扩散的情形，它本身具有放大功能，如果不加以控制则会引发更多危机。比如 2022 年 1 月底在社交网络平台引发共同关注的"江苏丰县生育八孩女子"事件，2021 年 9 月 20 日发生在河南安阳某小区的狗咬人事件，以及发生在 2007 年 10 月的陕西农民周正龙拍摄华南虎事件等。诸如此类引发全国热议的舆情危机事件，无不凸显涟漪效应。以上案例相关经过在互联网上依然可以查到，在此不再详述。

破窗效应

破窗效应是犯罪心理学中的一个理论，这个理论由美国的两名犯罪学家詹姆士·威尔逊（James Q. Wilson）和乔治·凯林（George L. Kelling）提出。

破窗效应原本描述的是有一幢有少许破窗的工厂，无论窗户是被风刮碎的还是被人砸坏的，如果那些窗户不被修理好，那么可能将会有破坏者破坏更多的窗户；如果开始时没有人制止，那么最终会有人闯入废旧的工厂，如果发现无人居住，也许就在那里定居或者纵火。这一理论向我们揭露了一个非常可怕的规律：如果环境中的不良现象被放任，就会诱使人们仿效，甚至变本加厉。也就是说，破坏会诱导破坏，犯罪会引发犯罪！

再如，一面墙如果出现一些涂鸦而没有被清洗，很快墙上就布满了乱七八糟、不堪入目的东西；城市中一条干净的人行道，即使人们手中有垃圾也一般不会随意乱扔，但如果这条路上已经有些许纸屑，不久后就会有更多垃圾，最终人们会理所当然地将垃圾顺手丢弃在路上。

这种现象在公司治理中也特别常见，比如，在一些企业中，管理者对一些人浮于事的人熟视无睹，久而久之那些不干活的人就会认为这是理所当然的，甚至会有意排挤那些真正干活的人。又如一家百来号人的企业推出新规定，上班时间必须佩戴工牌，并在制度上明确，如果发现不戴工牌，每次罚款 50 元。最初有一两个员工没有照做，但管理层并没有重视，没有严格执行该项规定，一个月以后，不戴工牌的员工会发展到一二十个人，甚至更多！员工对此事抱着"可有可无"的态度。管理层并没有"令行禁止"反而一再纵容，这种管理层的视而不见就会引发破窗效应，严重影响公司士气和员工的精神面貌。

在危机管理中，如果不及时处理危机，就会产生破窗效应，导致坏事更坏，坏事影响更广，诱发更多人破坏，甚至到无法挽回的地步。

泰格·伍兹性丑闻事件

泰格·伍兹曾经是职业高尔夫运动世界排名第一的运动员，也是世界体坛收入最高的职业选手。泰格·伍兹的成名在美国体育界的影响非常轰动，因为高尔夫球运动一直以来都是上流社会消遣的运动，但是伍兹的出现，用完美的挥杆和超强的天赋，将这一运动提升至竞技水平，并且在全美上演了一个从名不见经传的黑人球员成为世界体育巨星的故事，成为美国人心中的偶像。

泰格·伍兹不仅在成绩上创造了奇迹，而且在高尔夫运动的推广上也功不可没。有媒体评价说，正是因为他的出现，高尔夫运动才开始真正不再只是一项富人休闲的运动，而成为一项大众喜爱的观赏性十足的竞技体育运动。也正是因为他的出现，高尔夫球赛事第一次打败了全美最爱的 NBA 赛事。

取得数次大满贯的伍兹可谓风光无限，不仅坐拥名气和财富，他与妻子艾琳营造给世界的更是一个完美的家庭，让无数人羡慕不已。

然而，这美好的一切从2009年11月28日凌晨的一次车祸被彻底改写。当天凌晨三点钟左右，泰格·伍兹开着自己的一辆凯迪拉克豪华轿车撞到了他家路边的树木和消防栓上。

这场车祸引来了全球媒体的关注。原来在车祸之前，伍兹的妻子发现了他的一个情妇，顿时雷霆大怒，在家里拿着高尔夫球杆追着伍兹打。伍兹因为被追打，所以仓皇开车离开家，而正是在这样的情况下，心神不宁的伍兹才撞到了消防栓，造成了这起车祸。

此后媒体一个又一个地公布了伍兹的情妇，除了第一个被曝光的瑞秋之外，伍兹的众多其他情人也陆续被曝光。有名有姓的就多达十几位，让人十分震惊。迫于舆论压力，最终伍兹承认了与自己有染的情妇有120多人。一桩桩艳情史，让人彻底颠覆对伍兹原来的印象，原来光鲜亮丽的伍兹，背后却是一个虐待狂、有特殊性癖好的"渣男"。

伍兹当年丑闻的影响力很大，美国媒体无论大报小报、广播电视，还是网络上，全都深度报道此事，破窗效应就此愈加显现！随着性丑闻事件的曝光，伍兹的人气急转直下，比赛的竞技状态也一落千丈，收入开始锐减。2017年，伍兹再次在佛罗里达州的高速路上发生了车祸，而这一次他不仅差点丧命，还因为危险驾驶被捕入狱。

据说丘吉尔非常懂得破窗效应带来的严重后果，因此即使在战争时期,他也不能容忍凌乱和无序。"二战"时期,他曾给英国士兵下了一道命令,当一些建筑物在纳粹的轰炸下损毁时,只要是损坏不大的地区,破碎的玻璃窗必须尽快更换,绝不能让一些本来可以修复的建筑物荒废,看起来像个废墟。

丘吉尔知道,一旦凌乱和无序的气氛被纵容,就会对政府的管治产生威胁。如果这种气氛蔓延下去,国民的尊严和士气就会慢慢受到侵蚀,这场仗就会兵败如山倒!

蝴蝶效应

蝴蝶效应是一个气象学原理,它的原意是说在南美洲的亚马孙热带雨林中,一只蝴蝶偶尔扇动翅膀,就有可能在两周之后引起北美得克萨斯州的一场龙卷风。龙卷风的威力巨大,可以将汽车卷起、将屋顶掀翻。气象学家研究北美的龙卷风,竟然意外地追溯到了一只蝴蝶身上,因此大为感慨。

现在蝴蝶效应已经被运用到经济学、心理学、传播学等诸多领域。蝴蝶效应在危机管理中给我们带来了重要启示:一个小小的事件,极有可能引发颠覆性、革命性的恶性事件或群体事件!

2008年发生了新中国成立以来最大规模的一次群体性事件——贵州瓮安县"6·28"事件,起因是一名初二的女学生意外坠河身亡,而村民对死亡鉴定结果不满,进而引发了"打、砸、抢、烧"恶性事件。时任贵州省委常委、政法委书记、省公安厅厅长的崔亚东亲历了整个事件的处理过程,并在2013年写成了一本专著《群体性事件应急管理与社会治理:瓮安之乱到瓮安之治》,值得一读!

多米诺骨牌效应

多米诺骨牌效应是一个物理学原理,它是讲一张骨牌倒下的势能会迅速转化成动能，进而推倒下一张骨牌，如果中途不予以扶正，那么被推倒的速度会越来越快，力量会变得越来越大。它说明在一个相互联系的队列中，出于连锁反应，即使极小的初始力量最终也能推倒一个庞然大物。

多米诺骨牌效应其实在危机管理中有正反两个方面的启示。正面启示是说我们如果都能谨慎而负责任地做事，正如排列好的多米诺骨牌，形成的图案将蔚为壮观。反面启示则是如果忽视身边人的倾倒，即便是小小的差错，其产生的惯性将导致一个比一个更快速地倒塌，也就是说，在系统中任何一个环节失误，如果没有纠正，都可能造成不可预料和不可逆转的结局和后果。

在《吕氏春秋·先识览·察微篇》中记载了这样一个故事：

> 楚之边邑曰卑梁，其处女与吴之边邑处女桑於境上，戏而伤卑梁之处女。卑梁人操其伤子以让吴人，吴人应之不恭，怒，杀而去之。吴人往报之，尽屠其家。卑梁公怒，曰："吴人焉敢攻吾邑？"举兵反攻之，老弱尽杀之矣。吴王夷昧闻之，怒，使人举兵侵楚之边邑，克夷而后去之。吴、楚以此大隆。

楚国与吴国搭界的地方有一个座城叫卑梁，那里有一个姑娘与吴国边界的一个姑娘一起在国境上采桑叶，嬉戏当中，吴国那个姑娘踩伤了卑梁的那个姑娘的脚。于是，卑梁人就背上受伤的那个姑娘去责备吴国人，吴国人的回答不很恭敬，惹怒了卑梁人，于是把吴国人杀了就跑回楚国。吴国人知道这件事，便进行了报复，把那个卑梁人全家都给杀了。卑梁的邑大夫大怒，说："吴国人居然敢攻打我的城邑？"于是就发兵去攻打行凶者，连吴国人那家老弱都杀死了。吴王夷昧听说这件事后，大怒。于是发兵攻打楚国的卑梁，攻打下来并把它夷为平地，吴楚两国因此展开了大战。

通过以上4个效应，我们不难看出，危机会逐步升级、肆意破坏、由小及大并出现连锁反应！因此，在危机管理中，对事件要素进行切割与隔离就显得尤为重要。

古代人日常生活中预防危机最突出的就是预防火灾，因为古代没有电，日常做饭照明都靠生火来完成，因此发生火灾的概率极大。古代的建筑中为了预防火灾的蔓延，会特意筑一道防火墙。

有一次我去参观宁波的天一阁，这是我国现存历史最悠久的私家藏书阁，已有400多年的历史，直到现在仍保存完整，故宫的文渊阁就是仿造它建造的。古代人看书一到晚上就要点油灯或蜡烛，有明火就容易失火，然而天一阁400多年来没有一次受火灾损坏。这其中最重要的原因就是它的防火措施做得到位，它不光有防火墙，还有防火巷、防火池，也就是说，它对火灾的隔离措施和预防措施做得都很到位！这给我们在危机处理方面带来很多启示。

接下来我们看，在危机管理中如何做到有效地隔离和精准地切割呢？我想可以考虑以下4个维度：时间维度、空间维度、数量维度、范围维度。我们还是结合一个案例加以说明。

成都七中实验学校食堂卫生事件

2019年3月8日（周五），成都七中实验学校四年级（1）班的6名同学在放学后出现了呕吐、拉肚子的症状，在家长的微信群中引起关注。

3月10日，6名家长怀疑学校的食堂存在食品卫生问题，于是一起赶到学校提出要到学校食堂一看究竟。在四川德羽公司（食堂的承包公司）经理及食堂厨师长的陪同下，6名家长前往参观。食堂和后厨的卫生没有看出问题，然而家长们发现有一些冷冻食材保质期过长、辅料添加剂过多，因此有人拍下这些照片并发到了家长群里。

3月11日，其余家长通过照片看到食堂的肉制品保质期过长，认为这给孩子吃的不是新鲜肉而是"僵尸肉"。给孩子吃"僵尸肉"的话题立刻引起了家长们的愤怒，于是更多家长找到学校，要求更换食材。

3月12日下午，正当学校按照家长要求撤换食材的时候，另外一波刚赶到学校的家长看见有车从后厨往外搬运东西，误以为这是食堂在偷偷转移问题食品，学校要"毁尸灭迹"。在随后的一个小时里，闻讯过来的数波家长进出后厨的库房，有人撕开调料包，将姜粉撒在肉上，然后拿出手机拍摄说肉变质了。后厨库房被严重破坏，现场凌乱的照片很快在家长群和微博上传开，不明真相的家长们误以为这些食材已经生霉发臭。此时在互联网上，各种谣言和煽动性语言汹涌而至，舆论的大火越烧越旺，更多家长和群众聚集到了学校门口。时任成都七中实验学校的校长江达能在门口与家长喊话，结果被一名家长抢走话筒狠摔在地上，该视频在网上迅速传开。

3月13日上午，汇集的家长和人群造成了温江区部分道路交通堵塞，逐渐演变成群体性事件！最终成都温江区为了社会治安的稳定，警察使用了催泪喷射器驱散人群。

随着舆论的不断发酵，一些视频还被传到了美国，这座有着上百年历史的名校给成都造成了十分不好的国际影响。五天以后，也就是3月17日，成都联合调查组做出决定，校长被解聘，学校食堂的承包公司负责人被立案处理。整个过程中，学校为数千名学生全部做了体检，有些学生当时出现了一点头疼脑热，学校也全部报销了医疗费。随着联合调查组相关处理结果的公布，事件慢慢平息。

我们先从时间维度上来分析，从3月8日到3月17日前后9天的时间里，成都七中校方和食堂的承包方四川德羽集团的管理层并没有对时间进行有效的切割和管理。在6名学生出现症状的第一时间，校方有没有进行主动关心和慰问？学生出现症状的时间与在校就餐的时间有没有直接的因果关系？这些其实并没有看到校方有明确的说明。事后也有人疑惑，如果是食堂饭菜出现了问题，为何只有6名学生出现了症状？

因此，从时间维度上看，无论是校方还是四川德羽公司都错失了最佳处理时期。如果从时间维度做切割的话，我们可以将它分成四个阶段：

第一阶段是3月8日之前，属于危机的潜伏期。在"成都七中食堂事件"中，暗藏的隐患可说是从家长对食堂投诉不断增多开始的。2018年8月校方为了缓和学校与家长的矛盾，将食堂进行了外包。然而在外包过程中引起了原厨师长和70多名老员工的不满，这给后来的危机埋下了巨大的隐患。

第二阶段是3月8日到11日，这是危机事件的爆发期。事情发展到了这里，作为学生的家长不断向学校发难，而学校和德羽公司仿佛都没有任何防御能力。

我们复盘这一阶段的危机处理，可以注意以下几点：

（1）不要让话题跑偏。这一问题的核心是6名孩子的呕吐、肚子疼问题，当然同一集体下有6名孩子出现同样症状，是学校食堂问题的可能性大，但不能完全画等号。所以，校方这时最好的处理方式是给这6名孩子和家长更多安抚和检查，主动引导，排除其他可能，并把焦点放在6名孩子和家长身上，而不是把焦点放在食品安全问题上。

（2）使用权威证实，明确问题。实际上6名家长在参观食堂后，并没有发现导致孩子生病的切实证据，而是把问题直接转移到了食堂使用添加剂和保质期过长的问题上来了。而这些问题的检定，只有质检部门的证言或质检人员陪同检查是最有效的，这时如果找来质检部门做个科学的回应，也可将事态降下去。而校方当时把这一问题与孩子拉肚子的问题混在了一起，自己说话也没了底气。

（3）有理说不清的时候，说理不如去谈情。被指控的校方一开始就陷入了家长认为的"孩子的症状是由食堂引起"这一怀疑当中，而一旦在这样的舆论议题中讨论的话，校方根本就百口难辩。即便是有理有证据，家长也会找出各种瑕疵，让学校陷入更加被动的局面。有理并不代表有利，这个时候与其去说理不如与家长去谈情，抚慰家长的情绪要比讲清背后的道理更重要！

第三阶段是3月12—15日，这是危机事件的扩散期。尤其是在3月12日上午，有家长将标题为《食品添加剂对孩子的危害有多大》的文章发进了微信群，很多家长附和说"这次一定闹大，不能简单了"。下午的时候有一波家长来到学校要求将食堂所用的"小品牌"食材更换成"大品牌"，同时将"冻肉"更换成"鲜肉"。

我们可以看到，12日晚上是事件升级的关键点，在这个关键点上，如何做危机处理呢？首先，正面回应的时机与途径要选择准确。自媒体上的舆论阵地不能丢失，此时与家长们正面沟通的整个过程要进行录音录像，并在第一时间使用自媒体和官方媒体进行

第五章 应对负面舆情的 13 条公关策略

主动报道,让更多人明了真相。可惜我们并没有看到相关视频或报道!其次,校方主要负责人在校门口的喊话是一大败笔。紧急情况下的群体沟通,不能再将问题挂起,而是要斩钉截铁给予回应和承诺,适时引导公众情绪并给予安抚。显然在这次喊话中,江校长没能把握好这一点,以至于被摔了话筒。

到了 3 月 15 日,成都市温江区市场监督管理局对学校食堂的第一批 5 个样品的检测结果进行了通报,检验的结论是均符合食品安全标准要求(见图 5-18)。这样的结论显然无法说服愤怒的家长,温江区市场监管局的权威性受到了质疑,网络舆论愈加激烈。

图 5-18 成都市温江区市场监督管理局检测结果通报

第四阶段是 3 月 15 日到 17 日,属于危机的修复期。成都市联合调查组对事件的整个过程进行了彻底调查,并在 17 日举行了新闻发布会(见图 5-19),公布了处理结果,成都温江区拿出了 8 项有力措施进行彻底整改,算是给社会一个交代。

图 5-19　成都市联合调查组新闻发布会现场

再看空间维度。在危机处理中,关键要素中的空间位置极其重要,有时一个行为的疏忽就可能导致事件性质完全不同。在这起事件中,最重要的物证就是食堂里的食材,而这些"证物"的搬运或转移应该由谁来完成,从哪里转向哪里,在谁的监督之下完成,都是需要特别注意和谨慎处理的问题。

"问题食材"的搬运最起码应该在提出问题的家长和质检部门人员的监督下完成。物证的保全是危机处理中极为关键的一步,受控一方应该在第一时间就物证进行有效的空间切割,也就是说封存和搬运都不是一方的事,而是要有第三方在场。成都七中的一个小聪明,最终将事态拖向了深渊。

从数量维度来分析。危机事件中,要将数量要素把握得极其准确,避免数量上的扩散!有 6 名学生出事,那就最先充分解决这 6 名学生的事,危机处理中要将这 6 名学生与全校学生进行数量切割。此事件处理过程中最大的一个败笔就是将这 6 名有症状的学生等同于全体学生,以至于网络上谣言四起,各种猜测和论调让家长们人心惶惶。

从范围维度来分析。尤其是在群体性事件面前,范围的控制往往决定了事态的走向！在 3 月 12 日下午的重要转折点上，对来访者的身份、来访时间、来访人数进行有效控制，做有效引导。把范围控制得越小越有利于事件的解决，这就要对来访人员进行有效隔离。

"切割隔离"是处理危机当中非常有效的方法。这里要注意，我们所作的切割并不是为了甩包袱、逃避责任，而且在尽可能的范围内降低危机带来的损失和伤害。

在运用"切割隔离"策略的过程中，要小心内部管理与沟通的问题，古人云：人心惟危，道心惟微。危者，如堤之束水，其溃甚易，一溃则不可复收也。危机管理就是这个道理，没有危机意识、没有谨小慎微的工作态度，突发事件一旦来临，后果将不堪设想。

|第十一节| 让人看到你的行动

> 惩羹吹齑岂其非，亡羊补牢理所宜。
> 白头始访金丹术，莫笑龟堂见事迟。
> ——宋·陆游《秋兴》

每个危机其实同时也给组织一次重塑的机会。在危机管理中有一个"六个月改革"原理，也就是说在一些平常想推动而推动不了、想改革而阻力甚大的情况下，一旦重特大突发事件发生以后，再去推动这些改革，往往难度会下降很多，一般利用半年以内的时间窗口，可能就会解决问题。反过来，在这六个月的改革窗口之内没有抓住机会，再想重新推动改革的话往往会异常困难。"亡羊补牢犹未晚也",善于总结经验教训,善于梳理和改进工作方法,其实是危机管理的重要组成部分!正如恩格斯所言:一个聪明的民族,从灾难中学到的东西会比平时多得多。

对于经验教训的总结方面,德国人无论是对安全事故的总结,还是对历史的反省和悔过,态度都特别端正。我们来看一个德国城际轨道上的事故,看其是如何亡羊补牢、启示后人的。

德国埃舍德城际列车脱轨事故

1998年6月3日上午10时58分,德国的一辆乘坐287人的城际特快列车,以每小时200公里的速度从慕尼黑开往汉堡。列车在经过埃舍德小镇时,第一节车厢内出现不良征兆,伴随着一声巨大的响声,一根钢块(后查明正是断裂的车轮外圈)突然穿透车厢的地面插在两个座位中间。当时那两个座位上分别坐着一位妇女和一位男孩,坐在对面的正是她们的丈夫和父亲。看到这个情况后他们顿觉不妙,立即去找列车长让他把列车停下来。然而列车长执意要遵守制度行驶,并要到现场看完情况再作决断。这个过程前后只用了一分钟,然而,正是这不起眼的一分钟,使结局变得不可挽回。列车突然脱轨,随后的3分钟之内,整条列车冲出轨道,撞向旁边的树丛和桥梁,其中8节车厢瞬间被挤成了麻花。事故造成101人当场死亡,105人受重伤。

德国的城际列车在此事故之前已经安全运行了七年,而且德国向来以技术可靠、稳定著称,发生这么大的列车脱轨事故,在国内和国际都造成了巨大的负面影响。

在随后的救援、调查和修复过程中,德国的做法最大限度地安抚了遇难者家属,尽最大可能挽回了德国列车的世界颜面。

救援工作在第一时间展开，同时交通部门的调查审查同步跟进。整个调查过程前后花了5年的时间，非常仔细和到位。受损的车体并没有被当作废铁烂铜一般丢弃，而是在事发后长达5年的调查和审判期间，供调查机构研究、取证。在相关调查人员眼中，它们是最重要、最鲜活、最宝贵的"教材"。2003年审判结束后，除了受损特别严重的车厢外，可用车厢又回到了公众视野。

德国交通部在事故发生地周围种下了101棵樱桃树，象征着101个逝者的生命。2001年，当地政府在事故现场旁边又树立起一块长8米、高2.1米的纪念碑，上面刻着101位遇难者的名字、出生年月和家乡，以及对事故的介绍。

此后每年的6月3日，既是德国高速列车正式运行的纪念日，也是埃舍德事故的国悼日。此时樱桃树也开始结果，挂满枝头的樱桃守护着不远处铁轨上一列列飞驰的列车。大家隆重集会，缅怀逝者，总结教训，改进工作，充分体现了对生命的敬畏和尊重。

无论从国家层面上来说，还是从企业层面上来看，危机事件最终考验的是价值观。一个人、一个组织、一个国家和民族如果在价值观上出了问题，即使有再高超的公关技术，也无法从根本上解决问题。诸如三鹿奶粉、长春长生、权健集团之类的企业，都想在危机的初始阶段通过引导舆论的方式化解危机，然而这些掺假造假、以次充好的行为背后是价值观的扭曲，必将受到道德的审判和法律的制裁，更会受到舆论的谴责。

修复危机、匡复舆论，也是在重塑自我价值观，或者是在重新审视企业价值观。如果此时企业的态度和价值观依然不明确，那么舆论的声誉危机将很难解除！比如在2008年三聚氰胺事件发生以后，中国整个乳制品行业受到重创。蒙牛作为该行业的头部品牌最后也被查出。一直砸重金投放广告的蒙牛集团无疑也陷入了巨大的信任危机。然而非常可惜的是，我们并没有看到它在舆论公关上做出的努力，反而看到它成为当年央视广告的标王。

在危机修复过程中，企业经常拿广告当公关，而广告无法替代公关，消费者对品牌的信任无法通过央视黄金档的广告提升，有时甚至会适得其反。所以我们看到在那次危机之后，蒙牛的经营出现严重问题，最终被央企收购。

在价值观坚守方面，阿里巴巴集团一直是国内的标杆企业。然而在阿里巴巴的发展历程中，也多次遭遇企业价值观方面的挑战。

支付宝"圈子"事件

2016年11月24日，阿里巴巴集团旗下的支付宝发布了新版本，其中推出了一个"圈子"的功能。支付宝推出这个功能的背景是其与微信支付正展开激烈的竞争。支付宝看到用户在不断流失，于是想效仿微信，打造自己平台上的社交功能。然而"圈子"一经推出，类似朋友圈的社交属性没有体现，反而是围绕着校园周边出现了大量的涉黄信息。此类信息层出不穷，后台审核无法实时应对，相关话题又登上了热搜榜，吸引了更多人浏览，事态一发不可收拾。

耗费巨大人力、物力打造的"圈子"功能，只存活了四天便宣告失败。随后马云和彭蕾先后向社会发信道歉，彻底承认错误，并进行强力整改。事后证明，此次危机中，管理层及时认识到了与企业价值观的冲突，及时叫停，及时整改，避免了更大危机的产生。

相比之下，另外一家互联网科技公司就没能守住自己的价值底线。

快播涉黄事件

深圳市快播科技有限公司（简称"快播公司"）自2007年12月成立以来，基于流媒体播放技术，通过向国际互联网发布免费的QVOD媒体服务器安装程序（简称QSI）和快播播放器软件的方式，为网络用户提供网络视频服务。其间，快播公司及其直接负责的主管人员王欣等4人以牟利为目的，在明知QVOD媒体服务器安装程序及快播播放器被网络用户用于发布、搜索、下载、播放淫秽视频的情况下，仍予以放任，导致大量淫秽视频在国际互联网上传播。

2013年11月18日，北京市海淀区文化委员会从位于本市海淀区的北京某技术有限公司查获快播公司托管的服务器4台。随后北京市公安局从上述服务器中的3台服务器里提取了29 841个视频文件进行鉴定，认定其中属于淫秽视频的文件为21 251个。

2016年9月13日上午，深圳快播公司及其主管人员王欣等4个被告人涉嫌传播淫秽物品牟利一案，在北京市海淀区人民法院一审宣判。深圳快播公司犯传播淫秽物品牟利罪，判处罚金1000万元；被告人快播公司法定代表人CEO王欣，犯传播淫秽物品牟利罪，判有期徒刑3年6个月，罚金100万元。

2022年5月7日，工商注册信息显示，快播公司被吊销执照，旗下投资公司均已注销或吊销。

显然，阿里巴巴意识到了自己的问题，主动认错、态度诚恳，通过实际行动来争取公众信任，而快播这家曾经是中国互联网播放器用户最多的企业，心存侥幸，最终落了个人财两空。其实，在危机的后期修复过程中，除了要态度诚恳、承担责任、审视价值观之外，还要注意与受众的沟通方式。

某国货品牌"日军风"事件

2022年9月20日，国内头部的某服装品牌在一个机场内举行了主题为"逐梦行"的服装发布会。在这场发布会上，一款"飞行帽"系列的设计引发了网友巨大争议。有网友认为，无论从造型还是颜色看，这款军绿色的服装和帽子都很像侵华日军军服。也有人认为，尤其是在帽子设计方面，其帽垂和当年侵华日军的帽子几乎如法炮制。这场由新款的服装设计引发的声誉危机瞬间传遍了整个互联网！

然而，该品牌并没有第一时间进行正式回应，而是通过其电商总经理发了个朋友圈。在总经理的个人朋友圈中，该品牌不但没有因设计造型伤害消费者情感的问题进行道歉，反而去教育消费者多学习中国文化，避免更多误读。这样的言论发出来以后，进一步引发了网友的强烈不满。

随着舆论的不断发酵，该品牌官方微博发布声明，表示诚挚的歉意。并进一步解释道，"飞行帽"设计源于中国古代头盔、户外防护帽及棉帽，产品以多种颜色及款式进行呈现，兼具防风保暖等专业功能，以适应更多户外场景。这样的解释和回应显得诚意不足，因此即便道歉信发出，也没能阻挡其股价的下跌，该品牌的市值两日蒸发123亿港元。一个自以为妙的设计加上自以为是的回应，最终造成企业损失惨重，教训不可谓不足！

回顾这起危机事件，一直被消费者称为"国货之光"的品牌，为何会在"民族情结"这个最基本的常识上突然栽了跟头？按说如此规模的企业，其内部管理会相当完善，内容审核会极其严格，对外的公关引导会相当专业，为何在关键的时刻出现这种"自杀式"的舆论公关呢？

我想隐藏在其后的深层问题，恐怕与管理者、设计者的思维方式有关。不少企业管理者，尤其是职业经理人，在企业获得高速发展之后，常走进以自我意识为中心的思维陷阱之中。在这样的思维模式下，他以为是在引领时尚，实际上是用取巧来掩饰自己的懒惰或创意上的枯竭。管理者以自我为中心，而非以客户为中心，最大的问题是他会不自觉地忽略消费者感受，当冲突爆发之后，又会本能地进行自我保护，为了尽快撇清责任，他会不惜一切代价地捍卫自己，让愚蠢变得冠冕堂皇。

真正高超的管理者，无论遇到什么样的误解与委屈，都是先反求诸己而非责备他人。在舆论公关过程中，我们不是要与消费者争辩事实，而是争取消费者的信任，这才是"亡羊补牢"正确的打开方式。我们看到，最后还是该品牌的创始人出现，使用顺应公众情绪的方式化解了危机，他在接受媒体采访时强调："飞行帽并未生产和销售，未来也不会生产和销售。"

随着互联网技术的发展，负面舆情的传播速度在不断加快，人们通过自媒体表达自己观点，提出自己的看法和意见的意愿在日异踊跃，加之现在消费者通过网络维权的意识在不断提升，对于一些企业和组织而言，一不小心就会被推到舆论的风口浪尖。因此，对于危机事件的处置和化解，管理者首先要学会与舆论打交道，要懂得传播学的相关知识，把握舆论的传播规律，迅速消除危机事件对网络舆论产生的影响!

我们再拿"西安奔驰女车主坐引擎盖维权"事件为例,看一下消费者为何会选择网络舆论进行维权。事件概况请参照本书56页,此处不再赘述。

这起纠纷的整个解决过程都得益于"奔驰女车主哭诉维权"视频,如果没有这个视频,这件事情或许不会这么顺利、这么快地解决,也不会得到换车、退钱都可以选择的处理结果。商业合同纠纷本来是可以走司法途径的,但是当事人不去法院,不主动到工商管理部门投诉,也不通过"12315"消费者热线反映,而是直接把短视频发布到网上。之后,舆情自动发酵,当事人就等着工商管理部门找到"利之星"4S店,与他们坐在一起谈判。

因为当事人把短视频发布到网上,引起了社会关注,解决问题的方法、时间、路径也就完全改变了。如果没有手机、没有这个视频、不能上网、视频不能传播,可能外地人就不会知道西安有个人买车出了问题。

现在我们的传播技术已发展到了5G,5G之后还会有更先进的技术,大家也一定会选择更先进的技术。因为那时视频传播的清晰度、质量会更高,传播速度会更快。

通过这一案例我们不难发现,当法律无法适应社会和信息技术发展时,一定不会去阻止信息技术进步,一定是法律改变、诉讼程序改变、律师服务改变。这些方面如果不改变,技术和消费者是不会停下来等待的,网络也不会停下来。

由此可见,法律模式跟不上没有关系,大多数消费者不会违背法律,但是消费者会选择不用法律,而直接转向网络,通过网络舆论来解决问题。因此,让公众看到你的行动,这是我们说"亡羊补牢"

的舆论公关策略,要求管理者要懂得网络舆论传播规律的要义所在!

案例延伸:四川航空中国机长

2018年5月14日,四川航空从重庆飞往拉萨的3U8633航班,驾驶舱右座前挡风玻璃在飞行途中突然破裂并脱落。危急情况之下,机长刘传建凭借顽强的毅力通过手动驾驶,成功返航落地成都,机上119名乘客无一人伤亡。

3U8633航班成功迫降后,四川航空特别安排27名乘客前往医院检查,并主动承担全部检查和医药费用;为其他无碍乘客提供转签服务,并顺利抵达目的地。

四川航空的这次危机事件,本应使企业的品牌形象受到重创,然而川航通过事后一系列相关报道,不仅品牌形象并没有受损,反而提升了中国航空公司在国际上的知名度。

首先,川航通过还原事故的整个过程,重点强调了机长刘传建和3U8633机组人员在面对危险时的冷静和专业,通过报道机长的英雄事迹,让人们将关注的焦点从事故转移到了事迹之上,极大程度地避免了负面舆论的产生。

其次,四川航空针对此次事故的救援和赔偿及时和到位,充分表现了川航的诚意和负责任的态度,使乘客和机组人员得到了极大的安慰。

最后,机长刘传建和机组人员的表现,被认为是创造了航空史上的一个奇迹,全体成员受到了国家领导人的亲切接见和表彰,进一步提升了中国机长的英雄形象。半年之后,整个事迹被刘伟强导演拍成了电影,随着《中国机长》的热映,一场航空事故的重大危机被重新塑造,舆论声誉取得了良好效果。

第十二节　重新塑造公众认知

> 凡战者，以正合，以奇胜。故善出奇者，无穷如天地，不竭如江河。
>
> ——《孙子兵法·势篇》

我们在前文中提到，面对危机时其实所有人都有自己的错觉，不同程度的错觉取决于人们的认知水平。正是因为人们的认知不同，才给我们进行舆论公关提供了可能性。更严格一点讲，在舆论公关中我们认为：**一切公关皆在塑造公众的认知！**

关于人的认知方面的问题，我们来看一段记载在《吕氏春秋·孟冬纪·异宝》的故事：

> 今以百金与抟黍以示儿子，儿子必取抟黍矣；以和氏之璧与百金以示鄙人，鄙人必取百金矣；以和氏之璧、道德之至言以示贤者，贤者必取至言矣。其知弥精，其所取弥精；其知弥粗，其所取弥粗。

它的意思是说，今天把百两黄金和一碗美食拿来让小孩子选择，小孩子一定会选择美食而不要百金；把和氏璧和百金拿来让一个没有见过世面的人选择，这个人一定会选择百金而不要和氏璧；把至理名言和和氏璧拿来让贤者选择，贤者一定会选择至理名言而不要和氏璧。由此可见，认识水平越高的人，他的选择就越精；认识水平越低的人，他的选择就越粗。

那么，接下来的问题是如何在舆论公关中更好地塑造公众认

知。这里有两个关键点值得参考:

1. 争做公众舆论的代言人

争做公众舆论的代言人,也就意味着要做公众利益的代言人。受传统文化影响,中国的公众在面对社会事件时,往往有着"枪打出头鸟"的顾虑,不愿意主动站出来发表自己的观点。所以,尽管随着社会化媒体的发展,公众获得了越来越多的发声途径,但是实际上,能够深度表达自身观点的人还是少数!这也是在社会化媒体平台上"转发"的内容要远远超过原创内容的最主要原因。

公众需要的是一个处在信息高点的代言人为他们有理有据地输出自己的观点,而他们只需要简单地转发、点赞或跟帖评论就足够了。其实我们不难发现,在各种社会化媒体上,那些形形色色的"公知""大V",就是擅长"替某个特定群体发声",从而挑起或化解该群体与其他群体之间的矛盾的人。

近些年,在商业上,有越来越多的企业创始人为自己的品牌和产品做代言,这不单单是出于广告成本的考虑,更重要的是在改变消费者对自己品牌的认知,争取消费者的信任,这是企业家从广告思维到公关思维的重大改变!全球最具影响力的战略定位大师艾·里斯在他的《广告的没落 公关的崛起》一书中讲道:公关具有可信度,广告则没有。公关可以创建积极的认知,如果随后的广告活动得到正确的指引,这些认知就可以被进一步利用!雷军代言小米、董明珠代言格力、陶华碧代言老干妈、马斯克代言特斯拉,都是同样的道理。

梁建章为携程开直播带货

2020年，新冠疫情给全球旅游业带来了巨大冲击，携程旅游网在疫情之下损失巨大。为了应对这场突如其来的公共危机，多数企业将线下的销售渠道转到了线上。3月25日，携程旅游网开启了自己的"复兴V计划"，通过自己的短视频平台开直播带货。

作为携程创始人的梁建章，在业内以冷静分析和果敢行动著称。早在2003年的非典疫情中，他就力排众议，出奇制胜地带领携程迅速走出低谷。在2020年，他更是首当其冲，率先采取行动。随着"复兴V计划"的推出，他第一个走进直播间，开启了他人生中的第一场带货直播。不到1个月，梁建章跋涉9000多千米，在三亚、西江苗寨、湖州、深圳、溧阳、腾冲直播6场，为111家高星酒店带货超1亿元。

这次新冠疫情给旅游业带来的冲击显然大于2003年的非典疫情。为此，梁建章"粉墨登场"，成为新的舆论焦点，他先后身穿苗族服装、古汉服、晚礼服、藏族服装甚至扮成唐伯虎进行直播，为自己企业的产品代言，为营销开辟道路，带领企业再次战胜了危机！

2. 要留给公众"有限"的思考空间

公众在对舆论做出反应时，会经过一个独立思考的过程。如果完全忽视公众的思考能力，公众很容易就能感知到。例如在海天味业的舆论风波中，无论它怎么向公众声明添加剂是符合国家标准的，消费者都不买账。因为"双标"问题的出现，消费者不得不思考添加剂到底对人体健不健康，甚至会怀疑食品添加剂的标准。

所以在实际的公关执行过程中，对于公众的舆论引导一定要为公众留出一定的思考空间。思考空间的范围之所以"有限"，是为了保证舆论引导的方向不出现偏差。思考空间的范围则要根据公众掌握的信息量和话语体系特征进行具体分析。留出有限思考空间的最主要目的，就是让公众认为"这个结论是我通过思考得出的"，并以此掩盖舆论引导的真实目的。比如 2021 年下半年，新东方教育集团宣布将自己 8 万套全新的桌椅板凳全部捐给贫困学校，在受"双减"政策影响如此严重的情况之下还能向社会做公益捐助，这样的行动不仅留下了好口碑，还在一定程度上赢得了公众的同情。直到"东方甄选"直播间走红，大家才明白当初的捐助行为是多么的高明和划算！再如在 2022 年 8 月 2 日美国国会众议长南希·佩洛西窜访台湾之时，旺旺集团董事长蔡衍明发表爱国言论，支持祖国统一，获得大陆网友好感，大家开始涌向旺旺食品的直播间，来了场"暴力"消费。

塑造公众认知，在舆论公关中还经常被运用于营销炒作。在 2021 年 7 月，被网友称为"相声皇后"的于谦，突然在自己微博上发了一条信息："50 多了，换个工作，有可能吗？"这条微博一时间引起了热议（见图 5-20）。

图 5-20　相声演员于谦微博截图

由于之前北京德云社相声演员退出的消息被炒得沸沸扬扬，于谦作为郭德纲的搭档再宣布退出，无疑是个爆炸新闻。紧接着，"50多岁换个工作有可能吗"迅速登上热搜话题，点赞数量近40万，话题累计阅读量瞬间突破1.5亿，下面有一万多条留言，大家都在猜测于老师是不是在德云社受了什么委屈。

随着"谦大爷要辞职"的热度越来越高，高德地图给出了答案：谦大爷只是有了新工作——担任"哪儿都熟协会"会长，谦大爷语音导航也已上线。除此之外，为了展现自己的新职位，谦大爷还出演了高德地图的全新广告片。

原来这只是一场出其不意的营销策划！

要想在舆论公关中取得出奇制胜的效果，还有一种方法叫制造"江湖恩怨"！比如在2013年，农夫山泉"标准门"事件中，被指产品有害物质的限量甚至宽松于自来水标准。水的质量问题，本来是一个黑白问题。尽管质疑农夫山泉的媒体不止一家，但农夫山泉最后却只"单挑"了《京华时报》，指明其连续217天、用67个版面批评自己，"开辟了一家媒体批评一个企业的新闻纪录"；随后有爆料称，《京华时报》与某公司合作经营桶装水的销售业务。黑白问题最后演变成一家企业和一家媒体的恩恩怨怨。

在商业竞争当中，制造"江湖恩怨"的舆论公关手法并不鲜见。尤为经典的一个案例是发生在2010年的"3Q大战"——奇虎360杀毒软件对战腾讯QQ。

3Q大战

2010年，腾讯公司已经是互联网界的巨无霸企业，而当时的360只不过是刚刚从杀毒软件市场上突围出来的一家小企业。

不料，奇虎360公司选择在2010年的"十一黄金周"期间，向腾讯QQ进行了宣战。360以监测到QQ在监测用户个人隐私为由，引导用户卸载QQ。当时腾讯公司的高管均已放假，这突如其来的发难，让腾讯招架不及，直到四天以后才做出整体反应。

经过几轮你来我往，腾讯发现每天近千万用户在卸载QQ。面对如此严峻的形势，腾讯在2010年11月3日宣布在装有360软件的电脑上停止运行QQ软件，用户必须卸载360软件才可登录QQ，强迫用户"二选一"。腾讯不惜得罪用户也要把奇虎360斩于马下，双方就此结下了"梁子"。

在此后的四年里，双方为了各自的利益，上演了一出又一出的是非恩怨之战，并最终走上了诉讼之路。

2014年10月16日上午，最高人民法院判定：腾讯旗下的QQ并不具备市场支配地位，驳回奇虎360的上诉，维持一审法院判决，奇虎360败诉。

奇虎360虽输掉了官司，却最终赢得了市场！此案成为最高人民法院审理的首例互联网反不正当竞争案，同时，案件本身又引发了行业、用户和法律界各方的关注。有行业人士认为，诉讼本身就促进了中国互联网企业创新生态的营造，也推动了中国市场经济的开放与竞争。奇虎360经此一战，异军突起，迅速成为国内杀毒软件中的领军企业。

案例延伸：泰森对战刘易斯

泰森（Mike Tyson）是前美国重量级拳击职业运动员，有着"野兽"之称。在1997年的一场比赛中，他咬了对手霍利菲尔德（Evander

Holyfield）的耳朵，从此以后他作为职业拳手就没再打过比赛。然而，习惯了生活挥霍的他，没有了高额的收入来源，一下子陷入了经济危机。

为了摆脱这样的危机，他需要再打一场比赛。当时拥有三条拳王金腰带的伦诺克斯·刘易斯（Lennox Lewis）成为最好的决战对象。

然而，在双方决定了对擂时间以后，却没有迎来拳迷朋友的关注热潮，甚至有些媒体一改之前对泰森的追捧，转播意愿直线下降。为了扭转这样的局面，在开赛前的新闻发布会上，一贯喜欢"挑事"的泰森在现场突然与刘易斯打了起来。打架的画面吸引了全球媒体的目光，双方仿佛将怒火烧到了顶峰，将恩怨推到了极点。舆论关注的高潮再次被推起，泰森与刘易斯的世纪之战也创下了新的转播纪录。

比赛当天，当人们期待泰森会为自己一洗雪耻的时候，没想到他在第 8 回合就被 KO。输掉比赛以后，人们以为暴躁的泰森会做出过激行为，没想到他主动过去为刘易斯擦去了头上的汗水。原来，他们俩是好朋友，之前的打斗只不过是为了配合媒体炒作。

经此一战，泰森将 3000 万美金的出场费收入囊中，为拳击比赛留下了一场经典的营销案例。

|第十三节| 借助危机传播品牌

白玉堂前春解舞，东风卷得均匀。蜂围蝶阵乱纷纷。几曾随逝水，岂必委芳尘。

万缕千丝终不改,任他随聚随分。韶华休笑本无根。好风凭借力,送我上青云。

——清·曹雪芹《临江仙·柳絮》

接踵而来的危机事件不断提醒我们,"机"不会自动到来,我们需要认真面对,全面理解,采取行动,才能在"危"中争取到"机"！英特尔前 CEO 格鲁夫（Andrew S.Grove）说过：优秀的企业安度危机,平凡的企业在危机中消亡,只有伟大的企业在危机中发展自己！

老乡鸡的疫情突围

2020 年元宵节刚过,安徽合肥的一家餐饮企业"老乡鸡"意外走红。

在新冠疫情之前,它还只是地方上一个小的餐饮品牌,而正是借助疫情危机,它一举闯入了大众视野,开始了全国性的大布局。

最先引起大家关注的并不是这家餐饮企业的品牌宣传,而是它的老板手撕员工联名信的视频。2020 年 2 月 9 日,一段老乡鸡创始人束从轩在家里手撕员工联名信的视频火了。当疫情之下,许多餐饮企业减员、裁员之时,束从轩宣布即使是自己卖房卖车,也要给大家发工资。

一段五分钟左右的视频,因为这位老板的仗义承诺,引来了网友们的广泛好评。要知道当时很多餐饮企业被迫停业。而餐饮企业对现金流的依赖性非常强,一旦停业就意味着企业断血。像海底捞、西贝、木屋烧烤这样的企业,无不发出这样的哀叹：企业的现金只够维持三个月。

受疫情影响，餐饮企业发不出员工工资是常态，而企业老板能体谅员工实属不易。老乡鸡如果只做这样的视频在网上推广，恐怕只能传达企业的态度，暂时还不能起到塑造品牌价值的作用。所以，后续的跟进动作就显得非常关键。

3月18日，老乡鸡创始人束从轩的乡村发布会又登上了新闻热搜榜。这场发布会上一改我们常见的高档大气的风格，另辟蹊径来了场"土味"十足的新闻发布（见图5-21）。乡村的破黑板、村头的大喇叭、公社里那种破旧的桌椅板凳，据说只有200块钱预算的新闻发布会，快速吸引了网友的目光，结果再登热搜，而且好评如潮。

图5-21 老乡鸡"乡村发布会"

疫情之下老乡鸡品牌的成功出圈，再度给束从轩带来了逆流勇进的信心，并向全网发出信息，要在年底将老乡鸡扩展到1000家门店。到了2020年年底，老乡鸡紧锣密鼓发展门店，可惜离当初的目标还差一段距离。在年底的工作总结中，束从轩自嘲当初"草率"了，并宣布老乡鸡全国连锁实现了800余家门店的成绩。这样的成果，依然受到了同行的羡慕和舆论的称赞！

不是所有的危机都能化危为机，但每次危机都会孕育新的机会。老乡鸡这种借力用力的公关策略，进可攻，退可守，运用得非常娴熟。回顾老乡鸡的经营之路，不难发现，老乡鸡非常善于借用危机事件来创造自己的发展契机。

（1）2004年禽流感。老乡鸡请肥西市市长到店吃鸡，同时参与策划"千人同吃放心鸡"的大型活动，利用危机顺势开展营销，提升了企业的竞争力。

（2）2012年"速成鸡"事件，再次波及整个餐饮行业。这次老乡鸡严把质量关，采用开放式厨房，全流程管理，公开透明，深得消费者信任，销售额出现了不降反升的奇迹！

（3）2014年的雾霾调查引起全社会强烈反响，老乡鸡在此舆论之下，首先发出声明"拒绝油烟污染物"，并打造全透明厨房。借势营销，充分提高了品牌曝光度。

（4）2020年新冠疫情席卷全国，创始人束从轩通过录制手撕员工联名信的视频，再度登上热搜，铸就了全国性的餐饮连锁品牌。

延伸阅读：《从鸡汤小馆到每个人的家庭厨房》

——束从轩在2019年10月16日老乡鸡进军全国战略发布会上的讲话

我养鸡已经37年了，我是真正的养鸡人，我们一直在追求养最好吃的老母鸡。我们是怎么养鸡的呢？踏破铁鞋觅鸡种。当时不像现在交通这么便利，为了寻找鸡种，骑着摩托车到山里去找，不是说找一回，我是一有时间就到处去搜寻，鞋子都磨破了几双。我记得大概在1984年，有天晚上我睡在床上，在想怎么能够找到好鸡呢？越想就越兴奋，晚上拿了两千多块钱出去以后将近十天都没回来，家里人着急到处找我，没想到我是找鸡去了。

养鸡不是那么容易的。小鸡对温度非常敏感，热了冷了都不行，空气里的氨气过重也是养不出好鸡的，就像养鱼一样，水要特别好。老乡鸡的鸡生长在大别山余脉中，空气好。而且，同类群的鸡必然有长得大一点的、小一点的，需要的饲料也不同。我真正跟鸡在一起睡了7年，正因为如此，我才对鸡比较了解。把我眼睛蒙住，让我到鸡舍走一趟，我大致可以说出这个鸡有多重，它是渴了还是饿了，胖了还是瘦了，是不是生病了，这是我跟鸡长时间零距离接触的结果。

老乡鸡的前身是肥西老母鸡，从全国快餐来说我们开店算是比较晚的。我在1999年参加了一个餐饮企业培训，当时还不知道有快餐这个概念，也不知道麦当劳，回来一看肯德基和麦当劳这个生意真好，我们就也想做这样的业态。为了开店，我准备了四五年。我聘请了四个大学生，干什么呢？写营运手册，他们写了半年也没写出什么名堂，最后我就自己写吧。每天晚上八点多坐下来写，有时候写到半夜两点，也有时候写到快天亮。经过大概五个月，我写了六本管理手册，按照这个手册去培训我们的员工。

后来我们准备开店了，大概花了半年多时间装修第一家店，觉得哪里不行就拆了再装，总想把它做到最好。正因为这样的高要求，开店以后生意非常火爆。火爆到什么程度呢？当时一个店200平方米，顾客一多就非常拥挤，我们派了几个小伙子站在门口把顾客5个或10个往里面放，就怕里面太拥挤。有一天收银机从早到晚中间没有停过，一直在工作，到下午4点多钟冒了一股青烟，收银机都烧了，火爆到这种程度。

开店成功的另一个原因是鸡汤好，汤好了才养人。开店之前我带领我们的厨师试吃这个鸡汤，一直试了上千只鸡，终于做出来的鸡汤连我儿子与女儿都愿意喝，因为他们从小喝鸡汤喝到大，很难再喜欢鸡汤了，如果他们也喜欢，我就知道这个鸡汤成功了。除了鸡汤以外，我们的菜不是什么山珍海味，道道都是家常菜。我们的研发人员真的非常辛苦，月月都上新，把每一道菜都做好。

大家都知道我们老乡鸡店面是非常干净卫生的，洁癖般地干净卫生。比如说青菜会有一些虫子，我们员工就用肉眼去挑，一直挑到眼睛花了还在挑。比如说老母鸡养了这么长时间有淋巴结，我们把颈部的淋巴结全部去除。我们工厂几百号的员工都是附近的农民工，一开始到厂里打饭都不知道要排队，通过我们的5S管理、标准化管理，把大量的农民工培养好。现在到什么程度呢？全厂没有一个烟头，车间是十万量级的净化，也就是说在里面做手术都可以。为了寻找好食材，采购人员一年有200天在天上飞，寻找最好的食材。有一些食材来自东南亚甚至更远的地方，比如说我们的牛肉就是新西兰的。

接下来再汇报一下我们最基础的东西——门店。超过800家店，怎么管理？要靠系统。开店前我写了六本管理手册，定性的东西比较多，定量的不多。到2013年营运队几十号的员工重新写，写了几个月。我们的管理机制也比较特别，员工把他们的岗位当作一个发展的平台，每个人都很拼。现在我们普通员工的月收入到了4000元以上，高于其他洋快餐的工资。我们店长有的一年收入近20万元，平也有十万元，且我们已经培养了200个店长候选人在那里等着接新店。

各位可能都知道在老乡鸡发展的过程中，特劳特一直陪伴着我们，是我们的创业伙伴。我们2011年与特劳特公司签订了合作协议，把那一年利润的70%拿出来支付特劳特的咨询费。特劳特的战略报告出来以后通知我到上海来开会。在特劳特办公室，他们告诉我说要换品牌名。对于我们企业家来讲，品牌名就是我们的命，我跟邓总说你让我抽一根烟想一想，就10分钟的时间。这10分钟我做了非常激烈的思想斗争，最后决定换。因为肥西老母鸡在当地太出名，换名第一天，媒体不断打我电话，到晚上9点钟才结束采访。第二天，合肥街谈巷议都是我们换名的事情，网上有个帖子引发了非常大的热议：肥西老母鸡都改名了，从此我不再相信爱情了。

这次改名非常成功，改名花了2000万元，改掉后第二年我们的净利润是改名费的2.5倍。后来特劳特要求我们把全国各地开的店，包括上海开的都关掉，聚焦在安徽，卧薪尝胆积聚势能。我们那个时候真想走出去，每当我说要走出安徽，邓总就把我按住，说一定不要出去，你就在安徽，把安徽做透再说。当我们在安徽从100家店开到300多家店，把安徽这个根据地夯实以后，2016年邓总说，现在各种条件具备，我同意你出去了。我们出去以后发现积聚的势能果然很高，发展真是非常顺利，也感谢分众传媒在宣传方面给了我们很多支持。

特劳特要求我们把早餐上升到战略来做，几年努力下来，早餐经营得非常成功，早餐一个人也就几块钱，老乡鸡最好的店早餐可以做到八九千元。自从老乡鸡卖早餐以后，合肥的早餐路边摊少了很多。

而午餐这一块，只要不是恶劣的天气，我们95%的店午餐时间都是要排队的。外卖的增速也非常快，我们在上海外卖占比将近50%，武汉、南京的外卖占比达到40%，安徽也将近30%，公司2019年外卖收入大概在10个亿。在合肥，网上有一个经典的帖子说：今天我们吃什么，吃老乡鸡；今天不知道吃什么，也吃老乡鸡；今天要出差了，吃一顿老乡鸡再走；出差回来了，第一顿就要吃老乡鸡。天天吃，吃腻了，今天坚决不吃老乡鸡，后面想想还是老乡鸡，真香。

通过持续努力，在安徽我们的店面总数已经是所有洋快餐之和的3倍。我们用3年时间成为南京第一，用2年的时间收购了武汉永和，我们用3个月的时间在上海成为快餐业标杆。我们上海的店面在100平方米左右，平均每个店的日营业额3万多元，有望冲破日均4万元。在束小龙的带领下，老乡鸡企业已经成为一个大平台，在信息化方面建立了前台、中台和后台，现在的架构可以承载上万家店。现在老乡鸡每天接待顾客40万人次，并且每年以40%的速度在增长。我们有一个愿景——有城市的地方就有老乡鸡。我们的使命就是要成为每个人的家庭厨房，我们的价值观就是要为我们的顾客做一顿好饭。

第六章
媒体关系的维护

故人具鸡黍,邀我至田家。
绿树村边合,青山郭外斜。
开轩面场圃,把酒话桑麻。
待到重阳日,还来就菊花。

——唐·孟浩然《过故人庄》

媒体是什么？

百度百科中给出的答案是：传播信息的媒介！

那什么又是媒介？

传播学家麦克卢汉（Marshall McLuhan）告诉我们：媒介是人的延伸。

他认为，一切传播媒介都是人类感官的延伸，或者说是人的某种功能的延伸。印刷媒介是视觉的延伸，广播是听觉的延伸，电视是视听觉的综合延伸！这样看来，我们每个人无不生活在一个由媒介构成的环境之中！媒介延伸着人，媒体又影响着人！

随着工业社会的号角渐行渐远，信息社会的旋律已迫不及待地回旋在当下，媒体开始一步步走上王者的宝座，成为真正的"无冕之王"。快速发展的媒体正在大幅改变我们的生存环境，对于政府和企业而言，今天以及未来的成功，某种程度上来说，媒体拥有否决的权力。公众号探讨、微博转发、朋友圈点赞，从快手、抖音到知乎、B站，一条条新闻不断冲上热搜，引发更多人的关注，也推动了管理部门的积极介入。

这就是媒体的力量！对于政府，当危机来临时，往往不能绕媒体而行，媒体在其中的作用举足轻重。作为政府的喉舌和公众的传声筒，中国的媒体往往具有更强的公信力。尽管随着人们理性水平的不断提高，人们对媒体的崇拜有所降温，但企业与公众信息的不对称性，使得公众仍然依赖媒体获取外界信息，媒体仍然具有很强的话语权。危机压阵，政府、企业身处媒体舆论的包围声中，想要对媒体敬而远之几乎是天方夜谭。因此，如何恰如其分地处理公众与媒体的关系，已经成为政府、企业进行舆论博弈的头等要务。

罗马法学家乌尔比安有句名言：媒体真正想赢得的，不是一般的掌声，不是压倒被曝光者的快感，而是通过"善良和公正"以及"专业的尊严"，得到外界真正的尊重。

媒体扮演的是信息传播者的角色，与媒体为敌，就是变相与不知情的公众、社会为敌，危机处理者的怒发冲冠，只能让其瞬间陷入"一个人战斗"的孤立无援的境地。当前，新闻舆情已经不光是媒体的事，而正在演变为现实的政治和公共管理事件。

因此，政府各级领导干部和企业经营管理者应提高危机应对能力，同时能够熟悉媒体、读懂舆论，学会借助媒体，发挥新闻媒体中的合声效应。

|第一节| 跟媒体人打交道

如何与媒体建立良好的关系？

这是一个看似不便公开探讨但又无法回避的重要现实问题。现在很多企业的做法干脆是"外包"出去，通过中间的广告公司、公关公司来处理媒体关系。但是在紧急情况下，仅靠财大气粗来维系媒体关系、引导媒体视线，恐怕未必能做到准确与及时。有些时候公关公司为了换取项目利润，会借用小的负面事件刻意扩大媒体邀请范围，甚至会出现画蛇添足的荒唐事。因此，本单位与媒体之间的这门"公共关系课"有必要补上！

一、建立媒体人脉，善于沟通

处理好媒体关系，关键要建立人脉圈和沟通机制，同时熟悉新闻规律，善同媒体沟通。

建议本单位分管宣传工作的领导以及宣传干事、新闻秘书、通信员等，务必与媒体有关领导、记者（特别是跑线记者和专事批评报道、处理爆料热线的记者）、编辑保持紧密联系，可利用微信等交流方式进行沟通。平时如有好的新闻选题，应及时主动与记者交换意见，如果得到对方认可，又能按其要求采写，一般会被刊播。事成后，应及时表达谢意，增进彼此情谊。

有了日常沟通做支撑，即便本单位出现了问题，特别是影响不大、内部能很快解决、没多大新闻价值的问题，很可能就不被媒体"捅"出去。即便是有非曝光不可的突发事件，媒体也会注意把好时机，减少篇幅，放在次要位置，降低负面影响。

平时联系多了、关系好了，就能全面深入了解各家媒体的功能定位、有关记者的脾气禀性和喜好特长，有针对性地与媒体记者打交道。如果掌握了政法类、经济类、教科文体类、社会调查类记者的详细情况，知道谁善做深度专题、谁擅长时事评论、谁专攻批评报道，就可以"投其所好"或"避己之短"，让本单位正面宣传多多益善，负面报道尽力避免，保持良好的社会形象。

平时主动与媒体记者保持友好关系，是做好舆论公关的第一步，是确保出了负面新闻也能够有效应对的重要前提之一。如果平时与编辑记者的关系疏远了，彼此变得陌生了，等到有急事难事时才临时抱佛脚求助，往往是佛不显灵，情面不留，困境难解。

因此，企业应与主要媒体建立定期沟通联系的有效机制，让新闻秘书、宣传干事、通信员等相关职能人员经常与媒体记者保持线上线下的交流。在领导层面，分管宣传工作的领导乃至主要领导，每年至少要与新闻单位负责人和路线记者开一次座谈会或联谊交流会，通报本单位有关情况，提供新闻线索，深化彼此友好情谊，巩固合作伙伴关系。

二、读懂媒体属性，善待记者

一些单位和机构，包括地方党政机关在过去很长的一段时间里，将媒体记者视作敌人，将舆情视若敌情。然而随着媒介技术的发展，你防得了记者但未必防得住群众，你防得了电台但未必防得住网络；现在已经是人人自媒体，人人都可做业余记者，因此想要靠"封"和"堵"来防住风声的泄露、信息的传播，那可能只是一厢情愿。

大量事实证明，与媒体记者为敌，对抗舆论监督、硬扛到底的做法，实在是不自量力、得不偿失的做法，到头来反而会因小失大！那么，到底该如何看待记者？

国务院新闻办公室前主任赵启正曾这样评述与记者的关系："记者不是你的学生，不是你的部下，不是你的朋友，不是你的敌人。记者是你的挑战者和挑衅者。不论记者如何对待你，记者应该是你的合作伙伴。"这是赵启正多年的实践体悟，比较符合实际，值得细细品味。

众所周知，我们处理媒体关系的党委政府部门、企事业单位负责人，大都同时兼任有一定实权的副职工作，有的平时已经习惯于发号施令，而其下属通常会遵照执行。于是，有些领导干部面对记者时也可能自觉或不自觉地把记者当下属。有的管理者见到记者采访时心理防线立即失守，情绪上就从紧张到恐慌再转向怨怒，甚至会表现出趾高气扬的姿态，以幻想达到吓退记者的目的。

然而，我们注意到，记者有自己的独立判断和职业信仰。记者作为独立调查者，本质上不喜欢受人摆布，不希望被当作学生接受教导。所以，如果负责人居高临下、咄咄逼人，就会激起记者的逆反心理、愤怒情绪。

总之，媒体是靠信息吃饭的，为获取更多利于传播的信息，记者天然地会提一些令对方不悦、难堪的刁钻问题，逼对方说出自己想要而对方不想说的话。所以，我们既要善待记者，又不能盲信记者，特别是对个别职业道德值得怀疑的记者，务必提高警惕，千万不能口无遮拦、信口开河，以免害了自己、连累单位。

三、有序组织报道，接受采访

当突发事件发生，媒体闻讯赶到现场进行采访报道时，与现场记者处好关系，就成为舆论公关的重要环节之一。

突发事件发生后，面对蜂拥而来的记者，处置部门要迅速设立媒体接待中心，及时主动提供新闻素材、采访机会或滚动发布相关信息，避免记者在得不到官方消息或消息来源有限的情况下，将通过非常规渠道打探的不准确消息传播出去，误导公众视听，损害公信力。

突发事件处置部门要迅速派人赶到现场，会同其他工作人员有序接待记者、组织采访。接待现场记者，关键要树立服务意识，保障记者正当采访权益，协助其顺利完成任务。但在实际工作中，事件处置方往往存在"捂""掩""盖"的防范心理，容易把记者当成"找事的"，现场不尊重记者甚至直接动粗的现象也时有发生。

地方行政机关，在突发事件面前，一般会出动警力去维持现场秩序，然而警方容易把现场记者视为干扰因素，不时与记者发生直接冲突，让警察形象陷入舆论被动环境中的情况也常有出现。例如2016年12月16日中午，中国教育报社记者在黑龙江甘南县，就学生营养午餐变质发臭问题进行暗访时，被闻讯而来的民警带回镇派出所打伤。随后，多家媒体报道此事，教育部、中国记协、黑龙江省有关部门表示关注。17日晚，打人的派出所副所长李英东受到党内严重警告、行政撤职处分。

其实，记者一般不会存心与警方"作对"，他们出于"抢"新闻的需要，有时会考虑不到自己的采访行为可能已经妨碍警方办案，比如拍摄时影响现场某些人员的情绪，或干扰到了警方执法，等等。

作为现场处置的领导干部，此时应客观地判断记者的行为，看他是否对警方处置事件产生了明显的干扰，若是有，则应制止，但要耐心说明理由，不能简单粗暴对待。当然，是否构成干扰，常常没有明确的标准和界限，需要在记者法定采访权和警方不受干扰的执法权之间做出慎重权衡。

突发事件面前，做到有序组织采访和报道实属不易。一般情况下，如果现场条件允许，管理者可给记者提供最佳拍摄位置，助其圆满完成采访任务。对境外记者来访，也要依法依规管理，有礼有节接待。

对于非媒体人员现场进行的拍摄是否需要制止和干涉的问题，在我的培训课程中也经常被问及。其实早在 2016 年 7 月 26 日，公安部举办的全国公安机关规范执法视频演示培训会上，公安部就明确规定"群众拍摄如不影响正常执法不得干涉，民警要自觉接受群众监督，习惯在镜头下执法"。我们看到现在民警都在提高自己的执法质量，事故现场双方或多方都拿摄像头进行拍摄，因此我们没有权力制止别人拍摄。此时正确的做法就是有序组织采访，自觉接受媒体监督，自我约束，避免不当言行被"现场曝光"。

综上所述，面对媒体监督和舆情危机，涉事主体要避免紧张闪躲、沉默回避、掩盖事实、推诿他人、反唇相讥、漠不关心、信息紊乱的情绪化应对，要做到真诚沟通、勇于担责、系统运行、敬畏媒体、有序组织、快速反应，这样才更利于建立良好的媒体关系，更利于维护组织的品牌声誉！

|第二节| 媒体沟通的"三要素"

两千多年前，古希腊哲学家亚里士多德在《雄辩的艺术》一书中论述道："一次成功的演说只有包含了'Ethos, Logos and Pathos（道德、逻辑和情感）'这三方面才会有效果和说服力。""道德""逻辑""情感"这三个单词正好说明了在与媒体沟通的过程中要注意的三个要素。

道德准则

亚里士多德认为，对一个人的人格的印象是影响信念的重要因素。人们有时候做出决定，并不一定是因为建议本身，而是对某个权威的认同和某人道德的赞许。一些重大舆情事件，往往涉及重大的是非价值判断和最基本的人文关怀。

中国有句老话：有道无术，术尚可求也，有术无道，则止于术。就是说要先符合道德标准，再进行沟通技术的提升，如果没有道德作为前提，再高超的公关技术，到最后也会形象坍塌！因此，在进行媒体沟通时，必须要站在道德制高点上，从人类、国家、民族、弱势群体等维度对问题进行审视，了解媒体诉求、了解公众情绪。

只有在重大是非判断上与公众保持一致，才有可能引导公众关注接下来发布的信息。否则会在一开始就受到舆论质疑，使得沟通失效或者引发舆论失焦。比如，某地发生人员伤亡事件，当事机构受到指责，不管这种质疑是否有根据，机构在进行发布时首先要体现基本的人道主义精神，对死亡人员进行哀悼，对死者家属表示体恤，对伤者表示关心。

除了发布立场和内容要符合道德评判，抢占道德制高点以外，发布者自身的道德水平或者权威形象也会影响信息的发布。比如白发苍苍的院士与逛夜店的年轻人，其在媒体和公众心中的公信力自然不同。

逻辑严密

说话逻辑性强，说明这个人讲话有水平。外界对个人的评价，往往要先看个人说话的层次够不够清晰、讲话的重点够不够突出、讲的内容是不是有条理。常言道：动之以情，晓之以理！这里的"理"，是说理和推理的结合。向受众正面摆出事实，举例说明，并分析内在的道理，进而进行推理，从反面指出危害，让受众权衡利弊，这就是对外沟通的逻辑严密性！

在如今的自媒体时代，公众对于事实和观点并不一定全面掌握,有时会做出错误解读,如果需要我们进行反驳,那么对自身逻辑的严密性就要求很高。尤其是媒体和公众对某件事还处于态度不明、认知混沌模糊的阶段,我们在架构逻辑选择事实举证时一定要严密完整。如果媒体和公众对某件事已经有了明确的观点和态度,而这个态度恰恰与我方相反,那么,我们需要对对方的逻辑和事实进行深入的分析,以更加缜密的思维挑出对方逻辑错误或失实细节。同时,如果我们选择用建构另外的事件逻辑来说服媒体和公众,那么尤其要确保逻辑严谨而合理,细节准确而适当,否则就会造成舆论的"逆火效应",很可能会失去回应的最佳时机,丧失公信力。

情感共鸣

根据亚里士多德的理论,只有了解受众心理,才能体会和激发受众情感,才能使受众态度朝预期方向发展。这与我们所说的"动之以情"是相同的道理。

诚意是开始,只有心怀诚意,与公众和媒体在情感上产生共鸣,才能接近对方,才能获取对方信任,才能使对方接受信息,改变态度。一场灾难发生后,在惨痛的现场如显露出不合时宜的微笑,将会影响事件整体进程。如人们的悲伤、愤怒、无奈得不到回应,就会引发进一步情绪升级和过激的举动。

在与记者沟通时,要学会与记者换位思考,将心比心,尊重记者。秉持诚实至上原则,对待媒体要一视同仁,不卑不亢。

华为"孟晚舟事件"发生后,任正非接受媒体采访

华为是靠卖产品、卖服务甚至是卖管理、卖文化而形成社会影响力的企业,这与任正非的性格和处理方式有关。但是自从"孟晚舟事件"发生以后,华为创始人"被逼"接受媒体采访,积极地向

外界传递华为的声音。

有人说任正非在过去的31年创业过程中,总共接受媒体采访不超过十次,而在2019年1月1日到2月1日,短短的30天内,他几乎每天都要接受国内外媒体的专访或联合采访。他过去的低调,吊足了媒体的"胃口",而如今的事件也足以见证历史。

不难发现,在"孟晚舟事件"发生以后,华为在国内和国际舆论上都受到了史无前例的关注。大家都明白,如果处理不好,世界通信领域的发展格局将被改写。

在央视记者董倩的采访中,任正非回答:我是被公关部给逼出来的,要给18万员工传递信心,要给外界传递信心。——这个很中式的回答始终贯穿着他所有的采访,看似漫不经心的媒体对话,实则展现出了他那种举重若轻的企业家风范。

我们不妨从媒体沟通的视角来分析一下,任正非是如何面对媒体采访的,他都做了哪些工作,又传递了哪些内容?

首先,从媒体选择和采访顺序上看,华为的公关部采用了先外后内的办法。

例如在2019年1月15日到16日两天,华为先安排外媒进行采访,到了17日再接受央视记者董倩15分钟的专访,然后再进行国内媒体的联合采访。

在邀请的国外媒体中,我们看到了金融时报、美联社、华尔街日报、彭博社等十多家国际知名媒体。这些媒体虽然提的问题异常尖锐,但媒体本身在此事件当中不戴有色眼镜,没有意识形态偏见,相对独立、理性、客观地传递了华为的声音。在1月18日,任正非还专门给了英国最大的新闻广播机构一次专访的机会。是的,不是美国的CNN(美国有线电视新闻网的英文缩写),而是英国的

BBC（英国广播公司的英文缩写）。熟悉国际媒体的朋友都知道，英国的 BBC 对中国的态度并不十分友好，华为敢于选择对中国不太友好的媒体来做专访，这种看似冒险的邀请实则体现了华为的自信。

华为明白，自己在国际法条中立得住脚，在技术应用中拿得出手，在市场竞争中经得起查，根本没有理由惧怕美国的无理制裁。华为也相信，符合道义的声音，在西方普世价值观的体系当中不会被轻易抹杀。

果然，国外媒体对新闻及时性和稀缺性异常看重，在国内找不到任何相关信息的情况下，华为"孟晚舟事件"的新闻价值不言而喻，谁先拿回报道谁就更吸引公众的目光。华为的坦诚让外媒无懈可击，反过来对华为争取国际舆论支持又起到了促进作用。

其次，华为的公关部门在"孟晚舟事件"发生一个月之后再安排任正非出来露面，按照危机公关的"黄金时间"的理论来看，似乎已经超出回应的最佳时段，但这正是化危为机最巧妙的一个转折。因为，在"孟晚舟事件"刚出来的时候，华为已经有官方的正面回应，可以说是在黄金时间段内做的有效回应，这次由创始人直接接受采访，是对华为应对策略进行的进一步系统化阐述。华为的谨慎与克制是必要的也是必需的，这是在市场竞争中积累下的宝贵经验，也是在统筹权衡各种利益关系后做出的最符合逻辑的选择。

最后，最为关键、最考验人的，就是任正非接受媒体时的表现。我们一起去看他在回答记者提问时的表现。

任正非在接受媒体采访中，表面上看是对问题来者不拒、直言不讳，但事实上仔细分析不难发现，他其实都是在围绕三条主线进行阐述，而且无论记者怎么"设陷"、怎么"诱导"，都会回到这三条主线上来。

1. 华为相信法律并依靠法律解决问题

华为遵守美国、加拿大、澳大利亚和欧盟的相关法律法规，相信能够用法律解决问题。无论记者如何问任正非怎样面对这次"孟晚舟事件"，他都会绕回来，表明自己的原则和态度。

2. 华为有自己的发展规划，坚持自己的研发、投入和管理模式

"孟晚舟事件"虽然会影响华为的发展速度，但不会影响华为的发展格局，并适实使用了数据支撑、事实举证。一些关键性数值，任正非能准确回答出来，可见他在采访之前已经做好充分的准备。

3. 基于华为的自身定位，去充分示弱

"华为之于中美两国的贸易摩擦，我们就连一个小小蚂蚁都不如。""孟晚舟不是技术出身，永远不可能接班。""我们一直在学习苹果！""不能因为我们一家公司而牺牲了国家利益，牺牲了国家改革开放的政策。"

这些话都是任正非的真情实感，也正是他对历史、政治的清醒认识和对事业的真情投入，华为才获得公众的情感共鸣。

不难发现，任正非在这个非常时刻，能够频繁面对媒体而不出错，正是得益于他非常明确的话语体系，简单概括来说就是：坚持道德准则，语言逻辑严密，情感示弱产生共鸣。

任正非是一个危机感和责任感非常强烈的人，他在华为的管理手册里一直在警示全体职员：华为只剩最后90天，我们的第91天怎么办？

我们再看任正非对于内部讲话的风格，对比一下其与外界讲话的差别。

【任正非语录】
➢ 触及自己的灵魂是最痛苦的，必须自己批判自己。
➢ 华为揭开面纱，脸上全是褶儿！
➢ 中国要重视教育，尤其是农村教育，教育是最好的国防。
➢ 我们生存下去的唯一出路是提高质量，降低成本，改善服务。否则十分容易被外国垄断集团一棒打垮。
➢ 十年之后，世界通信行业三分天下，华为将占一份。
➢ 利益分配永远是不平衡的。我们在进行岗位变革也是有利益重新分配的，比如大方丈变成了小方丈，你的庙被拆除了，不管叫什么，都要有一个正确的心态来对待。如果没有一个正确的心态，我们的改革是不可能成功的，不可能被接受的。

延伸阅读：媒体沟通"十要十不要"
一要开门见山，不要绕来绕去。

铺垫过长会影响表达效率，令受众厌烦而失去耐心。沟通开始时就要直截了当，或表明观点态度，或亮出证据，或简述经过。

二要突出重点，不要敷衍了事。

看似内容繁多，实则避重就轻或无实质内容的媒体沟通，都会被认为是在敷衍公众，这也是面对媒体采访时的大忌。媒体沟通要避免发散性思维，须紧扣当前突出问题，择其关键一语中的。

三要立场明确，不要前后矛盾。

开始时就明确自己的立场，并始终维护己方立场，在与媒体沟通中一般不会出现偏差。最怕立场左右摇摆、人云亦云，回应外界关切，出现前后翻转、相互打架的情况。

四要降低姿态，不要随意拔高。

网民反感"高大全"，媒体也不喜欢报喜不报忧、好话说过头的发言。所有自以为是、高高在上、凌空虚蹈、不容置喙的"官话"，都只会在舆论中起到反作用。因此，公开的媒体发声，要学会降低姿态，与弱者建立连接，不可随意拔高，让公众敬而远之。

五要具体可感，不要抽象概念。

公众容易被具象和细节所打动，因此在媒体沟通中要用生动形象的事例和通俗易懂的语言说话。不要卖弄深奥难懂的概念、术语，否则媒体难以理解，舆论易生歧见。

六要逻辑通畅，不要颠三倒四。

要以清晰、严密的逻辑展开论证沟通。观点陈旧、论调平庸，顶多被视为发言水平低；若逻辑混乱，经不起推敲，就会出差错、闹笑话，酿成新的负面舆情。

七要以理服人，不要强加于人。

媒体沟通要理直但气和、言轻但有物，既要持之有据还要留有余地，要用证据和事实说话，不能偏激，以防止自己说话太绝对。切忌说教、灌输、强词夺理的沟通方式，更要杜绝假话、套话、空话。不回避反方观点，应在回应中进行论证，而不是只列举支持自己观点的论据。要举有代表性的事例，尽量提供反面例证，正反对比，强化说服力。

八要言简意赅，不要拖沓深奥。

让人费解的语言，不是好语言。表述首先要准确明了、短小精悍、直击要害，然后才讲究妙语连珠。少用高屋建瓴、阳春白雪的语言，多用深入浅出、鲜活好读的通俗化表达，用让人一听就懂的大白话。

九要标题醒目，不要冗长乏味。

标题是文章的"眉目"，面对媒体的稿件是否有吸引力，事关新闻稿的成败。网上信息过载，文章标题只有"明眸善睐"，才能"脱颖而出"。要以最精练生动的语言（最好控制在14个字以内）归纳最核心的观点，以最醒目独特的文字吸引最广大的受众，但绝不做无底线的"标题党"。评价一篇评论的观点是否清晰明了，有个重要的衡量标准，就是看能否将观点浓缩成可做标题的一句话。

十要把握好度，不要冷热无度。

不是所有网上热点都适合做回应，不是每个热点在舆情发展阶段都需要做引导。要准确判断哪些热点不必引导，需引导的应何时切入、何时停止。要准确把握网评的量与度，防止弄巧成拙、火上浇油或死灰复燃。

| 第三节 |　接受采访10个注意事项

1. 采访前应该做哪些准备？

在接受采访之前，至少需要准备三方面内容：相关事实资料搜集、问题预测清单以及事件的关键信息点。

决定接受采访后，需要和记者确定采访的时间、地点、形式和范围，最好能让记者提供采访提纲，针对提纲协商调整，并与记者约定不回答提纲之外的问题。如遇突发事件无法提供采访提纲，可以口头询问记者采访意图,以便迅速打腹稿组织自己的语言。

记者发文字稿前,可以提出要自己审稿的要求,审稿时需要删减的部分可以协商调整。

2. 如何核实记者身份?

一般情况下可核实记者的记者证或单位介绍信,也可与记者所在单位联系,确认记者身份。核实记者身份时,应注意措辞,态度要友好。

具体介绍几种方法:

方法一:二维码扫描。用智能手机扫描记者证照片下方二维码,核验新闻记者证信息。如显示被查询人的证件信息和照片,说明是真记者证;如不显示,说明不是真记者证。

方法二:短信查询。移动手机用户发送"CXXM 记者姓名#单位名称"到 10660840 查询。如收到被查询人的证件信息,说明是真记者证;如收到"您查询的记者信息未找到"等字样,说明不是真记者证。(资费说明:1 元每条。)

方法三:网站查询。登录中国记者网(http://press.nppa.gov.cn)首页新闻记者证查询栏,输入新闻记者证相关信息。如显示被查询人的证件信息和照片,说明是真记者证;如显示"没有找到您想要查询的内容"等字样,说明不是真记者证。

方法四:移动应用查询。关注"中国新闻出版政务"微信服务号,或下载国家新闻出版广电总局手机客户端"中国新闻出版",在便民查询栏目中点击记者证查询,输入新闻记者证相关信息。如显示被查询人的证件信息和照片,说明是真记者证;如显示"没有找到您想要查询的内容"等字样,说明不是真记者证。

3. 接受采访时会碰到哪些难题？

我们简单总结了记者提问时常用的技巧和回答者的应对方法（见表6-1）。

表6-1 记者提问时常用的技巧及应对方法

	记者提问时的常用技巧	应 对 方 法
1	在你没有阐述完时故意打断	有礼貌地肯定并继续说下去
2	假借维护你的立场加以诱导	明确立场并重新陈述你的信息
3	陈述错误事实或歪曲部分信息	立刻纠正错误
4	在你没有给出完整和正面的答复之前提出新的问题	如果前述问题重要就继续回答原来问题
5	引用别人的话，要求你给出"坦诚"的回应	阐述自己的观点，不要以引用别人立场的话为前提发言
6	连续提出多个问题以加快速度	保持冷静，挑一两个你觉得必要的问题回答
7	要求对一个无法回答的问题给出答复	确认听到了这个问题，然后回头重述你的主要信息
8	提及一个对手或其他的机构	不要谈及或批评同业伙伴、竞争对手
9	声称不明白某个技术性的问题	简单重述、恰当比喻
10	问及你的私人意见	不要给出私人意见
11	说他们是你的朋友，站在你这边	他们首先是记者，然后才是朋友
12	问假设性问题	不要纠缠，回到你的主要信息
13	在问题中使用情绪化语言	冷静纠正错误，回到相关主题

记者常用各种技巧来引导被采访者吐露相关信息，比如：重复你说的最后几个字，诱导你继续说下去；突然停下来，与你对视，看谁先转移目光；等等。

一般来说，对于一些冗长而复杂的问题，被采访者要学会抓重点提炼问题简要作答；对于一些宏大且有很多具体内容的问题，可以选择愿意回答的问题进行回应；对于一些错误的信息，要及时澄清,态度坚决;对于涉及商业机密和敏感性的问题,被采访者要提高警惕,提前做功课。

4. 遇到突发情况时应该怎么办?

面对突如其来的新消息,不要立刻表态。应当对记者提供的新线索表示重视,并安排工作人员查证,待有结果时另行回复。

5. 面对媒体时的肢体语言需要注意什么?

面对媒体采访的任何时候都要保持冷静,清晰地回答问题并作说明。但有时身体的肢体语言会给记者和公众传递不良信息。比如:双手叉腰,表示居高临下;双臂叉在胸前,表示自我保护和不耐烦;不断搓手,表示紧张和不安;双手背在身后,表示若无其事和冷漠;双手插在裤兜里,表示有秘密害怕别人知道。

正确的肢体语言是:眼神坚定平视对方,下巴微收,认真聆听;双手自然下垂,根据自己所表示的内容适当作手势;身体保持平衡,不随意摇动;坐着接受采访时不颠腿晃脚。

6. 面对媒体有哪些原则和注意事项?

正面事件应答原则:态度积极,亮点突出;讲究真实性、客观性、统一性和及时性。

负面事件应答原则:及时、主动发声;多表态度,多说事实,缓表结论,少说观点;抽象内容要数字表达、不要幽默,不要用推断和猜测语气。

回答问题时可以参考"ABC模板",即 Answer(回答),Bridge(过渡)和 Conclude(总结)。也就是说,在回答问题时,要将话题过渡到关键信息点,最后告诉记者这些事实意味着什么,并以此作为总结。不要让记者去推测你的主要观点,要抓住每个机会过渡到关键信息点。当记者说最后一个问题时,把你主要想表达的信息再总结一次。

7. 接受完采访还应做哪些事？

接受完采访以后，要对全媒体进行实时监测，注意媒体报道是否与发言的主要内容相符，为下次发言改进作参考。

对于重要媒体，就事件和观点给予信息完整报道、提供正面协助的媒体要致电或当面表达感谢。对于信息透露不完整或不正确的媒体，应主动了解其是否需要进一步提供信息。

8. 接受媒体采访最重要的是什么？

一是态度诚恳。态度是最直接最具体的体现，这一点我们已经多次强调。

二是不说谎话。"真话不全说，假话全不说！"这是北京大学季羡林先生给即将赴任外交部部长的李肇星说的一句话。一个谎言可以摧毁九十九个真实事件所塑造的信任。

三是机智灵敏。面对记者的问题，要学会将事先制定的要点进行适当转换，借机传递，同时可以重新定义问题。如遇宏观问题，可将问题缩小到我们熟悉的具体点上回答。

四是披露适度。要避免越说越多的情况，时刻把握信息边界，既要满足媒体对信息的需求，又要使组织不被过度信息所误解。

9. 接受媒体采访，应该避免出现的情况有哪些？

可以总结为"九不要"：

（1）不要和记者私下交谈。将摄像人员撇在一边，单独与记者说两句话，这看似私密，其实置你和记者于危险之中，正规的记者一般不会按照私下的"协定"执行。

（2）不要说"无可奉告"。"无可奉告"背后有无限的信息量，只会给媒体更多负面猜测。

（3）不要与记者争执。跟媒体争执，即便赢了口才也输了道义。

（4）不要说谎。任何谎言在舆论中都最终会打破，不要被媒体"打脸"。

（5）不要提供不确定的信息。有多少证据说多少话，不要做猜测性推论。

（6）不要回答与主题无关的问题。跑题之后可能会暴露无关信息，进而引发次生危机。

（7）不要试图阻挡记者拍照。你阻挡的动作会被拍摄下来，剪辑的时候会最先曝光。

（8）不要以专业角度批评记者。你的职责是把专业的问题通俗化地表达出来，让记者听懂。

（9）不要带记者参观与事件无关的区域。视频画面曝光得越多，埋下的声誉风险隐患越大。

10. 如媒体刊发稿件与事实有出入（即报道错误），该如何处理？

如遇此种情况，接受采访的部门和人员应及时告知相关部门进行处置，不要直接找媒体和记者理论或争执，办公室或公关部门将负责和媒体沟通并及时处理。

一般情况下，建议办公室或公关部门先找到报道记者的联络方式，与记者本人就报道中可能存在的偏差进行沟通，请记者协助处理稿件的传播情况并进行更正。如果记者不予配合，或处理有难度，可联系所在媒体编辑部门负责人，进行沟通。如果在报道中出现严重失实或恶意诋毁，应联系法律保全部，以官方形式向刊发媒体发出更正声明，必要时面向社会发布澄清公告。对于互联网自媒体平台，比较常见的方式是发送"撤稿函"，只要证据清晰明了，自媒体平台一般会及时删稿或屏蔽不实信息。

与记者、编辑、媒体平台沟通时应注意，尽量在友好协商的氛围内进行沟通，保持礼貌、克制，做好沟通内容的备份。

| 第四节 | 如何开好新闻发布会？

当企业单位、政府机构遇到危机后，面对舆论关切，有时必须要与媒体进行对话。2016年8月，国务院办公厅印发《关于进一步做好政务舆情回应的通知》，其中在第三条"提高政务舆情回应实效"中特别提出：对涉及特别重大、重大突发事件的政务舆情，要快速反应、及时发声，最迟应在24小时内举行新闻发布会，对其他政务舆情应在48小时内予以回应，并根据工作进展情况，持续发布权威信息。2021年2月，由中国银保监会制定的《银行保险机构声誉风险管理办法（试行版）》正式印发，其中要求银行保险机构在声誉风险应对处置中，应积极主动统一准备新闻口径，通过新闻发布、媒体通气、声明、公告等适当形式，适时披露相关信息，澄清事实情况，回应社会关切。可见国家行政最高层以及行业监管最高层，都对"新闻发布"有着明确的要求，那么接下来的问题就是如何开好一场新闻发布会。

2016年到2018年由国务院新闻办牵头，利用了两年多的时间，对各省（区、市）人民政府、国务院各部门分管负责同志和新闻发言人进行了轮训，然后由各省（区、市）新闻办牵头对省直部门、市县两级政府的分管负责同志和新闻发言人轮训了一遍。2020年新冠疫情暴发以后,仅国家和省级政府举行的新闻发布会就有上千场,正是这种及时、准确的信息发布,对动员社会进行全员抗击病毒传播起到了至关重要的作用。

政府部门的强化培训,为正确举行新闻发布会奠定了基础。那么作为一般的单位组织,如何开好一场新闻发布会呢?我们可以从会前准备、会中发布、会后跟踪三个阶段加以分析。

一、会前准备

(一)时机选择

首先要确定召开新闻发布会的必要性。不是所有的事件都要通过新闻发布会传递信息。新闻发布会是信息发布的最高形式,流程最复杂,对各个环节和人员要求都比较高。召开新闻发布会是要非常谨慎的,不到非开不可的地步,就不必开。

如果确定要召开新闻发布会,那么要问自己以下几个问题:

➢ 是否对核心问题的解决做好了充分的准备?
➢ 是否明确了参会人员和他们的态度?
➢ 是否可以向媒体一次性传递足够准确的信息?
➢ 是否可以给记者提供在别处得不到的新闻价值?
➢ 管理层的公开露面是否能提高可信度,取得共识?
➢ 发言人能否有效传递信息并经受住提问的考验?
➢ 新闻通稿、影像资料等相关介绍是否已经审核确认?

其次要明确时间准确性。新闻发布会公布好时间后不能随意更改,提前或推迟发布时间,都会造成不良影响,尤其是更改日期,更是发布会的大忌，流程公布出去以后再临时更换时间会给媒体留下不准确信息源。在一线城市召开发布会，要注意不与重大活动冲突，如遇重大活动，可能会被强制取消。

（二）新闻发言人的选择

（1）新闻发言人不一定是企业的最高层，但要有头衔，有权代表公司并有相当的专业能力，一般是公司负责对外公关事务的副总级别的人。

（2）新闻发言人需要有极强的沟通与表达能力，逻辑性强，语言表达准确，在肢体言语、表情等方面有过专业培训。

（3）新闻发言人要有执行原定计划并加以灵活调整的能力。

（4）新闻发言人的心理素质非常关键，要对现场状况、企业公关目标全面掌握，并有能力对现场氛围进行把控。

（三）筹划与演练

（1）在时间允许的情况下，对新闻发布会现场问答进行模拟与演练。应明确：记者最关切的问题是什么？该如何回答？若被问到难以回答或是无法回应的问题，该如何处置？面部表情、手势、肢体语言如何搭配？

（2）在单位里组织一些语言表达能力强的人，坐在记者席，演练两类问题——一是肯定会被问到的问题，二是公司不希望被问到的问题，让发言人重复练习2~3遍。

（3）让通晓技术的人员参会，检查发言人所说的话是否准确。如涉及法律问题，须召集法律顾问参与演练。

（4）反复播放"彩排"录像，让新闻发言人看看自己的表情、体语效果，然后提意见。

（5）接受专业人士培训指导。要接受专业人士的指导，即使你认为永远不会召开新闻发布会，也有必要了解面对媒体时应如何应对。

（四）第三方机构选择

（1）第三方是客观公正的角色，具有特有的权威性，有利于为外界提供更加强有力的声音。

（2）对于危机事件的处理，如果能邀请第三方权威机构的人员，如当地行业的主管部门领导、行业协会领导甚至政府部门领导，由他们现身说法，可增强公信力。

（3）注意尽量避免利益相关方在场发言，如品牌代言人、合作伙伴、公信力不强的机构等。利益相关方在媒体和公众的眼里不是独立的第三方，可信度不高。

（五）媒体邀请

（1）媒体要进行有选择性的邀约，不是越多越好。对于熟悉的媒体、经常保持联络的媒体、客观公正的媒体，可以定向邀请。通过公关公司或企业的外脑资源邀请，名单要进行审核。

（2）媒体邀约要做到书面通知，以显正式。开始前要进行电话确认，现场要进行专人接待。

（3）当新闻发布会的内容涉及竞争对手或涉及一些重大、敏感问题时，要谢绝那些不请自来的陌生记者或者不明身份的"自媒体"。对于一些敏感事件、突发事件，媒体总是趋之若鹜，但现在媒体客观上存在良莠不齐的现象，所谓的自媒体人有时会为了收割流量，而在事实的基础上添油加醋、混淆视听。

（六）环境设置

（1）座位安排：常见的座位摆放方式是讲台式和剧院式，也有圆桌式的新闻发布会，但圆桌式的设置不利于新闻发言人获得心理优势，也不利于维持现场秩序。

（2）区域划分：发布会现场一定要提前设置好主持人席位、发言人席位、记者席位、拍摄区、安全通道等，各区域之间要有必要的隔栏或标识，便于现场安保阻止破坏秩序的人员。

（3）设备调试：影像设备角度好、清晰度高，音响设备等确保正常使用，无噪声糙点。

（4）空间大小：不是会场越大越好，视邀约的人数而定，以利于彼此的交流，且以保持适合的距离为宜。

（5）环境选择：不一定是越高档越好，环境选择也是示弱的一部分，奢侈的环境可能会给媒体留下不良印象；新闻发布会可以设在总部大楼、工厂车间、附近酒店，甚至可以设在事故现场，但会场环境布置一定不能潦草应付。

例如2020年1月13日下午，青海西宁一公交站点突然发生路面塌陷事故，公交车半个车身掉入坑中，最终造成6人遇难。西宁市政府新闻办和西宁市应急管理局当晚紧急召开新闻发布会，发布会选择在事故附近的一所小学教室里进行，但黑板上歪歪扭扭写着的"新闻发布会"5个字，着实让到场记者跌了下眼镜。有网友评论说从现场几个字的书写上就看出西宁市职能部门的处理水平。意识到现场布置会让舆论产生不必要的联想以后，第二次新闻发布会，西宁市政府新闻办主动擦掉了黑板上的字。

（七）新闻通稿

（1）对外公布的所有资料都须提前做好准备，如权威证明、现场照片等。

（2）新闻通稿的撰写要有条理，便于媒体抓住重点内容和关键数据，为后续报道提高效率。

二、会中发布

（一）应答问题

1. 保持镇定，避免幽默

新闻发言人以及会场主持人要始终保持镇定，保持温和、礼貌的态度；对于负面事件，对外发声时要避免幽默。新闻发言人在主席台上的一些细微的动作，可能反映出心理上的巨大波动，比如表情、视线、呼吸、语速、手势、站坐和行走的过程中，往往会得到记者特别的关注和捕捉，因此新闻发言人在这些方面应该多加训练。

2. 开门见山，不说假话

新闻发言人要用简单明了、公众易懂的话阐述问题，要直截了当，不用术语和外来语，信息必须简明扼要、中心突出。公众在危机事件面前往往表现出焦虑、恐慌和急躁的心情，一般没有过多耐心听无关紧要的内容，作为当事方应当迅速亮出"底牌"，给公众吃"定心丸"。随着受众的心情逐渐平静下来，再向外界提供更多相关信息。在陈述具体信息时，要多使用肯定句，尽量避免使用否定句。

3. 归类具体，适当重复

对抽象的概念可采用数据化表达，数字化的内容可使用具体化的表达。比如此次爆炸所产生的受损面积是 6700 平方米，相当于 15 个篮球场的面积。大家对 6700 平方米的面积可能没什么概念，但对一个篮球场的面积会有清晰的认知。

另外就是对重要的信息可以做适当的重复，着重强调和重复信息意味着可信度和持久的影响，每一次重复信息都是在为受众做进一步的认识修正。

4. 第一人称，以我为主

多用"我""我们"进行表述，少用"你""你们""他""他们"来进行回应，这样更具亲和力。当问题绕远时，要注意及时牵回来，以防滑太远，掉进陷阱。

5. 陷阱问题，巧妙转移

记者为获取更多有新闻价值的信息，一般会使用设陷式的提问方式，或是提出进攻性强的问题。面对这样的问题，发言人可以转化到对我有利的立场来回答，不要纠缠原有提问，但切忌引起不满和反感。一是可以巧妙反问，比如有记者向中国证监会主席提问，像百度、小米、奇虎 360 这样的互联网企业要回咱们内地来上市，请问证监会做了哪些准备？对于优质的互联网公司回归内地主板上市，中国证监会当然持欢迎和开放的态度，但是要吸引它们回来，还涉及诸多法律和政策不相适应甚至是互相矛盾的问题。所以作为中国证监会主席，既不能说不欢迎他们回来，又不能立刻表态欢迎回到主板上市，向市场释放错误信号。面对这样的问题，中国证监会主席便进行了巧妙的反问：你认为这是不是好事呢？记者立刻回答说，当然是好事了！证监会主席立刻回答：既然是好事，咱们就加油干啊！用"加油干"替代了肯定还是否定的答复。二是可以进行切换话题，对于指责性问题，可以说"我们不赞成……但同时需要指出的是……""事件正在调查中,我们应当特别关注的是……"。对于猜测性问题,我们可以说"我们不能对此妄加猜测,我们应当关注的是……"

6. 理由充足,可以说不

对于不知道的事情,可以直接告诉记者对此我还不知道,当我获知相关信息后会第一时间告知大家。对于可能涉及个人隐私或商业机密的问题,应向记者解释原因,有充足理由是可以不必作答的。

7. 尊重提问,控制时间

发言人不要随便打断记者的发言和提问,也不要采取任何动作、表情或语言阻止他们。发言人对于提问要迅速进行分解和分类,与现场工作人员和主持人默契配合。现场主持人为了控制时间,可以提醒、打断或阻止记者提问。新闻发布会的节奏要紧凑,总体时间不宜超过90分钟。

8. 信息准确,不做猜测

所发布的消息必须准确无误,若发现错误应该马上公开更正。不要以所谓的"最坏、最糟糕的情况"进行回答,不要回答任何假设性的做法,任何臆断都会使新闻发言人陷于被动,损害其公信力。

(二)着装问题

召开新闻发布会应着正装出席,正装会给人庄重和严肃的形象,新闻发言人穿着过于休闲或过于华丽都会给舆论带来不必要的联想。我们看一个因穿着华丽而引发负面舆情的案例:

在2022年10月29日某市疫情防控工作第63场新闻发布会上,

该市行政审批和政务服务局副局长李某作为新闻发言人,对该市疫情防控的相关情况作了说明。但是当她发言时,她却用手指按在稿子上逐字来念,这种像小学生一样完全照本宣科的做法,给人留下了对分管业务不熟的坏印象。

而当发布会的视频传到网上以后,网友又将关注的焦点转向了她的穿着和配饰上。

新闻发布会的视频画面显示,李某佩戴的耳钉,疑似法国著名奢侈品牌梵克雅宝,售价高达3万元。她脖子上系着的丝巾疑似爱马仕,售价也在4000元以上。一位行政服务部门的副局长,为何能佩戴如此奢侈的装饰?针对网友们的质疑,当地纪委部门迅速介入了调查。一场疫情防控新闻发布会,将一位精致的女发言人推向了舆论风口浪尖。

我们通过新浪微博舆情通对该事件进行传播数据监测,发现在"李某事件"话题中,从2022年10月30日到11月2日三天的时间内涉及的信息总量有32 111条,转发数量为30 484条,点赞数高达1 647 981 452个,而曝光量更是达到了2 768 556 537次!(见图6-1)

图6-1 李某事件舆情信息数据

资料来源:新浪舆情通

通过以上案例我们可以看出,李某的装束的确是一个败笔。在疫情防控发布会的严肃场合下，妆容打扮过分精致，和整体氛围很不协调，势必引起舆论的谴责和质疑。同时我们也应该注意到，新闻发布会是官方和民众沟通的渠道和桥梁，应当为公众解疑答惑，而不只是单方面的输出。整场发布会上，只见李某用手指头指着发言稿逐字去念，这样的新闻发布，在精致的打扮下更显得心虚。与之形成鲜明对比的，是在 2020 年 2 月疫情刚暴发时，天津宝坻百货大楼发生了源头不明的聚集性疫情，时任天津市疾控中心传染病预防控制室主任的张颖，在发布会上抽丝剥茧，解开疫情扩散链条的谜团，被网友赞誉为"天津福尔摩斯"。发布会的质量，高下立见。张颖也用自己的专业，赢得了公众的尊敬。

新闻发言人如何穿出魅力？

我们先看一下女性的穿搭怎么选择。

女性发言人的穿着相对于男性来说选择余地更大，但总体来看，合身的职业套装还是较为常见。相对于花哨的搭配来说，西服和套裙更不容易出错。

颜色上，黑色兼具权威感和时尚感，其"无彩色"的特性，易于和各色丝巾、衬衫、首饰互相搭配；深灰色，则能表现女性严谨、细致、优雅的一面。除此之外，藏蓝色、深褐色、米白色、枣红色等都是可以考虑的。应根据季节以及穿者的年龄、性格进行挑选。上下装不一定非要同色，可以同色系搭配。切忌颜色过分耀眼、鲜艳，色彩过渡不和谐。

面料上，要选挺括、舒适、柔软的纯毛，也可选用丝绸、亚麻、毛涤等面料，但要注意面料匀称、平整、滑润、光洁，其弹性一定要好，且不起皱。

款式上，体型小巧的应穿掐腰的短西装，最好是竖直的单排扣，这道垂直的线条可以帮助拉长身形；曲线丰满的形应穿比较合体的西装，且最适宜的是在一边系单扣的式样，这种微微下坠的款式既显示了颇具女性特质的曲线，同时又能掩藏体形，但不适合穿长方形西装；瘦高细长型应配双排扣长方形的西装，这种盒状、刚好遮住臀部的外衣能给人增添一些宽度和厚度，使人看上去不至于太瘦。短西服会使人的下半身显得过长，给人不平衡的感觉。套裙通常以至膝下小腿肚最为丰满处为标准，一般认为太短了显得不雅观，太长了则没了重点，给人厚重感。

男性发言人服装怎么选择？

西装加衬衫的组合应该是目前国际上最为通用的男性着装类型。穿着西装能使男性更容易塑造可靠、儒雅、绅士的形象，更容易获得周围人的认同感。怎么来选择西装搭配呢？

面料上，要根据四季和场合来选择，春夏主要选偏薄的棉制或化纤面料，秋冬则可选纯毛类、毛混纺、呢子或天鹅绒面料。

颜色上，为表现稳重大方的特质，可选择一套深蓝色的净色西装，深蓝色给人稳定、自信、认真、智慧的感觉。当然，穿衣服不可能千篇一律，也可选择灰色、黑色、褐色、杏色的净色或暗格子的西装。颜色以不超过三色为首要原则。春夏整体偏浅色，显得飘逸大方；秋冬则偏向深色，凸显稳重成熟。

西裤最好略为宽松，腹部和臀部一带留些余裕，腰身吻合，在足踝略收是最理想的状态。长度适中，过长或吊腿都不合适，一般至"脚跟"下沿即可。

衬衫要选择纯色，条纹或格子衬衫对上镜都会有干扰，因此不建议穿。

（三）手势及表情问题

1. 手势

一般而言，新闻发言人将双手暴露于双方的视线之内，会显得更加坦诚，从而拉近与公众之间的距离。老到的新闻发言人能熟练运用各种手势为要表达的观点服务，这也会使自己显得更加自然，同时富有表现力。但在使用手势的时候有几点要注意：第一，不能为了使用而使用，如果生搬硬套会表现得非常不自然；第二，使用手势一般是为了强调自己的观点，吸引记者注意或给自己的回答起到补充说明的作用；第三，抓头发、挠鼻子、揉眼睛等小动作尽量避免，这些出现在电视画面上会给观众一种乱糟糟的感觉；切记不能出现单个食指，这有辱骂的含义。

发言人常用的手势一般有以下几种：

（1）仰手式：手心向上，拇指自然张开，其余弯曲。这个动作常被用来表示妥协、服从和善意。新闻发言人做出这个手势时想表明与对话者地位平等，希望对方能在无任何外界压力的条件下接受自己的建议，也表示自己做好了倾听的准备，双方可以平等地交流。

（2）俯手式：手心向下，其余状态同仰手式。这个动作能增加发言人的权威性，以此来表明其坚定的立场和态度，无形中会给对方施加一定的压力，让人觉得不舒服。新闻发言人要慎用此手势，采用这样的方式会让人产生"高高在上"的距离感。但是，有时也可以表示安慰、许可之意。

（3）手切式：五指并拢，手掌挺直，像一把斧子用力劈下，表示果断、坚决排除之意。

（4）手包式：五指相夹相触，指尖向上，就像一个收紧口的钱包，用于强调主题和重点，也表示探讨之意。

（5）手抓式：五指稍弯，分开，开口向上。这种姿势主要用来吸引听众，控制会场气氛。

（6）手压式：手臂自然伸直，掌心一下一下向下压去。当听众情绪激动时，可用这种手势平息。

（7）抚身式：五指自然并拢，抚摸自己身体的某一部分。这种手势往往成为一些发言人的习惯手势放在胸前。双手抚胸表示深思、谦逊，反躬自问。

2. 表情

一般来说，发言人的面部表情不能太夸张丰富、眉飞色舞，同时也不能太呆板木讷。可以根据发言内容进行调整，如果说的是比较悲惨的事情或者突发事件，就要避免微笑，保持严肃庄重；如果只是一般的内容，则可以面带微笑，增加亲和力。微笑的魅力虽然很大，但也要慎用，要适时适度。微笑可以显示自信，可以向对方表示谦恭和顺从，但一味地微笑会让人丧失权威性。

要想自然微笑其实并不容易，微笑是一个复杂的动作，由眼睛、眉毛、嘴巴、鼻子以及其他部分的面部肌肉综合运动表现出来。新闻发言人的微笑要有度，既不能显得夸张、做作，又不能显得机械、呆板，可以配合其幽默感成为塑造良好形象的有效手段。

五官中的眉毛也能帮助表达情感。我们通常所说的"眉目传情"，其实就是指眉毛的表情，是配合眼神来表达自己的意思。比如紧皱的眉头表示担心、紧张或沉思、厌烦；轻微扬起的眉毛有扩大视野的功能，表示开心或者得意，有时候也表示害怕或者吃惊；在明知故问的时候，眉毛也会轻微地上扬。

（四）新闻发言人须摒弃的心理特征

1. 退却的特征

- 脸色苍白，紧张或惊恐的面部表情。
- 体形缩卷，心理暗示在避免引起注意。
- 减少视线接触，目光呆滞或左顾右盼。
- 快而短促的呼吸，是自我防御的心理表征。

2. 进攻的特征

- 脸涨得通红。
- 体形扩张，似乎要发起攻势。
- 四肢急促而夸张地动作。
- 做出挑战性的手势。
- 声音比平常高。

（五）新闻发言人应该具备的职业素养

（1）善于倾听，能够通过适当的眼神、声音或肢体语言获得他人的认同。

（2）精力充沛，能进行长时间的工作。

（3）富有同情心，善于理解他人。

（4）能够很好地控制自己的情绪；在外界压力下，能够临危不乱，保持冷静。

（5）有耐心、有胆识，反应迅速，处事果断，又不急于求成。

（6）有高度的责任感，能够从战略高度把握全局。

（7）具有强烈的危机意识，能够精准地预测危机事件的发展趋势。

（8）具有冒险精神，敢于打破常规，能够灵活应对各种复杂情况。

（9）储备有专业的危机管理知识。

三、会后跟踪

（1）要对舆情信息进行实时监测，检测舆论是否平息；视危机事件的情况，制作舆情报告，包括日报、周报、月报或季报、年报。

（2）对比危机处理的设定目标与实际效果，看是否达到预期。

（3）加强舆论的正面报道，提供新的舆论议题，转移舆论焦点。

（4）回访危机源头，了解更多诉求，展现企业高层对事件的重视。

（5）总结经验，吸取教训，加强危机预警与防范的日常管理，完善危机管理制度。

第七章
舆情监测与报告撰写

朕采于群议,询彼舆情,有冀小康,遂登大用。

——《旧唐书》("舆情"一词最早出处)

舆情，是民众社会政治态度和意愿的反映。

从广泛意义上看，舆情产生至今已有数千年，在漫长的发展历程中经历了多个阶段，包括原始形态阶段、阶级管控阶段、大众传播阶段、自媒体传播阶段、前置预判管理阶段等。随着网络信息时代的到来，舆情越来越呈现出大数据的特征，且在体量与内容上不断扩充，已经成为影响社会发展的重要因素之一。

当前，网络社会的形成催生出了结构庞大、系统复杂的舆情产业，舆情产业的发展引起了国家的高度重视。在这一背景下，网络舆情管理的必要性和重要性日益凸显。舆情管理者既要有宏观视角，又要有微观认识，唯有从"认识舆情"做起，全面、立体地了解舆情的发酵过程，才能准确把握并预测舆情走势，以科学合理的方式实现有效应对和管理。

舆情监测和舆情报告撰写，是舆情管理的必备工作。即时准确的舆情监测，优质高效的舆情分析报告，有助于解读民意、发现社情，可以防患于未然，救难于危机！

| 第一节 | 舆情事件分析——以"衡水桃城中学事件"为例

舆情事件分析是了解媒体和舆论传播规律、追踪事件发展趋势常用的一种方式。对舆论事件进行全面分析,既可以让我们看清整个事件在舆论场上的发展全貌,又可以让我们深入具体细节,看清其诱导因素和基本形态。

接下来,我们以发生在2022年2月的"衡水桃城中学事件"为例,看一下新浪舆情通对其进行的传播数据监测和舆论分析[①]。

一、事件详情:衡水桃城中学被网曝多项违规

河北衡水桃城中学前身为河北衡水市第五中学,是全日制寄宿中学,为"河北衡水中学帮扶学校",学校以"办学品质化、管理精细化、教育信息化、内务军事化"管理风格著称。2022年2月,衡水桃城中学被曝存在违规组织考试、体罚学生等问题,由此陷入舆论旋涡。

2月9日,一则学生自述的文字截图(见图7-1)在网络流传。该名学生称自己来自衡水桃城中学,称学校存在变相强制学生缴纳昂贵的补课费、班主任收取家长红包、教学时间安排不合理导致其没有时间吃饭、班主任辱骂导致其出现抑郁症和焦虑症等问题。

---

① 事件持续监测时间为2022年2月9日至2022年2月23日(14天12时),数据来源:新浪舆情通。

图 7-1 "学生控诉信息"截图

同日,一篇控诉长文截图在网络流传,曝出衡水桃城中学存在违规组织考试、公开考试排名、隐瞒教育部门做"两套课表"、教学管理模式畸形、老师体罚语罚学生、食品安全等问题,并表示自己由于抑郁处于休学状态。2月12日,网民"k88·"发布信息称,衡水桃城中学教师许巍"欺负女生""占女生便宜""打女生屁股"。网络舆情开始愈演愈烈。

2月16日,@**衡水桃城中学初中部**发布声明称,网络传言为无中生有,歪曲事实,散布谣言,恶意炒作(见图7-2)。

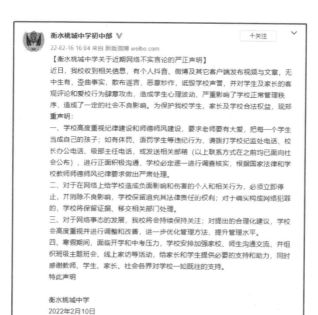

图 7-2 "衡水桃城中学声明"截图

2月16日，据媒体报道，一位**曾经被衡水桃城中学教师许巍教过的女士小吴**接受媒体采访时称，"许老师平时喜欢和我们这些女同学闹着玩，但是玩着玩着就会把人揽过去。接着，他的手会停留在女生的臀部位置，甚至会去拍"，并表示许巍的脾气非常不好，对学生非打即骂，打起来的时候"特别狠"。许巍接受媒体采访时称，自己绝对没有过猥亵行为，但是前几年有过"管教"行为。

2月17日，抖音账号**"衡水桃城中学黄昌勇"**发布"聊天截图"称，自己询问"许老师怎么做到猥亵那么多女同学不被举报"，对方回答道"这种事情怎么能叫作猥亵呢，这叫作检查，老师帮同学检查身体，天经地义"。该账号表示"校方给出压力，我选择辞职"（见图7-3）。

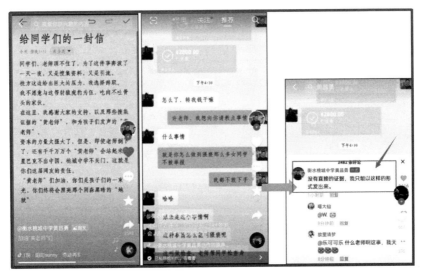

图 7-3 "抖音账号'衡水桃城中学黄昌勇'爆料信息"截图

2月17日,**衡水市桃城区委员会宣传部官方微博 @ 桃城融媒**发布通报称,桃城区委区政府已成立联合调查组进驻桃城中学,开展全面核实调查,发现违法违纪行为一律严肃处理,结果及时向社会公布(见图7-4)。

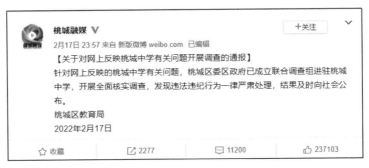

图 7-4 "衡水市桃城区委宣传部通报"截图

2月21日，衡水市公安局桃城分局官方微博@衡水桃城公安网络发言人发布情况通报称，"通过走访询问相关人员、提取电子证据等工作，初步查明了有关事实，未发现许某存在猥亵行为"。警方通报中介绍了不实信息的传播过程，并以涉嫌编造、故意传播虚假信息罪对仇某飞依法采取刑事强制措施，对两名涉事未成年人进行了批评教育（见图7-5）。

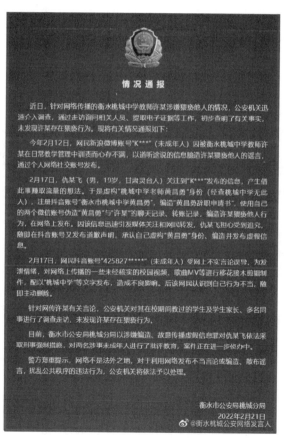

图7-5 "衡水市公安局桃城分局通报"截图

2月22日，衡水市桃城区委员会宣传部官方微博@桃城融媒发布通报称，未发现许某存在猥亵行为、未发现食堂存在食品质量安全问题、未发现教师收礼问题，但学校存在违规组织考试并公开考试成绩排名、多征订辅导书、惩戒失当问题（见图7-6）。

对此，桃城区教育局对衡水桃城中学董事会予以警告，责令其作出深刻检查、立行立改；认定衡水桃城中学2022年年检不合格，停止2022年初中阶段招生；责成桃城区纪委监委对相关职能部门履职情况进行全面调查，对失职失责者依规依纪依法严肃追责问责；同时，设立举报电话、举报箱，广泛征求意见建议，自觉接受社会监督。

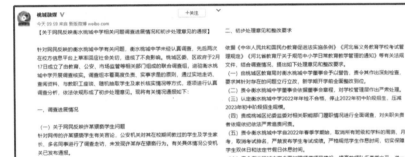

图7-6 "衡水市桃城区委宣传部通报"截图

二、传播热度：控诉信息引爆舆论，关注高峰持续多日

根据新浪舆情通统计，2月9日至23日，相关事件的全网信息量达到162.9万条。从信息走势图看，相关控诉、爆料信息在初期并未引发舆论的关注，而在2月15日、16日，部分自媒体账号的关注与转载助推了相关信息传播，令相关信息量不断攀升。

2月16日，面对舆论质疑，衡水桃城中学发布声明，但舆情仍旧不断扩大；2月17日深夜，桃城区宣布成立联合调查组，令相关信息于18日备受舆论关注，舆论质疑声、呼吁彻查声仍旧显著，相关信息于19日达到峰值，当日信息量近40万条；随后相关信息量呈现下降趋势，桃城区警方、联合调查组的调查结果相继被公布，相关信息虽仍被舆论热议，但事件热度逐渐回落，本事件逐渐退出公众视野（见图7-7）。

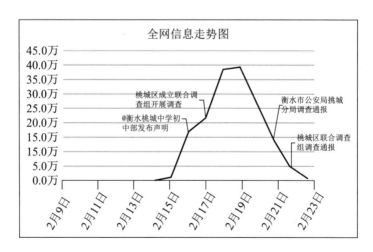

图7-7 全网信息走势图

三、传播深度：自媒体、网民带动较高转发量，河北网民给予高度关注

通过信息来源占比分析来看，微博平台为主要的信息来源，视频平台以超10万条的信息量位列信息来源的第二位，成为相关信息传播的又一重要平台。对相关事件的微博传播，自媒体和网民发布的信息带动较高的转发量，对相关信息的传播起到重要作用。根据地域分布可以看出，事发地河北的网民较为关注，发布或转发的信息量超过17万条。

1."网民爆料""各方回应"图，助推信息传播

通过信息来源占比分析可以看出，微博平台成为主要的信息来源，占比为90.77%，远超其他来源信息量。对微博信息类型进行统计，可见含图片信息占比达到55.23%（见图7-8）。因控诉信息中以文字截图的形式传播，后期网民爆料信息、相关主体回应通报也多以图片的形式在网络传播，令含图片类信息占比较高。而相关图片可以准确呈现出"发声者"要表达的全部内容，保证信息的完整性、提升网民对爆料信息的信任度，在一定程度上助推了相关信息的传播。

图 7-8 含图片信息占比

2. 自媒体、网民带动较高转发量,对相关信息的传播起到重要作用

对相关事件的微博传播,自媒体和网民发布的信息带动较高的转发量,其中,音乐博主@活死人WalkingDead带动转发约11.3万次,网民@柚乐园映画_带动转发约51.8万次(见图7-9)。

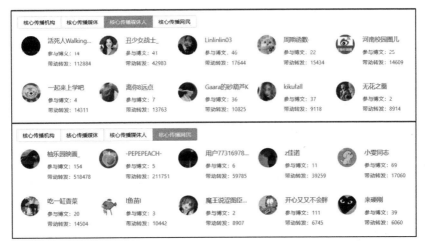

图7-9 核心传播媒体人、核心传播网民

3. 河北网民关注度更高,发声意愿更为强烈

根据地域分布可以看出,事发地河北的网民较为关注,发布或转发的信息量超过17万条。对比地域分布TOP5的信息走势图可见,舆情上升期,即2月19日之前,来自事发地河北的网民信息量较高,可见当地网民的关注与发声,在一定程度上提升了事件的热度,助推相关信息进入全国网民的视野(见图7-10)。

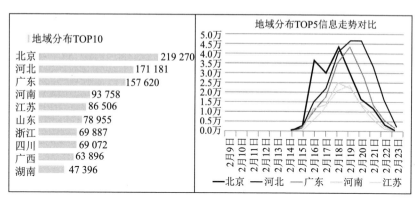

图 7-10 地域分布 TOP10、地域分布 TOP5 信息走势对比

四、风险强度：多重风险叠加，舆情风险显著

本事件涉及敏感话题、敏感群体，且部分爆料信息符合民众对"衡中模式"的固有认知，后续又有海量的"学生控诉信息"不断涌入，故而舆情风险显著。同时，"亿元降热搜""少年对抗资本"等言论传播较为广泛，易引发阶层对立情绪。此外，校方的否认声明未获得舆论认可、区级部门成立调查组被质疑"自己查自己"等情况，令舆情应对难度较高，相关部门的舆情处置能力受到考验。

1. 无当事人"站出"、无相关证据，控诉信息、爆料信息因何引爆舆论？

在侵犯公民人身安全、合法权益类舆情事件中，爆料者、求助者一般在发布相关信息的同时提供一定的"证据"，佐证自己所言非虚，亦更为直观地呈现事实"真相"，以获取舆论的关注与信任，更有部分求助者会出面、出声（未成年人多为家长出面），甚至通过接受媒体采访、网络实名举报等方式进行爆料求助。但本事件在传播初期,控诉者、爆料者并未"站出来",也未提供相关证据,且无家长"站出来"进行控诉或维权,为何本事件仅凭网民的"描述"就逐步引发舆论的轩然大波?这一情况,值得关注与分析。

(1)敏感话题、敏感群体引网民关注,舆论负面情绪显著。

本事件涉及"教育教学理念""体罚语罚""校园食品安全""学生身心健康"等社会敏感话题,其事件中利益相关者为"学生""教师"等敏感人群,易引发舆论的关注。同时,涉及教育理念、校园安全的事件,长期以来更受女性用户关注,从微博用户的性别分布来看,女性用户占比为75.78%,尤其"被体罚语罚""被猥亵""患抑郁症"等情况,易激发女性群体的同情情绪。

经统计,该事件网络传播过程中敏感信息占比达到97.78%,侧面说明相关信息引发网民较为强烈的负面情绪。从微博网民转发、评论相关信息最常使用的表情来看,"泪""怒""吐"等负面表情较为显著;而"太开心"多为网民表达讽刺情绪(见图7-11)。

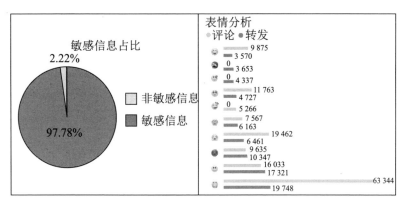

图7-11 敏感信息占比、微博表情分析

（2）"衡中模式"一直备受争议，网民对其的固有认知与部分控诉信息相符。

事件主体为"衡水桃城中学"，"衡中模式"素来以高强高压的学习模式著称，但这一教育理念一直备受争议。部分舆论认为衡水桃城中学乃至整个采用"衡中模式"的学校的教学管理模式不合规、不合理，一味追求成绩，不利于学生身心的健康发展，也不利于学生提高创造创新能力，对"衡中模式"持质疑态度。

而在本次事件中，舆情初期的"控诉长文"条理清晰、细节翔实，且控诉情节与网民固有认知相符，令部分网民相信"控诉信息"为真。统计各质疑点的全网信息量，可见舆论聚焦"体罚辱骂学生""猥亵学生"，相关信息量均超40万条；同时"违规组织考试""衡中模式""教师收礼"等问题也备受舆论关注（见图7-12）。

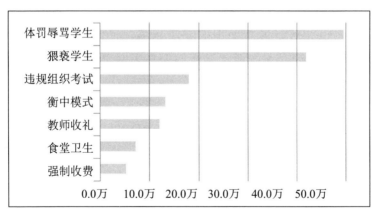

图7-12　相关学校教学管理质疑点关注度排序

从网民年龄分布可见，20岁以下的青少年网民对相关信息的关注度较高，占比近30%，主要原因是事件所涉及的学校教学理念、教学管理、校园安全、食品安全等问题与其息息相关，更有部分学生群体对"高强高压的学习模式"感同身受,长期积累的负面情绪在本事件的舆论场集中爆发。

由于河北省网民发布或转发的信息占比较高,可见在相关信息传播中,不乏正在就读、曾就读"衡中模式"类院校的网民发声,此类网民更倾向于认为网络控诉信息、爆料信息为真,发声对相关信息加以肯定或谈论自身经历,提升了舆论对本事件的关注度,也加剧了舆论对控诉信息的信任程度。

(3)校方回应备受关注,回应效度不佳,未能缓解舆论负面情绪。

2月16日,衡水桃城中学发布声明称,网络传言为无中生有,歪曲事实,散布谣言,恶意炒作。但这份声明态度生硬,未针对质疑点进行逐一回应,否认时未提供证据,加之本次回应仅来自"校方自查",舆论对该声明表示"不相信"并产生了一定的对抗情绪,舆论呼吁相关部门介入调查。如微博剪辑视频博主@**快快好起来**-称"希望贵校好好检讨自己的行为,及时止损,赶紧发后续。那份欲盖弥彰的声明,能骗着谁呢";微博剪辑视频博主@**普普通通快乐人士**称"'无中生有,恶意诋毁,造谣',你是否觉得这话从你口中说出好笑";网民@**徐星柔1123**称"你们信吗?反正我不信"。

同时,@衡水桃城中学初中部的多条微博评论出现大量的网民质疑、谴责声,可见网络负面情绪不断找寻发泄渠道,舆情风险显著。而@衡水桃城中学初中部选择关闭微博评论,也引发了部分网民的质疑,娱乐博主@·**蜜橙馒头颂**·称"贵校声明怎么限制评论呀?删评是为了逃避现实吗?"

另有部分自媒体、网民深挖衡水桃城中学乃至衡水中学的相关负面信息,如"衡水桃城中学法定代表人张某谦共担任17家公司股东、23家公司高管""衡水中学以'衡水'之名打造多所民办学校、共享师资""衡水中学提前招生和跨区域招生损害教育公平"等，相关信息加剧网民对相关学校的质疑声，提升了舆情风险。

（4）海量的"学生控诉信息"涌入，自媒体、网民呼吁转发。

初始的控诉、爆料信息进入舆论视野之后，海量的"学生控诉信息"涌入舆论场，其中，不乏自媒体发布来自"投稿"、"私信"、未验证真伪的信息。如音乐博主 **@活死人 WalkingDead** 发布多条带有"学生控诉信息"的微博，引发较高的转发量。此外，还有娱乐博主 **@养乐多 milk**、网民 **@柚乐园映画** 等多个自媒体、网民发布带有"学生控诉信息"的微博，引发舆论关注。

当代学生学习压力大，且自我意识更强、追求自由、排斥过严的管教，身处于河北这一高考大省、就读于以高强高压的学习模式著称的"衡中模式"类学校，学生心存怨言者并不占少数，而这些负面情绪不断积累，极易在涉及教育理念、教学管理类话题中集中爆发，助推相关事件热度的攀升，形成较为强烈的舆情危机事件。尤其是这些学生熟知网络爆料、网络求助模式，通过发布微博、向具有意见领袖性质的自媒体投稿、在热门微博下留言等形式进行控诉，导致了海量学生控诉信息涌入舆论场。值得注意的是，部分学生存在非理性对抗情绪、善于渲染，不断推升网民的负面情绪，更有部分学生的投诉、爆料信息未必属实或者未必客观，加剧了舆情风险。

此外，部分网民关注、转发此类信息的同时，频频发声呼吁"希望大家关注一下""帮忙转发一下""大家一起转发，让更加多的人看到""救救他们吧"，此类信息超过10万条，带有此类言论的微信息传播相对更为快速，在一定程度上达到了加剧信息扩散的效果，而发布此类言论的网民也希望以此提升事件的热度、引起相关部门的重视。但海量的、未辨真伪的"学生控诉信息"涌入舆论场，一方面令相关信息持续地引发舆论的关注，导致本事件的舆论热度始终处于高位，甚至引发更多的网民参与"爆料"；另一方面，接连不断的"控诉"提升了网民对"控诉信息"的信任程度，加剧了对涉事学校的质疑。如微博原创视频博主@**揽月随风散**称，"无风不起浪，所以一定存在那些情况，要不然为什么那么多人发声"；网民@**走开52624**称，"如果没有做过，怎么出来那么多的学生发声"。

（5）谣言频出受关注，不实图片为"佐证"。

除舆论传播初期的控诉、爆料信息外，随着舆情的扩大，再度进入舆论视野的控诉信息中不乏谣言，更有谣言以图片为"佐证"。如抖音账号"衡水桃城中学黄昌勇"发布的"聊天截图"，该消息被桃城警方辟谣。同时，也有部分谣言被自媒体证伪。但更多未经查证的信息在网络流传，不断地引发网民的关注与转发，加剧舆论负面情绪，舆情风险显著。

值得注意的是，部分网民认为"谣言信息"只为曝出校园管理问题，让同类事件引发舆论关注，认为"是不是衡水桃城中学不重要""不算被骗"，此类言论给事实的澄清又增加了难度。

2. 舆情日趋复杂，当地相关部门舆情处置能力受到考验

随着舆论场声音的日益复杂，舆论呼吁相关部门介入调查、严肃处理，当地相关部门的舆情处置能力受到考验。对此，桃城区宣布成立联合调查组展开调查，但引发部分舆论质疑其"自己查自己"，并对调查结果的真实性表示担忧，舆情风险显著。

（1）舆论处置情况备受关注，负面事件影响有关部门公信力。

针对学校教学管理不合规、猥亵学生等事件，舆论呼吁相关部门介入调查、严肃处理，因此对公安机关、教育部门处置情况给予较高的关注，一旦调查结果不够翔实清晰、处置情况未能满足舆论预期，相关部门必将陷入舆论的口诛笔伐。而本事件中，舆论热度较高、信息庞杂、负面信息较多，舆情风险与相关部门的处置压力之大可见一斑。如何查清事件原委、通报内容翔实可信、处置措施合理妥当，是当地相关部门舆情应对的难点，当地相关部门的舆情处置能力备受考验。

值得注意的是，同一时期"徐州丰县生育八孩女子事件"前四轮调查通报均未能平息舆论质疑，通报内容前后矛盾、多个舆论关切点未得到合理回应、通报内容不够翔实清晰、未顺应舆论关切展开深入调查、通报表述不严谨，令当地相关部门陷入舆论旋涡，事件呈现长尾效应。同时，"徐州丰县生育八孩女子事件"也在一定程度上影响了有关部门的公信力，让舆论担忧本事件可能得不到公正、深入的彻查。

网民希望本事件得到有关部门重视，在转发相关信息、发声呼吁的同时，还有部分网民关联热门话题。网民发布信息带热门话题、在热点新闻下留言等行为，或在一定程度上扰乱舆论场、提升舆情风险，相关部门须快速处置舆情，以免舆情不断扩大。

（2）调查级别受关注，桃城区成立调查组被质疑"自己查自己"。

2月17日深夜，桃城区宣布成立联合调查组展开调查，相关信息于18日引发舆论高度关注，舆论质疑桃城区"自己查自己"，对调查结果的真实性表示担忧。例如，摄影博主@**鬼玺**称，"这种事，不应该让桃城教育局去查，起码要异地或者上一级，否则就是掩耳盗铃，自欺欺人"；娱乐博主@**一杆进洞的幸运**称，"区教育局调查，结果让人无法信服吧！"；摄影博主@**小楼蓝月无双**称，"离得太近了，信不过，希望教育部成立专案调查组调查"。

此类质疑声,在推高事件热度的同时,加重了网民对当地官方的质疑,也降低舆论对调查结果的信任程度。此外,还有消息称"当地教育局局长是前校长""检查小组负责人是学校前校长",此类消息一旦蔓延开来,更多关于"教育部门与学校联系颇深""教育部门包庇学校"等的质疑声将提升舆情风险,提高相关部门的舆情处置难度。

五、引导效度:通报后质疑声较为显著,舆论场仍存舆情风险

面对舆情,当地警方、调查组分别给出了调查通报。对于通报结果,网民持不同态度,有认可的,也有质疑的。

1. 调查通报回应舆论关切,翔实清晰,获得部分舆论认可

部分舆论对当地两次通报均表示认可,认为警方及调查组的调查通报回应了舆论关切,还原了事实真相。同时呼吁网民遇到热点事件应擦亮眼睛,保持足够的审慎和理性。如人民网发布文章称,"从通报内容可知,相关部门的调查全面而有针对性。无论网民反映许某猥亵学生问题,还是强制性收费问题,无论食堂食品质量安全问题,还是教师经常体罚辱骂学生问题等,调查组都一一给出说法。根据现实反馈可知,这一通报取得了廓清迷雾、驱散疑云和稳定人心等效果""以此事为例,一些网友的爆料并不准确,不是简单的失真,而纯是造假。比如所谓的'桃城中学教师许某涉嫌猥亵他人'并不存在。由于信息不对称,再加上所谓的爆料者精心编织陷阱,有网友被带入'坑',被当枪使。广大网友应擦亮眼睛,应对相关舆情事件保持足够的审慎和理性"(见表7-1)。

表 7-1　部分自媒体正向观点

自媒体	观　　点
微博剪辑视频博主@池萌萌呀	(针对警方通报)无条件相信警方调查。不造谣、不传谣,持续关注,理性发声,相信警方,正义不会缺席
军事博主@大大大餅干	(针对警方通报)警方通报说得很详细了,包括涉事人造谣的动机、源头、后续都表述得非常清楚。19岁的仇某飞已被依法采取强制刑事措施,对另外两名未成年人进行批评教育,合理合法。互联网不是法外之地,拿不准的事情先让子弹飞一会儿。少一点阴谋论,相信官方,把问题交给时间和法律去解决,不信谣,不传谣,保持冷静,独立思考
微博新知博主@Idlemovie	(针对警方通报)这次的反转,我选择相信,公信力不会崩。毕竟这次的调查回应特别详细,看不出有什么端倪,从源头,到动机,再到引爆舆论,引导舆论,如何获利都有详细的描述。(针对调查组通报)这个调查组的态度和问题排查效率比较令人赞赏,至少1234567项列明,同时解释条理清晰,不但就反馈的问题给予调查,还由点及面,全面对桃城中学的问题进行了全面梳理,并给出了惩罚的交代。这个惩罚又不是高高举起,轻轻落下,而是"攻其痛点",直接将学校最为关心的招生指标与过错挂钩,以此督促学校整改:惩罚的力度和节奏都拿捏得适当。同时,对于调查组未获悉和穷尽的证据,还给大众以明确的态度:鼓励大家踊跃提供证据以确保后续的工作落实。这正是比较踏实的态度和作风
互联网科技博主@乔凯文	衡水桃城中学这两个通报,大家结合起来一起看。回应的相当细致了,每个网络上反映的点都涉及了

2. "未发现≠没有""自己查未必公正",调查结果遭质疑

部分舆论对当地调查结果表示质疑,认为"未发现猥亵"不等于没有,自己查自己未必公正;同时,警方通报后、联合调查组通报前,部分舆论认为当地仅以"未发现猥亵"作为整起事件的调查结果,不再对其他学校教育管理问题进行回应,进而发出质疑声与谴责声(见表 7-2)。

表 7-2　部分自媒体质疑观点

自　媒　体	观　　　点
娱乐博主@鱼_恋海风	（针对警方通报）这是自己人查自己人？猥亵不单单是一个同学说的，甚至还有已经毕业的学生，你可以说在校的学生合伙说谎，你能说毕业生也说谎吗？他们说谎对他们自己又有什么好处？我现在也不想知道他是否猥亵了，毕竟警察已经给出结论"未发现"【未发现不等于没有发生】那就尊重结果。那请问学生一个个被殴打，身体伤痕累累，重度抑郁症数不胜数，吃饭问题，洗漱问题，睡觉问题……这些怎么说？老师暴力殴打学生，这也是应该的吗？
娱乐博主@养乐多milk	（针对警方通报）笑死我了，就辟谣一个就能全盘洗干净了吗？食堂饭菜问题那么多家长提过，公开投诉的都能找到。课表的问题解决了吗？抑郁症，体罚，这些都不止一个学生提到过
微博剪辑视频博主@仙女养猪丫	（针对警方通报）你们自己信吗？那么多的学生站出来发声都是假的吗？你是怎么调查的，是调查监控还是询问老师？就算猥亵是假的，那体罚和制度呢？……还有压榨式的教学制度和体罚学生你也没调查啊，我也愿意相信官方，只是学生说出来的话未必是假的，那么多的学生出来发声，难不成都是假的？
微博剪辑视频博主@·川渝第一穷婆·	（针对调查组通报）不觉得很假吗？你自己说出来信吗？
娱乐博主@满粤	（针对调查组通报）避重就轻，过去这阵风该咋样还是咋样，这就是资本的力量
娱乐博主@破晓·黎明之光	（针对调查组通报）对待学生有批评过于严厉、罚站、打手心等问题。我只想说这也能叫惩戒失当？无了个大语

3. 两次通报后"非理性"质疑声仍需关注，舆论场仍存舆情风险

针对"官方调查结果网民接受度"进行网民观点抽样，可见对调查结果仍存疑的网民近八成，不排除部分接受调查结果的网民未

在网络平台发声而导致存质疑之声占比偏高的情况（见图 7-13）。但相对较高的质疑声仍需相关部门给予高度关注，通报后的舆情风险仍旧显著。

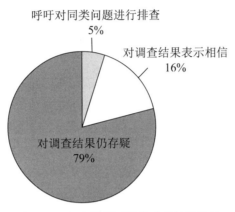

图 7-13　调查结果网民接受度抽样统计

更加值得关注的是，部分网民存在非理性的质疑，发布带有极端情绪的言论。例如，网民 @发财树和招财猫称，"有一种公关手段是：在一个真事情中随意散布两三条假信息，等假消息被炒作几天后再花钱请人来验证那两三条信息是假的，这样那原本是真的事情也会被质疑是不是真的了。所以要小心点，在发声时也要思考一下"；网民 @粉上天上星VV称，"这个时候不是需要全体反抗么，学生可怜了"；网民 @一笔深浅墨称，"别用手捂住少年的嘴巴，别用棍棒打断少年的脊梁，别在少年正青春的时候让他们感到绝望，别在少年最需要帮助的时候选择漠视，别把少年逼上绝路。救救他们，他们是未来是希望，是使国强的少年。如果这个学校没问题的话，也不会有人发这么多字来说这个学校啊"；网民 @枔Hy玥称，"如果这次，少年们没有赢，那此后中国脊梁谁来立？"

4. 舆论反思"造谣低龄化""造谣成本过低""衡中教育理念"

部分舆论关注"造谣低龄化"现象。2月21日,警方通报称"未发现许某存在猥亵行为",但部分舆论注意到,在警方通报的3名"造谣传谣人员"中,有2名为未成年人,1名则不过19岁;警方对19岁的仇某飞依法采取刑事强制措施,对两名涉事未成年人进行了批评教育。且通报显示,他们与谣言中的教师并没有什么"深仇大恨"。"造谣低龄化"现象引发舆论反思,舆论呼吁要重视青少年的法治教育,引导青少年树立正确的三观。如**四川在线**发布文章称,"比网络谣言更可怕的,则是网络造谣的低龄化。只要手机在手,社交网络就成了少数未成年人恶意伤人的利器。网络安全教育仍需要向低龄人群深入拓展";微博新知博主**@Idlemovie**称,"令人感到诧异的是,现在年轻人的价值观怎么这么扭曲了,为了短暂的流量,不惜惊爆眼球,捏造虚假消息,背后是赚快钱的影响,这种思潮很可怕。更为可怕的是,一旦有此类捕风捉影的事件发生,总会有一群跟随者,他们只是一个个旁观者,可是他们却让事件变得不可控,因为他们拍手叫好。因此,引导很重要,那些网红的奇葩行为也该管一管,否则受害的还是年轻人,因为他们涉世未深,三观不健全"。

部分舆论关注当下"造谣成本过低"现象,尤其本事件中涉事的是未成年人,批评教育无法达到惩戒与警示的效用,如编剧、导演**@鸿水**称,"很多造谣诽谤缘何容易传千里?为什么网暴尤甚?就是造谣诽谤的成本太低";法律博主**@风的节奏吹**称,"没有猥亵,写小作文的,成年的,进去了;未成年的批评。那传小作文的,处理不?好几万转发哦。传谣的不处理闹的,小作文,几张截图,随便发,违法成本太低";情感博主**@新咖说**称,"(仅'批评教育')未成年人可能会有恃无恐,光批评教育不行,还得有一定的经济赔偿";微博原创视频博主@**云无心45**称,"两个未成年人,一个19岁,对于操纵网络舆论驾轻就熟。不仅是教师许某,还有该中学,名誉都受到巨大伤害,而两名犯罪嫌疑人因为'未成年'而只是被批评教育而已。但现行法律如此,大概警方没法做更多吧。这样的事件,会让那些真正受到伤害而寻求网络关注维权的事件变得越发艰难"。

部分舆论关注"衡中模式",认为"高强高压的学习模式"有违"双减"政策,对学生的身心健康、创造创新能力造成负面影响,呼吁教育部门对同类问题进行排查,持续缓解教育资源不均衡、教育内卷、盲目追求高升学率、教学管理机械刻板等问题。

红网发布文章,评价"衡中模式"是"把学生当'考试机器'",并表示,"近年来,我国教育模式逐渐从应试教育向素质教育转型,治本之计教育改革仍然势在必行";杭州网发布文章称,"真正挥别'衡水模式',必须咬紧教育均衡发展,以推进'双减'为契机,深化素质教育改革方向,努力扭转唯分数论应试导向,消除背后潜在的教育政绩冲动和利益需求,这才是关键";法律博主@**韩东言**称,"在国家双减政策下,这种教育模式是有问题的";橙V用户@**忘带解药**称,"别只惩戒一个学校啊,全面调查调查。好多学校都是打着幌子的,知道有检查的来,就少留点儿作业。月考公开考试成绩排名问题已经存在很久啦"。

六、舆情点评:舆情处置仍有不足,当地相关部门需反思

面对舆情事件,桃城区相关部门介入调查,通报内容回应了舆论关切,但舆情处置仍有不足之处。

其一，介入迟缓。相关控诉信息、爆料信息进入舆论视野之后引发舆论高度的关注和强烈的质疑，校方回应也未能达到平息舆情的效果。2月16日、17日，全网信息量已分别达到16.8万条和21.5万条。不断攀升的热度，以及呼吁相关部门介入调查，甚至质疑相关部门监管不力等声音的加剧，令舆情风险加大。但成立联合调查组的通报于2月17日深夜发布，介入过于迟缓，未能在舆情暴发初期及时控制舆情蔓延。

面对此类事件，快速介入是不二的选择，只有实时监控网络信息，快速确认舆论质疑点，线下处置和线上回应两手抓，才能将舆情应对的主动权握在自己手中。

其二，调查权威性不足。区级相关部门介入调查，在一定程度上降低了舆论对调查结果的信任程度，"自己查自己"的声音自成立联合调查组后便一直存在，直至调查通报公布后仍有网民因"自己查自己"而质疑调查结果的真实性、公正性。面对汹涌舆情，相关部门在调查处置时应考虑提级处置。

其三，第一次调查通报出现"留白"。舆论质疑点指向"猥亵""校园管理"等问题，分别指向公安机关和教育部门，但当地相关部门的第一次通报为警方针对"是否存在教师猥亵学生"事件的通报，虽然通报较为详细清晰，但却不是针对"事件全貌"。尽管学校教育管理等问题未在警方职能范围内，但在本事件的舆情危机事件处置中，第一次调查通报"留白"，客观上引发了部分网民的质疑，追问当地为何不针对学校教育管理问题进行回应。其实，面对涉及多个部门管辖的舆情危机事件，可以考虑联合发布调查情况通报，尽量做到"一锤定音"，避免前后通报形成"留白"引发的舆情升温。

此外，衡水市相关部门应关注当地其他学校是否存在教学或管理的问题，有则改之，无则加勉。同时，衡水市相关部门应对网络舆情信息进行实时监控：

其一，关注网络对调查结果的质疑声，尤其是非理性言论；

其二，关注网络上批评"衡中模式"的声音；

其三，衡水桃城中学作为招生量较高的学校，关注"停止2022年初中阶段招生"的处置是否会引发当地家长的担忧或不满，并基于网络信息作出相关的处置和负面情绪的引导工作。

第二节 写好舆情报告——以"西安地铁保安拖拽女乘客事件"为例

近些年来，网络舆情从一个小众概念迅速变成群众耳熟能详的热词。随着突发事件的频发，网络舆情的发展、演变和走向呈现诸多新的特征，媒体界、舆论界对此也增添许多不同的概念和提法。各级政府部门和企事业单位现在更加重视舆情，同时对提升应对舆情的水平提出了更高的要求。

为此，写好一份舆情报告就显得尤为重要。

舆情报告就是以梳理舆情为主题的报告文本，常见的舆情报告分为日报、周报、月报、季报和年报，也有专题性报告和综合性报告，根据单位的性质和需求不同，可采用不一样的报告形式。那么，一份基础的舆情报告又需要包含哪些构成要素？如何写好一份舆情报告呢？我们以突发事件类的专题性舆情报告为例做简要介绍。

一、报告要求及写作要素

1. 写作要素

突发性舆情报告的基本写作要素包括舆情数据统计、舆情传播情况、舆论观点分析、舆情研判及舆情管理建议。

舆情数据统计：包括信息量、舆情倾向性、信息列表、自媒体信息传播路径等方面的统计，以图、表的形式呈现在报告中。

舆情传播情况：各渠道信息的传播走势图，从中可看出舆情的整体发展态势。

舆论观点分析：详细观察媒体、网民所表达的具体言论，进行全样本或抽样统计，形成舆论观点聚类统计，从中可看出当前舆论与公众的关注焦点。

舆情研判：结合当前的舆情发展形势，对舆情下一步发展进行判断，可做多种假设，力图全面、全性、立体衡量舆情发展方向。

舆情管理建议：基于上述要素的分析，提出合理化建议，帮助政府、企业快速引导舆论，防控舆情继续高涨，寻找或创造舆情下行的转折点。

除此之外，部分突发性舆情报告还包括外部环境分析、关联单位分析、人物分析等元素。

外部环境分析：舆情事件所涉及的宏观环境、圈层变化、社会现象等方面，如政治环境、政策环境、经济环境、不同群体心理变化、社会发展新趋势等。

关联单位分析：部分突发性舆情影响广泛，对多个对象都产生影响，因此，舆情分析就需要进行全面性分析，特别是对上级单位、平级单位、执行单位、合作伙伴等的影响进行分析，对舆情的传导性进行观察和评估。

人物分析：部分突发性舆情直接涉及官员、高管、基层员工，或因部分人为因素出现舆情发酵，需要对特定人物进行舆情监测，观察其对舆情后期发展的影响，并将此作为重要的分析内容。

2. 报告要求

在时间紧、任务重的情况下，突发性舆情报告需要迅速、及时掌握舆情发展动向，因此，对此类报告有如下要求：

第一，报告的条理要清晰。要让读者全面掌握舆情元素，报告就必须有合理的秩序安排，并且合乎常理、符合阅读习惯。

第二，舆情分析要有严密的逻辑性。优秀的突发性舆情报告一定要具有较强的分析逻辑，且具有绝对的合理性，即分析过程符合逻辑体系、具有逻辑特点、恪守逻辑规则，并符合社会发展、经济发展、企业发展等规律。

第三，舆情分析要有科学性。舆情分析结论一定要符合客观事实，具有科学依据，即分析结果要清楚、切实，还要有理论依据。

第四，语言要简洁，重点内容要突出。为了让读者更迅速地掌握核心内容，报告不应出现冗余的内容和词句，应言简意赅地表达出观点和观察结果，为读者节省时间。同时，报告还要突出重点内容和观点，便于让读者更准确地抓住要点，不遗漏关键结论。毕竟，在如此紧急的时刻，报告须体现更为完善的服务性。

第五，舆情研判既要"就事论事"，也要立足长远。舆情研判到底采取什么思路，与舆情的属性直接相关。如果突发性舆情涉及公共、安全、卫生、教育、环保等领域，易发展为全民关注的舆情事件，需要多层面的舆情研判——从时间的角度来看，既要顾及当下的影响，也要警惕形成负面的长远影响和标签；从涉事群体的角度来看，既要对直接影响群体做出判断，也要对间接影响群体进行观察，判断其态度的变化，以做出更准确的研判。如果突发性舆情影响面较窄，舆情研判做好"就事论事"即可。

第六，舆情管理建议要落地。在突发性舆情中，报告的作用是指导政府和企业开展舆情管理工作。因此，舆情建议就要有很强的操作性；换言之，要让政府、企业知道当下该做什么、如何做。突发性舆情报告的建议要避免过于宏观，危机发生之时，并不一定适合做出舆情管理的策略性动作，切实有效的建议往往更适合当时的情境。

总体来看，突发性舆情报告要重点突出、逻辑性强、阅读性强，这就对分析师提出了更高的要求：首先，要做到冷静、理性，才能保障报告的质量；其次，要有相关领域的知识储备，才能在关键时刻发挥指导作用；最后，要善于积累舆情分析经验，对舆情传播规律了如指掌，以便在短时间内抓住舆情传播特点，并做出研判。

二、报告的基本内容

1. 概述

突发性舆情报告的概述是全篇报告的总论，也是核心观点的主要输出版面，因此，要传达大量信息，客观呈现舆情发展的宏观情况。通常来讲，概述内容包括舆情发展现状、舆情数据、传播路径及特点分析、研判结论，对舆情进行总体性定论。

报告的概述须详细交代首发媒体、首发时间、首发报道标题及内容，以及转载等信息源的情况，还须描述各渠道信息量的统计，从数据中获知哪个渠道为核心传播渠道，并对此进行更详细的数据分析，以评估舆情影响力。最后，以研判作为概述的结尾，简明扼要地概括宏观分析结论。

除此之外，对于信息传播量较少的突发性舆情报告，概述部分可直接呈现事件或话题本身存在的核心矛盾点。特别是针对首发于自媒体渠道的舆情事件，信息向媒体的传导力与时间节点是分析的重点，判断舆情发展趋势，须厘清事件的矛盾点。这也将成为概述的核心内容，而数据就显得没有那么重要了。

2. 传播情况

报告的传播分析主要包括传播路径、传播拐点及诱因分析，其中，后者才是分析的关键点。从传播拐点的分析中，可获知导致舆情衰退的原因、信息量骤增的原因，甚至可以获得各渠道的不同作用力。

传播路径分析以图文形式为主（见图7-14、图7-15），即舆情传播走势图和信息传播过程的详细分析。通过舆情传播走势图可清晰地看出各渠道每个时点的信息量变化，由此分析舆情传播的结

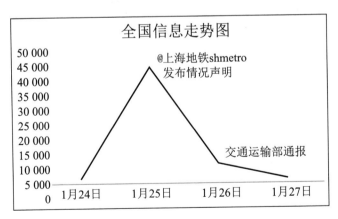

图7-14 "上海地铁乘客被夹身亡"事件舆情关注趋势图及分析

论，对未来信息量变化做出判断。传播分析注重观察每个时点的传播推动力，即查找"哪篇报道或信息""发生何种转折"使舆情传播出现变化。报告对细微变化的精准把握，有助于做出更为准确的舆情研判。传播分析要与研判建立关联，切不可割裂。

图 7-15　2022 年 1 月 22 日下午 4 点 30 分左右，15 号线祁安路站一名老年女乘客下车时被屏蔽门夹住，工作人员上前试图帮助脱困，后经送医抢救该乘客仍不幸身亡。该事件的舆情态势从 1 月 24 日起呈逐渐走高之势，并于 25 日 10 时达到了 4625 的舆情峰值　（数据来源：新浪舆情通）

3. 舆论观点和态度分析

在一篇舆情报告中，舆论反馈是不可或缺的内容。此部分分析内容在突发性舆情报告中所占的比重较大，舆论反馈分析可分为倾向性分析与观点分析。

倾向性分析是对舆情信息所表现出的意见倾向进行聚类分析，以图文形式进行详细解读；将各倾向的舆情信息进行权重分析，便可看出全部舆论关注点、类别的统计以及关键点。倾向性的聚类可偏向宏观，如正面、中性、负面等；也可偏向微观，如支持、不支持、弃权等。通过对倾向性进行分析，可发现舆情阻力在哪里，为舆情处置策略的制定提供依据。

观点分析又可分为媒体观点与网民观点，是具体对媒体和网民发布、传播的内容进行分析，如××媒体评论"×"等。观点分析主要在内容之中寻找舆情变化的线索，目的是观察观点的表达本意。

4. 研判、点评及建议

基于上述分析，报告已对舆情的发展脉络进行了全面分析，对舆情发展趋势的研判、点评和建议成为最有价值的内容。这部分内容主要包含：

- 对舆情后期发展的上涨、下跌做出判断；
- 对争议点、矛盾点的影响做出判断；
- 对舆情影响进行评估和分析；
- 对舆情管理空间进行评估；
- 对舆情传播的偶发性进行预判。

根据舆情研判的情况，提出相应的建议，并进一步提出可行、实用、灵活的舆情处置策略。舆情建议可"就事论事"，也可立足长远，转危为机。实际上，舆情建议并非千篇一律，"放之四海皆准"的建议往往收效甚微，基于扭转局面、维护品牌声誉的舆情建议具有更高的价值。

三、报告的拓展内容

在常规内容之外，突发性舆情报告也可根据实际舆情发展情况进行调整，可增加舆情影响、应对点评、风险提示等内容。

舆情影响是指舆情发生后，对内部、外部施加的作用。常见的舆情影响包括公信力、品牌声誉、合作伙伴信任度等方面受到损害，对此类负面影响进行评估，是做出合理研判、给予恰当建议的重要依据。

应对点评是指舆情发展期间，当事方采取的危机处置策略的效果。此类分析常用于舆情发展中期的报告，评估结果可对复杂的局面重新进行衡量，为下一步舆情管理做出准确的判断。

舆情风险是指舆情发展所蕴藏的风险，可分为潜在风险和应对风险。潜在风险是舆情后期存在不确定性因素，将影响舆情的走向。这些因素的把控将决定舆情衰退期的临界点何时出现，实际上是后期舆情管理（建议）的关键之处。应对风险是尚未实施的舆情管理策略具有一定的冒险性，有一定比例的失误率，或将舆情拖入再次发酵或出现长尾效应的局面。因此，应对风险常出现在建议部分，保障策略的有效性与科学性。

"2021年西安地铁保安拖拽女乘客"事件舆情报告[①]

一、事件概述

2021年8月31日，西安地铁一女子疑与同车厢乘客发生争执，被安保人员强行拖拽出车厢，据相关视频显示，被安保人员拖拽出车厢时，涉事女子的身体大面积裸露。对此，@西安地铁运营分公司发布情况说明表示，涉事女子与其他乘客发生口角，为确保车厢内乘车秩序，安保人员与其他热心乘客一起将该女乘客带离车厢。相关信息在网上快速传播，引发舆论关注。

9月2日，西安市公安局、西安市纪委监委发布通报，涉事安保人员被停职，西安市轨道交通集团及其运营分公司7人被处理。

1. 全网信息量283.7万，事件引发全国瞩目

根据新浪舆情通统计，在2021年8月31日至9月3日期间，相关事件的全网信息量达到283.7万条。8月31日，西安地铁的

[①] 数据来源：新浪舆情通

通报引发第一轮的信息量峰值；9月3日，该事件每小时的信息量仍在1万条左右。

2. 舆论负面情绪明显，网民聚焦安保人员拖拽行为和相关主体回应

经统计，相关信息网络传播过程中敏感信息占比达到97.84%，可见网民存在较高的负面情绪。从"拖拽""衣服""身体""侮辱""尊严"等词上榜关键词云图，可见舆论聚焦"地铁安保人员拖拽女子离开车厢导致其大面积裸露身体"这一情况，并认为安保人员的行为对女性造成了侮辱；从"郭某""公安机关""通报""处置"等词上榜关键词云图，可见相关回应通报是舆论另一聚焦点。

3. 多因素叠加，舆情风险显著

在本事件中，地铁安保人员拖拽女子离开车厢导致其大面积裸露身体，事件敏感；且信息传播过程中，敏感性表述和现场视频加剧了网民对涉事女子的同情心理和对地铁安保人员的指责。同时，地铁服务长期以来备受关注，西安地铁多起舆情事件被提及，西安地铁回应与网传视频有"差别"，部分网民非理性发声等情况，均在一定程度上提升了舆情风险。

4. 舆论聚焦"强制带离""是否超越职权""手段是否过激"引争论

针对地铁安保人员是否有强制带离的执法权、处置手段是否过激，舆论产生分歧。针对"执法权"，部分舆论认为安保人员没有强制带离的执法权，应报警处理；部分舆论认为涉事女子扰乱地铁公共秩序理应被强制带离，安保人员并未违反相关规定。

针对"处置手段"，部分舆论认为安保人员手段过激，不顾及女性的基本尊严；部分舆论认为拖拽是驱离的手段，"衣不蔽体"的情况只是基于女子强烈抗拒。同时，部分舆论质疑安保人员"拉

偏架""强制驱离理由不足"。

5.舆论聚焦"相关回应",多主体回应均未平息舆论质疑

针对本事件,西安地铁和西安相关部门相继回应,引发舆论关注。针对"西安地铁回应",部分舆论不认可,质疑西安地铁避重就轻、文过饰非,呼吁西安地铁直面事实、再次通报,给公众尤其是受害女子一个交代。针对"西安公安与纪委监委的回应",部分舆论质疑官方回应"和稀泥",对相关人员处置过轻。同时,本事件令西安地铁乃至西安城市形象受损。

二、传播情况

(一)视频传播与媒体报道评论

8月31日上午,西安地铁安保人员强行拖拽女乘客出车厢,并使女乘客身体大面积裸露的视频在网络上广泛传播。对此,@西安地铁运营分公司发布情况说明表示,8月30日,一名女性乘客在3号线列车上与其他乘客发生口角,并与部分乘客产生肢体冲突,严重影响了车厢内乘车秩序。列车安全员发现后立即进行劝阻,在多次劝离未果后,为确保车厢内乘车秩序,安保人员与其他热心乘客一起将该女乘客带离车厢。其间因该乘客反应激烈,拒不下车,为确保地铁行车安全,车站工作人员及时报警协助处置。随后该乘客在安保人员的陪同下,抵达目的地后自行离开,未对后续车厢内乘车秩序造成较大影响(见图7-16)。

随后,自称目睹事件的网民爆料称,涉事女子在车厢内打电话声音太大,车厢内一老人骂女子为"女流氓",随后发生争执,老人动手打了涉事女子,弄坏了女子的伞,后来跑下了车。地铁安保人员以为涉事女子在打老人,按住涉事女子,还拖拽女子衣服(见图7-17)。

图 7-16　西安地铁官方回应

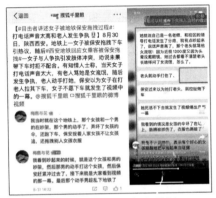

图 7-17　事件目击者曝料

9月1日，交通运输部官方微博@中国交通回应网民留言时表示，已上报事件，正在处理。同日，据媒体报道，西安市公安局地铁分局表示，他们正在调查处理此事，将会把网传视频中出现的当事人逐一找到，落实和还原现场发生的全部情况。西安地铁方面也回应称，"涉事方报警了"。西安市妇女联合会一名工作人员表示，正持续关注和跟进该事件。

9月2日，据媒体报道，通过查询西安市轨道交通集团有限公司官网，西安地铁各运营线路的安全员保安服务均为外包。

9月2日，@央视新闻发布西安相关部门通报。西安市公安局还原事件经过，并表示，涉事女子郭某在地铁车厢内大声吵闹，并与乘客陈某有轻微肢体冲突，扰乱地铁公共秩序；保安员陈某某在处置突发事件过程中不冷静，方法简单粗暴，存在拖拽行为，造成恶劣影响。乘客郭某、陈某扰乱地铁公共秩序的行为，情节轻微，对郭某、陈某不予治安处罚，由公安机关给予批评教育；保安员陈某某工作方法简单粗暴，但尚不构成违法犯罪，责令其所属保安公司对其予以停职并依规调查处理。西安市纪委监委通报，经调查，西安市轨道交通集团及其运营分公司在工作中服务群众意识不强；对相关人员教育培训不经常，日常监管存在漏洞，保安人员履行职责不文明不规范；事件发生后调查核实情况不深入不全面，工作作风不严不实，反思反省不深刻。给予西安市轨道交通集团及其运营分公司3名相关负责人党内警告处分，1名相关负责人调离工作岗位，2名相关负责人诫勉谈话，1名相关负责人谈话提醒。

9月2日，@微博管理员发布微博社区公告称，部分账号刻意激化矛盾、进行地域攻击、挑起性别对立等，对6767个账号予以禁言处置，对情节特别严重的185个账号予以关闭处置（见图7-18）。

图7-18　微博管理员公布处理结果

（二）全网信息量达到283.7万，舆论聚焦"拖拽"与"回应"

全网信息走势图显示，9月1日，随着媒体的报道和自媒体的助推，相关信息引爆舆论，当日信息量近150万条（见图7-19）。经统计，在相关信息网络传播过程中，敏感信息占比达到97.84%，可见网民存在较严重的负面情绪。

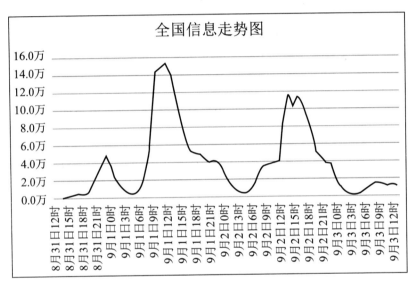

图7-19　全网信息走势图

从"拖拽""衣服""身体"以及"侮辱""尊严"等词上榜关键词云图，可见舆论聚焦"地铁安保人员拖拽女子离开车厢导致其大面积裸露身体"这一情况，并认为安保人员的行为对女性造成了侮辱；从"郭某""公安机关""通报""处置"等词上榜关键词云图，可见相关回应通报是舆论另一聚焦点（见图7-20）。

根据地域分布可以看出，事发地陕西的信息量位列第九，而北京、广东两地的信息量最大，同时江苏、上海、浙江、四川、河南等地的网民对此也较为关注,发布了相对较多的信息(见图 7-21),可见本事件引发全国关注。

图 7-20　关键词云图

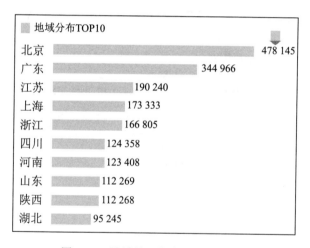

图 7-21　地域关注热度前 10 名数据

三、舆论观点和态度分析

（一）多因素叠加,舆情风险显著

第一,事件涉及多个敏感点。在本事件中,地铁安保人员拖拽女子离开车厢导致其大面积裸露身体,部分舆论认为女性"被羞辱""尊严被践踏""身心造成极大的伤害",舆论表示"可以被处罚,但不可以被羞辱",认为事件触及"文明的底线",引发舆论对涉事安保人员的讨伐。尤其是女性权益成为社会关注议题的当下,舆情风险显著。经统计,微博用户中,女性用户占比超四分之三(见图7-22),可见本事件引发女性群体的高度关注。同时,此类事件引发女性网民的共情,如有声音称"很难想象如果这个事发生在自己身上该怎么办,光是看那个视频就已经绝望了""谁敢保证下一个被拖拽的女孩不是你"等。相关信息传播中,或有女权维护者的发声与助推。

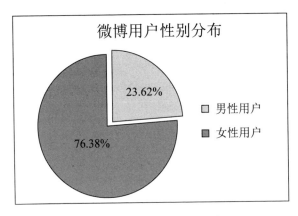

图7-22 微博用户性别分布

第二,敏感性表述和现场视频传播。媒体或自媒体、网民发声时,"衣不蔽体""几乎赤身裸体"等表述加剧了网民对涉事女子的同情和对地铁安保人员的指责,也在一定程度上助推了信息的传播;而"扒光""扯内裤""公然猥亵""仇女"等判定地铁安保人员行为的表述,也在一定程度上引导了网民倾向,提升了舆情风险。同时,部分信息在传播时带有视频或图片,给关注者带来的感官冲击,亦助推了相关信息的传播。

第三,地铁服务长期以来备受关注。地铁是市民出行的重要交通工具之一,但地铁里的不文明现象长久以来备受舆论关注,舆论谴责不文明现象的同时,也对地铁安保人员的管理表示不满,相关情绪的累积或成为本事件舆情暴发的背景性原因之一。同时,地铁上发生纠纷的情况并不少见,作为人口体量庞大的省会城市,地铁运营方对此类问题应当有一套依法依规公开透明处理的流程,安保人员也应具备妥善处理的能力,但本事件中安保人员工作方法简单粗暴,"暴力执法""超越职权"等质疑声较高,舆论聚焦"执法不当"现象的同时,也对西安地铁的日常监管提出质疑,舆情风险显著。

第四,西安地铁多起舆情事件被提及。部分舆论提及涉西安地铁"摆拍作秀"(见图7-23)、"电缆偷工减料"、"残疾人免票难"、"安保人员辱骂乘客"等信息,令西安地铁多起舆情事件再度进入公众视野。尤其西安

图7-23 西安地铁被疑"摆拍作秀"图片

地铁在被疑"摆拍作秀"事件发生后表示开展"作风服务大提升活动",西安地铁张贴"我们要努力消除一切形式针对妇女的暴力"等标语,舆论表示"有些讽刺"。相关信息重新进入公众视野,"服务不到位""作风不正"等负面标签损害西安地铁的形象,舆论对西安地铁的负面情绪不断提升,既加剧了舆情风险,又提升了西安方面处置舆情的难度。

第五,西安地铁回应与网传视频有"差别"。相关视频显示,

地铁安保人员拖拽女子离开车厢导致其大面积裸露身体，而西安地铁的相关说明却对此只字未提，紧张与骇人的现场视频、目击网民所描述的情形均与"安保人员与其他热心乘客一起将该女乘客带离车厢"等表述存在较大"差别"，西安地铁对舆情引爆点的"回避"，难免会引起网民的质疑，舆情风险显著。

值得注意的是，微博认证为"互联网科技博主"的橙V用户@地铁族-西安区被网民质疑为西安地铁官博"小号"，而该账号发布多条不当言论，提升舆情风险。同时，网民对事件原委的关注、对惩处涉事安保人员的"诉求"，令西安地铁及相关部门的处置能力受到严峻考验。

第六，部分网民非理性发声。在相关信息传播过程中，部分网民发布非理性言论，激化矛盾，尤其部分言论涉及"全运会""草莓音乐节"乃至西安城市形象，舆情风险显著。其中，部分网民使用隐语、暗语、黑话表达情绪，更有部分网民发布统一言论，需给予特殊关注。此外，@微博管理员对6767个账号予以禁言处置，引发部分网民对言论管控的质疑。

（二）舆论聚焦"强制带离""是否超越职权""手段是否过激"引争论

1. 聚焦"执法权"：地铁安保人员强制带离的行为是否违规

针对地铁安保人员是否有强制带离的执法权，舆论产生分歧。部分舆论依据西安城市道路交通管理条例等相关规定，提出这类涉及公民人身权利的问题，应该由公安机关实施，地铁安保人员无权将涉事女子强制带离；部分舆论认为在涉事女子扰乱地铁公共秩序的情况下，铁安保人员强制带离是确保地铁安全运营而采取的合理的处置手段。

观点一：安保人员没有强制带离的执法权，应报警处理。

部分舆论认为，涉事的安保人员拖拽乘客的行为是超越其职权的执法行为，无法律法规可依（见表7-3）。人民法院报发布评论称，"根据西安城市道路交通管理条例的相关规定，西安地铁工作人员的执法权是有限的，仅限于警告和罚款"。中国交通报发布文章称，"如果该名女乘客已经违反了相关条例和相关法规，那么地铁运营方应当及时报警，由公安部门进行后续执法工作"，"一旦地铁运营方工作人员'越俎代庖'，不仅稍有不慎就会处置不当，还会无法可依，让'有理'变'无理'"。

表7-3　部分自媒体观点

律师或自媒体	观　　点
江苏法德东恒律师事务所合伙人、南京市律师协会刑事法律风险防控委员会委员蓝天彬律师	地铁安保人员没有强制请乘客下车的权力，这涉及公民的人身权利的问题，应该由公安机关实施，并由公安机关针对乘客是否违反《治安管理处罚法》，决定是否进行行政处罚。地铁安保人员拖拽乘客的行为不符合《西安市城市轨道交通条例》规定，并无法律法规可依
法律博主@普法达人张三	地铁安保人员没有强制请乘客下车的权力，如果违反《西安市城市轨道交通条例》按照相应条例处罚，如果涉嫌违反《治安管理处罚法》应该报警由公安机关决定是否进行行政处罚
头条文章作者@崔紫剑	保安维持秩序，是在安全保障层面，而且主要的职责是制止秩序混乱，保障地铁安全运营，而非针对纠纷乘客的处置。当把两个人分开，不影响地铁运行的时候，保安的职责就结束了
财经博主@司马子潇潇	西安地铁的保安是不具备执法权的，碰到问题应该是以劝阻调解为主，实在不行应该报警处理。当然如果遇到重特大事件，有关人民生命安全的，那是见义勇为的范畴

观点二：扰乱地铁公共秩序理应被强制带离，安保人员并未违反规定。

律师@庄志明律师称,"来个假设,保安磨磨蹭蹭,万一随后该女子和其他乘客干架发生伤害,网民会不会义愤填膺问:保安吃干饭的,现场为什么不及时处置?地铁安保人员为制止该违法行为,采取将涉案人员拖离,并无不可。我看视频发现,被拖离后,该涉案女子又迅速跳到地铁上,拒绝离开。这时,'车站工作人员及时报警协助处置',该做法正好满足了《保安服务管理条例》第二十九条的'对制止无效的违法犯罪行为应当立即报警,同时采取措施保护现场'的规定"。

娱乐博主@破晓·黎明之光称,"西安地铁保安的行为,与城管将坐地号啕大哭的老年小贩强行带离,其实非常类似。西安地铁有权责令女乘客改正其妨碍他人乘车行为。影响公共秩序,强制驱离,很正常,很合理"。

有部分舆论反对"安保人员没有强制驱离的执法权"的观点,认为安保人员强制行为不涉及执法问题,而是为确保地铁安全运营而采取的合理的处置手段,如法律博主@风的节奏吹称,"整个过程是一个地铁保安将女子带离的过程,事件不涉及执法问题。有人说,只有警察有执法权,可以将女子强制带离,这种理解是片面的。'带离'可以是执法中的一种强制行为,也可以是地铁保安为确保地铁安全运行,在紧急而且采取其他非强制手段无效情况下的合理处置手段"。法律博主@韩东言称,"保安维护地铁安全秩序没有问题,把违法者拽出地铁,恢复秩序,保护其他乘客安全也没问题。一直有人在说保安执法权,这是舆论陷阱,保安根本没有执法权,他只有处置权。啥叫处置?恢复地铁秩序,把人整出车厢,啥叫执法权?拘留罚款等处罚"。

2.聚焦"手段",安保人员处置手段是否过激?

观点一：手段过激、不顾及女性的基本尊严。

部分舆论认为，地铁安保人员在驱离涉事女子的过程中，其拖拽等行为致对方身体大面积裸露，质疑安保人员手段过激、不顾及女性的基本尊严（见表7-4）。央视网发布文章称，"西安地铁保安员在拖拽涉事一方的女乘客时，方式过激、动作过大、用力过猛，在大庭广众之下，女乘客衣服被撕扯得面目全非以致衣不蔽体"，"对一名手无寸铁的女士，如此强拖硬拽，甚至不顾及女性的基本尊严，不通情也不合理"；极目新闻发布文章称，"即便该女性乘客的言行，的确影响了乘车秩序，按照相关法律法规，该怎么办就怎么办，可以劝离，可以报警处理，有必要在公众场所如此无视他人尊严地拖拽吗？且不要说保安人员没有执法权了，就是有执法权的警察，对于手无寸铁的女性乘客，也不应该采取如此暴力的执法手段吧"。

表7-4　部分自媒体观点

律师或自媒体	观　点
上海市锦天城律师所陆凤阳律师	根据现有的信息，在这样一个事件中，以这种强制的方式,拉扯当事女子，致对方身体大面积裸露，非常不合适。根据这个事件的严重程度，即使是警方到场，考虑到夏天人们穿的衣服相对较少，而且是在公共场所，处置时也应采取一种审慎、谨慎的方式
北京冠领律师事务所执行主任任战敏	对于该事件中地铁保安人员强行拖拽导致该女子在公众场合衣不蔽体，手段严重过激，侵害了该女子的人身权利，并且造成了恶劣的社会影响
法律博主@普法达人张三	这件事情让人非常气愤,地铁安保人员暴力拖拽女子致其身体大面积裸露,安保人员没有停止依然继续暴力拖拽,公共场所女乘客的尊严在哪里？
媒体人@态度岛	这不是赤裸裸的侵犯吗？难道今后我们出门在外和人有了纠纷，随便跑出来一个保安,不由分说就能用"抱"的方式驱逐我们,任由我们的身体暴露在外？

部分舆论认为涉事安保人员是"故意"撕扯涉事女子的衣服，如情感博主@也要楚天阔2019称，"也许他是故意的呢。打着维持秩序的名义公然扒光妇女衣服，满足了他的变态欲望"；历史博主@大师兄天道酬勤称，"不用感觉，就是故意的。正常人去说一下安慰一下气也就消了。这种保安就打着维护安全的名义然后故意去拖她"。

另有部分舆论提出安保人员侵犯涉事女子的人身自由权和人格尊严权，可能涉嫌侮辱或强制猥亵，认为涉事女子可采取维权措施，要求赔礼赔偿。如极目新闻发布文章称，"公共场所撕扯女性的衣服，是民事侵权行为，可能涉嫌侮辱或强制猥亵"；上海大邦律师事务所丁金坤律师表示，对于错误拖拽，造成女子衣冠不整、暴露隐私的，构成侵权，地铁方应该赔礼道歉，赔偿损失；法律博主@普法达人张三称，"如果该乘客想要维权，可以向地铁方或者上级部门反映，也可以向法院起诉，认为地铁方侵犯人身自由权和人格尊严权，要求对方赔礼道歉"。

观点二：拖拽是驱离的手段，"衣不蔽体"基于女子强烈抗拒。

部分舆论认为，涉事女子扰乱地铁公共秩序在前、拒绝下车在后，地铁安保人员拖拽等行为是驱离涉事女子的手段，致使涉事女子身体大面积裸露的情况是基于涉事女子的强烈抗拒，并非安保人员故意撕扯涉事女子的衣服，不该对安保人员维护秩序的做法予以否定。如法律博主@韩东言称，"大家都见到了视频里的女士的行为，如果违法者乖乖地听从保安指令，出地铁解决问题，就不会出现这样的争议。这就好比警察抓坏人使用暴力，如果坏人不拒捕，还用暴力吗？那么这个时候，保安是该妥协还是该继续维持秩序？地铁保安行为不规范可以批评教育，但是他们维护地铁秩序的行为不该否定";军事博主@徐勇凌鹤舞凌霄称,"女乘客已经处于狂躁状态,你让保安怎么办,女乘客如不强烈抗拒,衣服会自己脱落?我认为,女乘客有影响地铁公共秩序的行为,在保安进行纠正时应该服从!抗拒是完全错误的!"

另有部分舆论认为不宜轻易认定安保人员对涉事女子造成了侮辱,如湖南金州律师事务所高级合伙人、律师邢鑫表示,如果只是因为动作激烈造成女子隐私暴露,应当谨慎起见,不宜轻易认定保安对女性造成了侮辱。

3. 聚焦"前因",质疑安保人员"拉偏架""强制驱离理由不足"

部分舆论关注"驱离"前因,据网民爆料称,涉事女子与人发生口角,且对方率先动手并跑下车。部分舆论追问地铁安保人员在发生冲突的两人扰乱地铁公共秩序的同时,为何不积极了解事件原委而只针对涉事女子,质疑其"拉偏架"。如搜狐号"案件老闻"称,"发生纠纷不是先解决矛盾和纠纷,安慰双方情绪吗?难道上来就惩罚矛盾的一方?这跟拉偏架有什么区别";数码博主@有漾学漾称,"两个人发生争执,不同时叫两个人下去协同解决,只叫女孩一个人下去?"读物博主@张忆安-龙战于野称,"事件起因是老人先骂女乘客,发生争吵后又先动手。明显是老人情绪失控更严重,如果真的担心有人'干扰地铁运行',必须采取强制措施,也应该是把骂人、打人的老人拖走吧?咱们退一万步讲,难道不应该是吵架双方一起叫下车?为什么只盯着她一个人,不同意下车就出手硬拖?"

部分舆论认为地铁安保人员在强制驱离之前,涉事女子虽然扰乱地铁公共秩序,但并没有实施足以危害地铁运行的行为,不应对其强制驱离。如半岛新闻发布文章称,"从现有信息来看,女乘客并没有实施足以危害地铁运行的行为";读物博主@张忆安-龙战于野称,"从曝光的视频看,拖拽发生前,保安与女乘客沟通时,女乘客全程坐在椅子上,一没有起身,二没有主动与保安或者其他乘客发生肢体接触。甚至连用手指去指保安的动作都没有。也许情绪稍微有点激动,但只要脑子正常,任何人也不会把她判断为有攻击性的人物"。

(三)舆论聚焦"相关回应",多主体回应均未平息舆论质疑

1. 西安地铁回应后,引发舆论对西安地铁的质疑

8月31日,@西安地铁运营分公司发布的情况说明引发舆论关注。截至9月3日,该条微博共收获转发数12.6万次、评论数37.1万条,点赞数455.7万个,可见该份情况说明受到舆论的广泛关注。从该条微博转发评论表情可见,"吐""愤怒"等负面表情出现频率较高,而"太开心""可爱"的正面表情多为"反讽"(见图7-24),可见网民负面情绪显著。

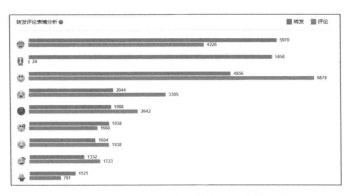

图7-24 西安地铁回应后转发评论表情分析

(1)舆论质疑西安地铁避重就轻、文过饰非。

舆论对西安地铁的回应并不认可(见表7-5),质疑西安地铁

避重就轻、文过饰非。央视网发布评论称西安地铁"模糊回应";红星新闻发布文章称,"一边是女乘客被强拽之下衣衫不整、大声呼叫的场景,一边是地铁方面对女乘客扰乱秩序重点着墨、对安保人员拖拽细节只字未提的声明";极目新闻发布文章称,"一方面视频所呈现的行为如此恶劣,让人难以接受,一方面地铁官方声明却是如此敷衍,模糊重点,只强调当事女性乘客的错误,却无视自身的不当行为,明明问题都还没解决,就先感谢热心乘客的理解和支持,难免给人以一种文过饰非,自说自话的感受"。

表7-5 部分自媒体观点

自媒体	观点
互联网科技博主@乔凯文	通报片字不提安保人员对女生的不当操作,把自己撇得门清。女生因何事起争执,保安为何强硬将其拖下车,甚至连句"工作人员操作不当"的歉意之词都没有。先认错,再解释
法律博主@大风吹奏	看地铁公司的回应,他们很清楚保安应该如何维持秩序:劝阻、带离、报警、陪同。他们通报中可没说可以这样粗暴的导致当事人近乎裸体
读物博主@张忆安-龙战于野	西安地铁方面的回应,从头到尾全都是避重就轻。其保安在没有执法权、强制力的情况下,硬拖女乘客,撕扯女乘客衣服几致全裸。这个最严重的情节竟然用一句"带离车厢"轻轻带过。实在是难以服众
历史博主@JoannaBlue	西安地铁的公告里,避重就轻,将保安的暴力轻描淡写一笔带过为"劝离",在公告中多次将过错引向女性乘客,整个公告在传达这样一个信息:我们没错,保安没错,女乘客活该
数码博主@良心评	从这个回应公告中看不到任何的调查反思和对女孩的歉意。相关的人员和保安必须承担责任,西安地铁欠这个女孩一个道歉

(2)舆论要求地铁给公众一个交代,呼吁警方介入,公布全部视频。

针对西安地铁的回应,舆论呼吁西安地铁直面事实、重新处置回应，给公众和涉事女子一个交代。如极目新闻发布文章称，"地铁官方也不能就用这样一纸声明，试图让整件事情结束，还是要直面事实，给大家一个合情合理的解释，一个依法依规的处理结果"；中国妇女报发布评论称，"西安地铁有必要重新调查事件，对舆论关注点进一步披露，给当事人以及公众一个交代"；律师@江本伟vs律师称，"西安地铁欠当事女孩一个大大的道歉，欠公众一个大大的忏悔"。

部分舆论呼吁公开完整视频或质问西安地铁为何不公布完整视频，如娱乐博主@凡凡好菜菜称，"希望能公开视频监控之类的，还大家一个真相，也还社会一个正义"；原创视频博主@炎热的瘦虎称，"请西安地铁公布完整视频"；橙V用户@不赖的小耿称，"完整视频为什么不放出来"；金V用户@开水族馆的生物男称，"不看到完整视频，我一个字都不信"。

同时，部分舆论呼吁警方等相关部门介入，如法律博主@杨文战律师称，"这个事儿应该已经有公安介入了，希望公安后期有更详尽准确的案情介绍"；法律博主@大风吹奏称，"建议@西安发布西安市相关部门快速介入调查"。另有声音质疑警方介入迟缓，如人文艺术博主@赵皓阳-Moonfans称，"作为警方，按照相关法律，追究各方责任难不难？事情过去24h多了，至少得有点态度出来吧"；科学科普博主@中年唐唐称，"最失职的是西安公安了，到现在上了热搜，也没表个态"。

2. 警方、纪委监委通报后，舆论质疑处置过轻，认为安保人员违法

9月2日，西安市公安局、西安市纪委监委的通报内容引发舆论关注，截至9月3日，@央视新闻发布的西安方面的通报微博，共收获转发数15.4万次、评论数24.4万条,点赞数523.8万个,可见相关通报受到舆论的广泛关注。从该条微博转发评论表情可见,"吐""费解"等负面表情出现频率较高,而"太开心""可爱"的正面表情多为"反讽",可见相关通报后舆论质疑声依旧显著;"拜拜"这一表情出现频率较高,多为网民表示对西安的失望,"不敢去西安""不会去西安"等声音频出(见图7-25)。

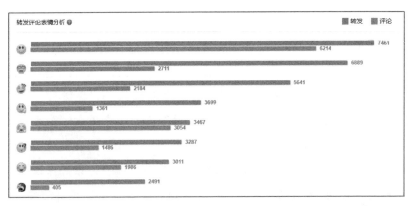

图7-25 西安市公安局、纪委公布调查通报后转发评论表情分析

从转发热词分析可见,除描述事件及通报的词外,"道歉"一词提及量较高,可见网民对西安地铁未对涉事女子进行赔礼道歉的情况表示关注并提出质疑;而"违法"一词提及量较高,网民对通报中安保人员"尚不构成违法犯罪"的判定表示关注并提出质疑。可见,通报后,网民负面情绪依旧明显(见表7-6)。

表7-6 热词分析

排名	热词	提及量	排名	热词	提及量
1	西安	43 414	3	违法	20 469
2	衣服	23 452	4	地铁	17 653

续表

排　名	热　词	提及量	排　名	热　词	提及量
5	道歉	15 384	13	新闻	8449
6	女性	13 348	14	官方	8091
7	视频	12 223	15	猥亵	7514
8	女孩	9793	16	违法犯罪	7145
9	女生	9356	17	身体	6629
10	停职	9331	18	暴露	6051
11	西安地铁	9215	19	姑娘	4914
12	拖拽	8991	20	女乘客	3467

部分舆论认为官方处置为"各打五十大板"，有"和稀泥"之嫌，认为诸多问题有待理清，西安地铁欠涉事女子一个道歉。如央视新闻发布评论称"连句'对不起'都没有……对此，网友们质疑声不断：保安是否有权将女乘客强行拽下车？如此回应，谁能保证今后不再发生此类'简单粗暴'的事？既然通报提及女乘客扰乱治安'情节轻微'，就说明保安强行拽其下车的举动并无必要，那么'不违法'的依据是什么？终止舆论争议的唯一方法，是理清事件的责任归属，让相关人士依法承担责任；多一些合规合理，多一份温度担当，让公众看得懂、信得过，而不是'各打五十大板'了事"；安徽商报发布文章提出几个需要地铁回答的问题，其中包括"为何选择性'执法'""对于车上纠纷，西安地铁有没有一套处置纠纷的工作守则""在女乘客已衣不蔽体后，有无及时拿来衣物与屏风为其遮挡""官博为何不能诚恳回应、及时道歉"等问题。

部分舆论认为对涉事安保人员及西安地铁相关人员处置过轻，更有声音质疑"安保人员尚不构成违法犯罪"的判定，如时尚博主@Walkerhk称，"西安地铁三号线事件，对于保安处理过轻，应该依法严惩";橙V用户@为你舞步称,"这个处理真的违背法治精神。保安只要动机是带离女乘客,就可以无限对女乘客实施涉嫌侮辱猥亵行为,而不违法。那么以后所有意图侮辱、猥亵的犯罪嫌疑人,都借这个理由,进行上述犯罪行为呢?"搞笑幽默博主@-捕快二宝-称,"这篇公告看上去是在告诉你,我们处理了7个人你们该满意了吧?实际上看了一下给的都是:诫勉谈话,警告,谈话提醒,责令整改。唯一一个有实质动作的是调离岗位,但从什么岗位调到什么岗位也没说,所以不好判断是不是处分哦,还有当事保安,停职,带薪休假了"。

同时,也有部分舆论对处置情况表示认可,如头条文章作者@卑鄙无耻老猫表示,保安的做法不构成犯罪,警方回应事实清楚,相关法律认定到位无误。北京市中闻律师事务所合伙人赵琮表示,西安地铁公司出具的情况说明中,完全隐瞒了男乘客动手打人的事实,企图在道德层面把责任完全转嫁给女乘客,误导公众,为保安的不当行为开脱,从而逃避自己的管理责任。应该说,西安市纪委给予西安市轨道交通集团及其运营分公司相关人员的处分,是很恰当的。

3.舆论不满回应处置,西安地铁乃至西安城市形象受损

从相关信息网络传播的敏感信息占比趋势图来看(见图7-26),舆论负面情绪一直处于高位,相关回应并未显著缓解舆论负面情绪,各主体的回应效度有限。

同时,受本事件影响,西安地铁乃至西安城市美誉度均呈现显著的下跌,更有言论质疑西安城市治理水平,如金V用户@路诞先生称,"西安这个地方,每次热点都是负面的,不知道咋搞的。我可不是地域黑,我没说西安人不好,我只是想说西安这座城市的

治理水平有很大问题"。

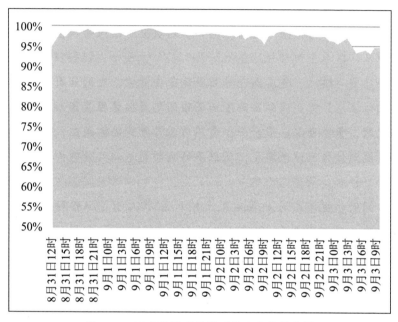

图 7-26　西安地铁事件敏感信息占比趋势图

部分网民提出"不想去西安""不敢去西安"等言论,可见本事件对西安城市形象与城市吸引力产生了较大的负面影响,如网民@不洗车_发布评论称,"好了散了,这辈子不敢去西安了",截至 9 月 2 日,获得 1.3 万条回复、28.1 万个点赞;网民@车厘子士多啤梨终结者发布评论称,"定性了,保安不违法,以后去西安玩的保重吧",截至 9 月 2 日,获得 4492 条回复、23.6 万个点赞。

4.舆论反思地铁运营服务不足之处,管理需讲法治、讲文明、有温度

部分舆论认为,本事件暴露出西安地铁运营服务方面存在不足,呼吁相关服务管理工作要讲法治、讲文明、有温度。

新京报发布文章称,"整个拖拽过程的'暴力'呈现,也反映出地铁营运方在对保安工作进行系统培训方面还有很多不足。劝导不文明行为的流程、保安现场处置与警方治安管理的衔接程序等都做得不规范、不到位"。

大众日报发布评论称,"地铁运营方承担着对乘客提供通行服务的职责,出现口角、有一定影响乘车秩序的乘客也是乘客,对此类人员或事件的处理应自有一套耐心劝导、依法依规公开透明处理的流程。显然,此次事件中,这样的流程存在一定缺失。希望公共服务提供方——西安及各地地铁运营方对安保等员工的培训、管理别再迟疑忽视"。

央视网发布评论称,"面对乘客的管理者、运营者们更应该讲法治、讲文明,多思索如何用柔性引导、充满关怀的方式化解矛盾、弘扬正气"。

中国妇女报发布评论称,"确保地铁安全运营,应该带着人性温度。如何更友善且合法合理服务、管理值得深思。地铁运营是城市运行的血液命脉,多一些合法合规合理,就会多一份城市温暖。依法文明有温度的城市管理是一个城市最好的名片"。

(四)网民观点:相关主体回应引发较高质疑声

通过对网民观点进行抽样可见,网民普遍对涉事安保人员的行为持质疑态度,其中部分网民关注西安地铁与相关部门的回应,但也多对相关回应表示不认可(见图7-27)。有针对"西安地铁回应"的质疑声,如网民@Laveness称,"女孩衣服怎么回事?不要避重就轻,请给出解释";网民@是林小七呐称,"你们真的有问题,就算是那个女生扰乱秩序,但也不应该把女生衣服拽脱吧";网民@泰文秦称,"你们这么包容你们的安保人员,会使他今后肆无忌惮"。也有针对"西安公安与纪委监委处置回应"的质疑声，如网民@那就送你小红花称，"拒绝接受这个结果"；网民@Linleyf称，"衣服快扒光了，真的不违法吗？以后出去随便就能扒光别人衣服？保安有执法权吗？"。

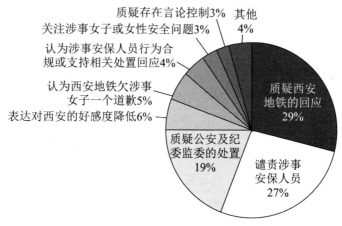

图 7-27　网民观点抽样数据

四、研判、点评及建议

本事件是一起地铁内小纠纷而引发的大舆情。回顾本事件，涉及"西安地铁安保人员处置突发事件过程中方式粗暴"的相关信息虽然是舆情最根本的引爆点，但西安地铁回应迅速，如果可以妥善处置，或有机会缓解负面舆情。

但从舆情发展来看，西安地铁运营方的通报导致事态升级。究其原因在于：

（1）对事件原委的表述回避舆论聚焦点，部分表述与网传视频、网民爆料有"差别"；

（2）对涉事安保人员行为的判定和处置未满足网民"认定违

法或违规""严惩"的诉求；

（3）未关注涉事女子在事件中受到的负面影响，缺少"态度"和"温度"。

对外的通报和回应，建议遵守对外声明撰写的"四要素"原则，即：

（1）事件描述：就是对事情的来龙去脉有一个简明扼要的概述，要保持客观理性和克制，不能有主观臆断，更不能进行同行业对比和牵扯。

（2）行动措施：就是要向公众传递，你作为事件的处理方正在采用何种行动，你行动的时间、地点和效果。要让公众知道你的实际行动。

（3）态度表达：就是对于这件事你持有的态度，是愤怒还是惋惜，是同情还是忏悔。不同的态度代表着不同的处理方向。

（4）相关承诺：就是对于事件的后期处置，给予公众一个基本期许。如果你受到了冤枉，你可以承诺产品的品质，让相信公证机关的评估；如果你有了过错，你要承诺整改或处理的目标和时间。

西安相关部门虽然对涉事人员给予了处置，但舆论仍旧存有质疑和追问，相关敏感信息占比依旧处于高位，可见本事件引发的负面舆情并未完全平息。值得注意的是，本事件已经对西安城市形象造成了一定的负面影响，通过对整个舆情事件的分析，希望能够引起当地的重视。